Sibilla Aleramo

Diario di una donna
Tagebuch einer Frau
1945-1960

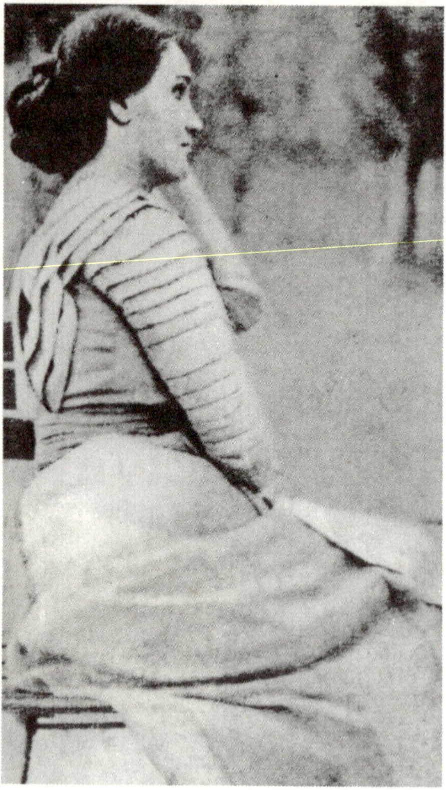

Sibilla Aleramo

Diario di una donna

Tagebuch einer Frau 1945-1960

Mit einer Erinnerung von Fausta Cialente und einer Chronologie des Lebens der Autorin

ausgewählt und herausgegeben von Alba Morino

übersetzt und gekürzt von Gisela Baratta und Maja Pflug

Frauenbuchverlag

1. Auflage 1980
Erstes bis fünftes Tausend

Titel der Originalausgabe: *Diario di una donna*
Umschlaggestaltung: Evi und Hansjörg Langenfass, Ismaning
Satz: ADW, München
Druck und Bindung: G.J. Manz AG, Dillingen
ISBN 3-921040-92-2

Das handgeschriebene Manuskript von Sibilla Aleramos Tagebuch umfaßt mehrere tausend Seiten. In ihren Aufzeichnungen spricht sie mehrmals von der Sorge, ob und wie sich jemand dieser Seiten nach ihrem Tod annehmen wird.
Beide Buchausgaben enthalten nicht das vollständige Manuskript. Die Herausgeberin der italienischen Ausgabe, Alba Morino, hat bei der Edition darauf geachtet, daß durch die Auswahl der Eintragungen die wesentliche Aussage erhalten bleibt. Auf die Wiedergabe der beiden Rußlandreisen hat sie verzichtet, weil Sibilla selbst beklagte, daß die Beschreibungen dieser Reisen zu allgemein geraten seien, nicht ihre intensiven Eindrücke wiedergeben.
Als Übersetzerinnen der deutschen Ausgabe standen wir vor dem Problem, sehr spezielle Einzelheiten aus der italienischen Kulturszene, die in der BRD nicht in gleicherweise als bekannt vorausgesetzt werden können, entweder mit Hintergrundmaterial zu versehen oder aber wegzulassen. Wir haben uns schließlich für das Weglassen entschieden, weil wir meinen, daß diese zusätzlichen Informationen das Lesen unterbrochen hätten. Wir haben darauf geachtet, daß deutlich bleibt, wie die große Liebesfähigkeit, die Bereitschaft zu lieben und das politische Engagement das Leben von Sibilla Aleramo in den Jahren 1945-1960 bestimmt haben.

Gisela Baratta
Maja Pflug

Eine Erinnerung von Fausta Cialente

Ich könnte nicht mehr sagen, wann Sibilla und ich den Briefwechsel begannen, der jahrelang dauerte, bevor wir uns treffen und „persönlich“ kennenlernen konnten; ich weiß nicht einmal mehr, wer von uns beiden zuerst geschrieben hat. Wahrscheinlich ich, aus Ägypten, vielleicht um sie zu einer ihrer neuen Veröffentlichungen zu beglückwünschen.
Die Begegnung fand eines Sommers, 1932 oder 1933, am See von Braies statt, wo ich mit meinem Mann und meiner damals noch kleinen Tochter Ferien machte. Offensichtlich wußte Sibilla, von mir oder meiner Mutter unterrichtet, wo ich war, denn sie schrieb mir aus Ascona und bat mich, ihr ein Zimmer in dem großen und damals einzigen Hotel von Braies zu bestellen. Die Begegnung sollte endlich wahr werden und ich war glücklich darüber. Sie kam, wie ich erinnere, am späten Nachmittag an, etwas angestrengt von der langen Reise, die sie vom Lago Maggiore bis hier herauf gebracht hatte, und wir unterhielten uns eine Weile in der Empfangshalle des Hotels, damit sie sich etwas ausruhen könnte, bevor sie in ihr Zimmer hinaufging, um die Koffer auszupacken. Es war sofort eine freundschaftliche Unterhaltung, intim und liebevoll sogar, der im Lauf der Jahre noch viele andere folgen sollten – etwa 30, wollte ich sie jetzt zählen. Mein Mann hatte sich diskret zurückgezogen, oder besser, er kam und ging, war aber in dem Augenblick anwesend, als Sibilla aufstand, mit ihrem sanften

Lächeln sich verabschiedend zu uns sagte: bis später – und als sie gegangen war, wandte ich mich, begeistert und gerührt, an ihn und rief halblaut aus: Wirklich ein lieber Mensch, diese Sibilla! Sie ist genau, wie ich sie mir vorgestellt hatte, sie enttäuscht mich überhaupt nicht. Und wie schön sie ist! Findest Du nicht auch, daß sie noch sehr schön ist?
Er schaute mich damals auf seine besondere Weise an, mit seinem außerordentlich scharfen, fast immer ein wenig unbarmherzigen Blick, jedoch leicht verlegen: Sehr schön, ja – antwortete er mir, – aber siehst du denn nicht, daß sie wie ein Mann wirkt?
Mehr als überrascht fühlte ich mich irritiert, und anstatt zu überlegen, ob das Aussehen und die Verhaltensweisen von Sibilla einen so bedauerlichen Eindruck hervorrufen konnten oder nicht (damals erschien er mir bedauerlich), nahm ich vielmehr in diesen Worten die ganze männliche Aggressivität wahr; die gehässige Aggressivität, an die mich die Männer inzwischen gewöhnt hatten, und die ich unweigerlich wiederfand, wenn das Urteil, die Verurteilung einer Frau galt, die, wie Sibilla, seit langem gezeigt hatte, daß sie mutig den Gesetzen einer so rückständigen Gesellschaft die Stirn bieten kann, indem sie mit unbeugsamer Beharrlichkeit den Beweis erbringt, in absoluter moralischer und materieller Unabhängigkeit leben zu können, wenn auch – bzw. umso mehr – fast immer in Armut. Die berühmte Angelegenheit, wie sie einen unwürdigen und ungeliebten Ehemann verließ und deshalb einen Schmerz in Kauf nahm, der sie tödlich verletzt hatte – die Trennung von ihrem einzigen Kind, das sie anbetete –, war sowohl damals, als diese Ereignisse stattfanden, als auch späterhin sehr unterschiedlich beurteilt worden, und die Veröffentlichung ihres berühmtesten Werkes, Una donna, *hatte, zusammen mit ihrem unbestrittenen, nunmehr weltweiten Ruhm, erneut zur Verurteilung der Emanzipation geführt, mit der „diese" Frau es um die Jahrhundertwende gewagt hatte, sich durchzusetzen. Nur daß zur Zeit unserer Begegnung die jahrealte Frage der Frauenemanzipation nicht nur beiseite gelegt worden war (wir waren mitten im Faschismus), sondern sie hatte eben den Schwung*

verloren, der sie zur Zeit von Sibillas privaten Ereignissen, nämlich dem Ausklingen des letzten und dem Beginn dieses Jahrhunderts, ins Rampenlicht gerückt hatte: und der Ausdruck, mit dem die Gesellschaft international noch immer die Rebellinnen bezeichnete, Suffragetten!, wurde mit Verachtung ausgesprochen, und nicht nur von Männern. Schon vor dem ersten Weltkrieg 1914, und dann mit Hilfe des Faschismus war die Frauenfrage traurig in Verfall geraten und schlummerte als fast erloschene Glut unter der Asche. Diese raschen Gedanken hatten bei der Begegnung von Braies nicht verhindert, daß ich mich irritiert fühlte, als ich meinen Mann sein Urteil über das Aussehen und die Verhaltensweisen von Sibilla abgeben hörte: es ging genau in die Richtung der üblichen männlichen Feindseligkeit, die noch dazu spöttisch war.

In den folgenden Tagen jedoch (Sibilla blieb etwas über eine Woche dort oben bei uns), war ich gezwungen, nicht gerade mich eines besseren zu besinnen, aber zumindest über das Problem nachzudenken, zu dem Sibilla schon für mich wurde. Altersmäßig hätte ich ihre Tochter sein können, aber von ihr, von ihrem Leben wußte ich effektiv fast nichts. Ich kannte sie nur durch die in Una donna *erzählten Begebenheiten, und das Buch hatte mich auch durch die Ausgewogenheit begeistert, die dem Charakter der Hauptperson eigen ist, durch die Würde und Gefaßtheit, mit der „eine Frau" die unglücklichen Folgen einer unglücklichen Ehe anzugehen verstanden hatte. Aber erst sehr viel später sollte ich erkennen, daß der Stil und die Nüchternheit des Romans vor allem dem sicheren Einfluß zu verdanken waren, den Giovanni Cena auf die Anfängerin Sibilla ausgeübt hatte, der Mann, mit dem sie ziemlich lange nach Verlassen ihres Mannes und eben während sie dieses Buch schrieb, zusammengelebt hatte. Ich hatte schon an einigen ihrer Gedichtsammlungen Gefallen gefunden, aber noch nicht* Il passaggio *gelesen, und als ich nach Ägypten zurückkehrte, besorgte ich mir ein Exemplar, aber es gefiel mir viel weniger als ihr erster Roman. Damals, und das ist das wichtigste dabei, wußte ich überhaupt nichts von den stürmischen Leidenschaften, die Sibilla durchgemacht hatte, nachdem sie sich auch von*

Cena getrennt hatte: Cardarelli und Boccioni, Boine, Cascella, Papini und der unglückliche Campana, um nur einige Namen zu nennen. Daher war ich, ahnungslos wie ich war, naiv überrascht von den trostlosen Tränen, die Sibilla während der langen Spaziergänge vergoß, die ich allein mit ihr in den wunderbaren Wäldern von Braies machte, als ich erkennen mußte, daß sie diese Tränen über eine traurige und soeben dort in Ascona schlecht ausgegangene Liebesgeschichte vergoß. Dort hatte sie, das wußte ich, ein entzückendes „Liebesnest" bewohnt, das einer gewissen Contessa, mit der sie gut befreundet war, gehörte. Ich kannte sie auch, hatte aber Sibilla nichts von meiner ziemlich strengen und vor allem ironischen Meinung über sie gesagt. Ich hatte schon bemerkt, daß Sibilla in ihrem Wesen weit von der Ironie entfernt war, einer Waffe, die mein Mann hingegen bissig einsetzte, weshalb ich mich wohl hütete, ihm auch nur im entferntesten das Abenteuer anzudeuten, aus dem Sibilla weinend hervorging. Und es sollten noch viele, viele Jahre vergehen, bevor ich den Namen des Mannes von Ascona erfuhr, der nach einigen Tagen leidenschaftlicher Liebe eines schönen Morgens den bekannten Ausspruch tat: ich gehe Zigaretten holen – und dann natürlich nicht zurückkam. Obwohl ich Sibilla und ihre Lebensumstände nun besser kannte, war ich sehr erstaunt über die Wahl, die sie damals getroffen und um die sie die Tränen vergossen hatte, die ich dort in den Wäldern von Braies trocknen mußte. Es waren nur die ersten, und Sibilla war damals etwa 57 Jahre alt; aber ich konnte mir gewiß nicht vorstellen, daß ich noch viele andere würde trocknen müssen, während wir im Schatten der Pinien spazierengingen und sie ihre Erzählung unterbrach, um mich zu fragen, was ich über die Liebe dachte (!), was ich erlebt hatte oder noch erleben wollte, Dinge, über die ich vorsichtig Stillschweigen bewahrte, indem ich eine Scheu zur Schau stellte, die ich wahrlich nicht hatte.

Die zweite Begegnung erfolgte 1939. Ich war erneut mit meinem Mann und meiner Tochter in Italien, und der Kriegsaus-

bruch hatte uns in jenem August am Gardasee überrascht. Die Nachricht, die Rückfahrt des Schiffes, auf dem wir unsere Plätze hatten, nach Ägypten sei schon gestrichen, zwang uns, die Ferien zu unterbrechen. Wir mußten unbedingt sofort eine andere Schiffspassage finden, denn wir wollten nicht in einem Land bleiben, wo schon länger eine rassistische Kampagne stattfand. Ich war daher sehr besorgt bei dem Gedanken, meine alten Eltern zurücklassen zu müssen, ohne zu wissen, ob und wann ich sie wiedersehen würde; denn daß das faschistische Italien ebenfalls in den Krieg eintreten würde, war nur zu leicht vorherzusehen. In jenen Tagen voller Aufregung und Angst rief mich Sibilla, die zufällig ebenfalls in Mailand war, durch meine Mutter mit einer Botschaft zu sich: da sie wußte, daß wir uns zur Abreise rüsteten, wollte sie mich wiedersehen und sich verabschieden.

Inzwischen war der übliche Klatsch aus literarischen Kreisen zu mir gedrungen. Es war mir erzählt worden, daß eine neue Liebe sie beschäftigte, und daß der Gegenstand diesmal ein „junger" Dichter sei. Ich hätte daher vorgezogen, wenn mein Mann mich nicht zu dem Hotel in der Nähe des Hauptbahnhofs, wo Sibilla sich aufhielt, begleitet hätte. Aber wir hatten gerade zusammen die Plätze bezahlt, die wir endlich auf einem französischen Schiff, das zu unserem Glück in Genua Station machte, gefunden hatten, und mein Mann, froh und erleichtert wie er war, äußerte den Wunsch mitzukommen, um sich von Sibilla zu verabschieden.

Auch diesmal fanden wir sie in der kleinen Empfangshalle des Hotels vor; liebevoll wie immer umarmte sie mich sofort und sagte, daß sie unsere Abreise billige (wir taten gut daran, dieses unselige Italien zu verlassen!), obwohl sie traurig sei bei dem Gedanken, uns wer weiß wie lange nicht wiederzusehen.

Inzwischen hatte ich einen blonden Jungen beobachtet, der schüchtern und stumm abseits stand; er sah aus wie ein sehr junger Student, und während ich mich zu fragen begann, warum er da nicht wegging, da wirklich kaum Platz war, forderte Sibilla ihn auf, sich zu nähern und stellte uns ihn mit vollem Namen vor, wobei sie stolz hinzufügte, ihr junger

Freund sei schon ein wertvoller Dichter und sie habe großes Vertrauen in seinen zukünftigen Erfolg. Sie war in jenem Sommer 63 Jahre alt geworden und der Junge schien kaum älter als 20 (wirklich war er nur wenige Jahre älter und sah nicht einmal so alt aus). Und ich, ich hatte mich auf den Anblick einer neuen und pathetischen mütterlichen Liebe – vielleicht – gefaßt gemacht, denn schon lange wußte ich, daß die schmerzliche Unmöglichkeit, ihren eigenen Sohn lieben zu können, Sibilla seit jeher diesen Weg hatte einschlagen lassen, und sagte außer mir zu mir selbst: das hier ist keine mütterliche Liebe mehr. Hier stehen wir vor einer Großmutter und ihrem Enkel! – und ich empfand ein Unwohlsein, das ich zu verbergen suchte, indem ich eine Unterhaltung weiterführte, für die wir genügend Themen zur Verfügung hatten, angesichts dessen, was sich in der Welt zusammenbraute. Jedoch wagte ich nicht, einen Blick mit meinem Mann zu wechseln. Wohl konnte ich mir seinen Gesichtsausdruck vorstellen, wenn ich ihn angesehen hätte. Ich fragte mich, was sich Sibilla bloß von einer derartigen Liebeskonstellation erwarten mochte. Nachdem wir uns verabschiedet und bewegt umarmt hatten, mußte ich mir genau diese Worte von meinem Mann anhören: war sich Sibilla dessen bewußt?
Nein, während ihres ganzen langen Lebens hatte Sibilla nie die Gefahren beachtet, denen sie entgegengegangen war, das wußte ich inzwischen wohl. Und als ich nach Kriegsende definitiv nach Italien zurückkehrte, den schrecklichen Schmerz um den Verlust meines Bruders Renato im Herzen (mit liebevoller Trauer hatte sich Sibilla in der Veröffentlichung ihres ersten Tagebuchs seiner erinnert), waren eben diese die letzten Tränen, die ich trocknen mußte: die Tränen, die sie weinte, weil Franco sie verlassen hatte. Doch sie hatte 10 Jahre gedauert diese Liebe. Und das war etwas Herrliches, etwas Erhabenes, würde ich sagen. Sibilla hatte also immer Recht gehabt, und das Unrecht, der Irrtum lagen bei mir.
In unserer langen Beziehung hatte ich natürlich immer in Betracht ziehen müssen, wie verschieden wir waren, wegen des Altersunterschiedes, der Erziehung, unseres verschiede-

nen Schicksals und Charakters. Auch ich hatte schwere Probleme zu lösen gehabt und mir schien, als hätte ich sie – als meine Rückkehr nach Italien bevorstand – mit der ganzen Würde, die mein natürlicher und unzähmbarer Unabhängigkeitssinn mir abverlangte, gelöst. Nie hatten die Männer mir etwas gegeben, bei meinem Vater angefangen; keinerlei Schutz und keinerlei Hilfe hatte ich je von ihnen erhalten, so daß ich schon lange zu arbeiten begonnen hatte, um wenigstens materielle Unabhängigkeit zu erreichen, ohne die die Frau zur niedrigsten Sklaverei verurteilt ist. Diesbezüglich war ich mit Sibilla immer vollkommen einer Meinung gewesen; und sie hatte mir verziehen, daß ich ihr, als ich ihre letzten Tränen trocknete, sagte, daß die Männer nicht immer, oder vielmehr niemals verdienen, daß man „Tränen der Liebe" um sie vergießt; und dann hatte ich hinzugefügt, daß gewissen „Ausscheidungen" (Tränen und Schweiß) schließlich unvermeidlich ein trauriger Geruch anhaftet. Und hier hatte sie mich mit offensichtlicher Trauer angeblickt ob soviel strengen Unverständnisses.

Doch ich wiederhole es, ich irrte mich und hatte Unrecht. Denn nie hätte ich vergessen dürfen, daß ich die Autorin von Una Donna *vor mir hatte und mich zugleich erinnern müssen, daß Sibilla zu Beginn des Jahrhunderts mit ihrem sozialen Engagement und ihren kulturellen Initiativen ein fruchtbares und außerordentliches Beispiel gegeben hatte. Ich mußte mich also dazu entschließen, die Erinnerung an den männlichen Eindruck, der mir nahegelegt worden war und mich sicher lange Zeit beeinflußt hatte, zu überwinden und zuzugeben, daß die fast virile Liebe, die Sibilla den Männern entgegenbrachte, dieses sie besitzen und ganz unterjochen zu wollen, in ihr die beste, die fruchtbarste Inspiration erweckte, mit der sie ihre Werke – Prosa ebenso wie Gedichte – schrieb. Daß sie in ihrem* Tagebuch, *nach der letzten schlimm ausgegangenen Liebe (und so hatten fast alle vorherigen Lieben geendet) zugab, daß die etwa vierzig Jahre Liebesleben ihr mehr Schmerz als Freude bereitet hatten, ändert nichts daran, daß sie Liebe unbedingt brauchte, und obwohl sie sie über ihre kreative Arbeit zu stellen schien, war sie doch eben die Quelle, aus der ihr Werk entsprang. Dies war ihr Schicksal, und man muß es so annehmen, wie es ist, positiv und negativ zugleich, wie bei fast allen Dingen; denn entsteht vor unseren Augen auch ein Bild, das nicht mehr in unsere Zeit paßt, wenn wir das* Tagebuch *einer nunmehr alten, sehr alten Sibilla lesen, die noch immer über die berühmte Kiste gebeugt ist, welche die Unmenge Korrespondenz (Liebesbriefe und andere) enthält, die Sibilla während ihrer ganzen Karriere mit den hervorragendsten Leuten der politischen und intellektuellen Kreise Europas führte, lächeln die Jungen vielleicht auch über diese zwanzig, dreißig bis zu fünfzig Seiten langen Liebesbriefe, die die Absender (Boine, Rebora, sie selbst) sogar erst ins Unreine schrieben, so darf man doch den natürlich und außerordentlich revolutionären und also modernen Charakter Sibillas nicht vergessen und muß ihn würdigen. Und man muß feststellen, wie gültig und aktuell noch heute ihr extrem verdammendes Urteil über die versklavende Familie ist, die ja, trotz der bescheidenen und schwer erkämpften Öffnungen in diesem jahrhundertealten Gefängnis (Scheidung, Abtreibung), leider geblieben ist, wie sie war. Die klare und strenge Analyse, die Sibilla am Anfang des Jahrhunderts darüber gemacht hat, strahlt eine wunderbare Kraft aus, weil sie auch mit der sozialistischen Bewegung jener Zeit verbunden ist, was sie dann, mit siebzig, dazu bringt, Mitglied der kommunistischen Partei zu werden und so ihre Verleumder und Feinde noch zu vermehren. Nachdem sie mit der Liebe zu den Männern abgeschlossen hat, ist es die Liebe zur Menschheit und ihrem Fortschritt, die sie bis zu ihrem Tod begleitet – ebenso wie auch die Armut sie fast immer begleitet. Und dies ist sicherlich, auch heute noch, keine Ehre für diejenigen, die dafür hätten sorgen müssen, daß eine so außerordentliche Frau nicht ihr ganzes Leben mit der Armut zu kämpfen hat. Aber diese Freiheit, „über die Leidenschaft hinaus" zu lieben, erlangte sie erst, nachdem sie die „persönliche Angelegenheit" überwunden hatte. Und das bestätigt sie in jenen Versen, die uns noch heute ihre ganze unvergleichliche Größe zeigen: . . . nun, da ich das Leben zittern fühle – am Rande des Abgrunds – hebt doch ein bittrer Stolz – mir das Herz – weil du mich liebst – so, wie ich heute bin – vom langen Kampf ermattet – vom nahenden Abend überschattet – die helle Stirn.*

1945

Rom, 21. Januar, abends

Nachdem sie genau einen Monat hier in der Dachstube kampiert hatten, konnten die beiden jungen Leute heute in ein Studio ziehen, das ihnen ein Freund überlassen hat. Ich finde die Stille um mich wieder, die Einsamkeit, die Möglichkeit, das Schreiben wieder aufzunehmen, und diese so wehmütige Sache, die Freiheit, deren Wert man nur spürt, wenn sie fehlt.

Da ist der brennende Ofen, die kleine verhangene Lampe, wie vor einem Monat, wie an so vielen anderen Abenden so viele Jahre lang.

Aber in mir ist eine Veränderung vorgegangen. Ich kann sie nicht genau beschreiben, ich will sie noch nicht analysieren, kann ihr Ausmaß und ihre Tiefe nicht ermessen. Nur eines ist sicher: ich bin nicht dieselbe wie damals, als ich auf Francos* Rückkehr wartete, einen Monat ist das nun her. Und in meiner Seele existiert eine stillschweigende Anerkennung dieser Veränderung. Ohne Freude, aber auch ohne Leid, merkwürdigerweise.

Ich werde sehen, ob mir in den nächsten Abenden der Impuls kommt, mir selbst hier im Tagebuch meinen neuen Zustand zu erklären, oder ob aus diesem Zustand irgendeine unvorhersehbare Handlung entspringt.

---

* Der Dichter Franco Matacotta (A.d.R.)

8. Februar, abends

Und vor mir nun das Gespenst vollkommener Armut. . . . Diese Tausenderscheine werden im März alle verschlungen sein. Wie werde ich dem abhelfen?

Bei irgendeiner Zeitung mitarbeiten? Das ist eine Form von Tätigkeit, die mich abstößt, für die ich keinerlei Eignung besitze, und die im übrigen weit davon entfernt wäre, einen ausreichenden Verdienst herzugeben.

Pino ist nach Fermo zurückgefahren und heute Abend ist Franco allein in seinem kalten, abgelegenen Studio. Ich glaube, es ist das erste Mal, daß es ihm passiert, in einer Wohnung zu schlafen, die von niemand sonst bewohnt ist. Was er wohl dabei fühlt? Aber da er mit der Korrektur der lyrischen Gedichte beschäftigt ist, die er unter dem Namen Francesco Monterosso publizieren will und die alle inspiriert vom Krieg und vom Widerstand entstanden sind, wird er vielleicht das melancholische Unbehagen ohne allzuviel Ressentiment überwinden. . . .

12. Februar

Vorgestern hat mich Carlo Sforza besucht. Er war 2 Stunden hier. Ich habe, vielleicht zum ersten Mal, diese Wahrheit gespürt: daß jedes Alter seine eigenen Verdienste hat. Wenn ein Mann wie Sforza Freude daran hat, hier mit mir allein zwei Stunden seiner kostbaren Zeit zu verbringen, dann ist das ein Beweis für meinen geistigen Charme, den ich niemals so klar hätte erhalten können als noch Jugend und Schönheit im Spiel waren. . . .

2. März, nachmittags

Noch einmal ist Franco abgefahren. Noch einmal in deprimierter, fast düsterer Stimmung und mit verzweifelten Worten. Im eisigen Morgengrauen habe ich ihn bis zum Bus nach Fermo begleitet, und dann bin ich hier in die Dachstube zurückgekehrt, wohin Franco sich in den letzten Tagen erneut geflüchtet hatte, da er nach Pinos Abreise die Einsamkeit seines Studios nicht zu ertragen gewußt hatte.

Ich habe jetzt wieder gelesen, was ich am 21. Januar geschrieben habe, vor kaum mehr als einem Monat (und es scheint schon so lange her zu sein!). Ich sprach von einer „Veränderung“ in mir und sagte, sie sei „ohne Leid“. Ich habe mich geirrt, zumindest, was das Nicht-Leiden angeht. Mein ganzes Inneres ist zutiefst verwundet, obgleich ich nicht weine. Aber die Veränderung ist da und sie besteht darin, daß ich, während ich bis zum vergangenen Herbst stets in mir den Glauben bewahrt hatte, meine Liebe habe die Kraft, Franco zu heilen, wohltätig auf seinen gequälten Geist zu wirken, ihn nach und nach zum Sieg über seine atavistischen Leiden zu führen, nun *diesen Glauben verloren habe*....

Franco ist durch und durch *eine unglückliche Kreatur*....

„Ich verstehe nicht zu leben“, wiederholte er noch heute Nacht....

Und die in seinem Wesen begründete Depressivität ist, trotz der poetischen Gabe, die in so hohem Maße in ihm ist, trotz allem Guten, was das Schicksal ihm hat zuteil werden lassen, derart, daß er seine Tage in erniedrigendstem Leiden zubringt und total unfähig ist, den Schmerz anderer zu fühlen, auch den Schmerz dessen, der ihm zur Seite steht und sein ganzes Blut für ihn hingibt....

Nie habe ich seinen Zustand und seine Nichtwiederherstellbarkeit so klar gesehen wie in den letzten Wochen.... Er wird immer leiden....

Ich glaube noch immer, daß er Großes schaffen wird. Vielleicht wird er vom Ruhm gekrönt, eines Tages. Frauen werden ihn lieben. Vielleicht wird die Welt eine Zeit des Friedens und der Gnade erleben. Aber er, er wird niemals glücklich sein....

Und das ist es, nach neun Jahren vollkommener Hingabe fühle ich mich in seinem Leben nutzlos, vergeblich, vergeblich....

Meine Liebe hoffte auf ein Wunder, *wollte* ein Wunder. Nun *weiß* sie endlich, daß das Wunder nicht geschehen wird....

Und dann? Soll ich wieder nur für mich allein leben? Ist es denn nicht zu spät? Ich bin erschöpft....

Mit niemandem habe ich je so lange und so voller Glauben gelebt....

Ich liebe ihn dennoch, aber nunmehr mit vollkommenstem Verzicht auf irgendeine Handlungskraft. . . . Ich betrachte ihn, in der Stille meines Herzens, mit unendlicher Betrübnis, auch wenn ich zeitweise aus alter Gewohnheit, aus einem unbezwingbaren Instinkt heraus fortfahre, mit seinem schrecklichen Schicksal zu hadern, wenn er bei mir ist. . . .
Franco, Franco! Jetzt möchte ich an einen Gott glauben können, für ihn beten können, ich, die ich nie für mich gebetet habe. . . .

3. März, nachmittags

Die Pinien und Zypressen des Pincio glühen in diesem Moment im Sonnenuntergang, und große Vogelschwärme überqueren sie, hin und her, es müssen Stare sein, die dort seit einigen Wochen ihr Nest gebaut haben und jeden Tag um diese Stunde lange tanzend ihre Kreise ziehen über den hohen Baumkronen, in einem weitschweifigen Rhythmus, der mich bezaubert, wenn ich ihnen hier vom Tisch oder vom Sofa aus zusehe. Er bezaubert mich, lenkt mich für ein paar Augenblicke ab. Ich sprach Sforza davon an dem Tag, als er mich besuchen kam. Er stand auf, ging zum großen Fenster, blickte hinaus und behauptete dann: „Soeben haben Sie mit wenigen Worten ein Gedicht gemacht, eines jener kurzen Gedichte, wie sie von einem der ältesten Völker der Erde, den Chinesen, geschaffen werden. . . .“

6. März, nachmittags

(Neun Jahre – wird Franco sich an das Datum erinnern?)
Es geht mir schlechter, die Erkältung hält an, ich esse hier zu Hause, schrecklich schlecht; und ich vergifte mich, indem ich die Zigaretten rauche, eine nach der anderen, die mir zwei englische Soldaten und Dichter geschenkt haben. . . .

14. März, abends

Die Erkältung geht vorbei, morgen früh werde ich zur Pension Fabbello gehen können und für 100 Lire ein Bad nehmen, dann werde ich mich gegen Pocken impfen lassen von Professor Signorelli, der mich nicht nur umsonst impft, sondern mich zu Ehren unserer jahrzehntelangen Freundschaft zum Frühstück einladen wird. Die Impfung ist obligatorisch, obwohl die Gefahr einer Epidemie vorbei zu sein scheint: aber man kann die Stadt nicht verlassen, ohne geimpft zu sein. Nicht daß ich hoffe, Rom in diesen Tagen verlassen zu können: wohin sollte ich gehen mit dem bißchen Geld, was mir noch bleibt? Und doch wäre es vielleicht das einzige Heilmittel für meinen immer gravierenderen Erschöpfungszustand. . . .

Wenn mich das leidige Geldproblem nicht so bedrücken würde, könnte ich mich vielleicht daran machen, Verse zu schreiben. . . . Mir ist, als sei ich reif für den Epilog meines Herzens. . . . Aber vielleicht ist auch das eine Illusion und es gibt für mich gar keine Rettung mehr. . . .

Franco, weiß Franco, was mit Sibilla geschieht? Oder hallt mein Name nicht mehr in seinem Gedächtnis nach?

15. März, nachmittags

Gestern Abend hörte ich auf zu schreiben, weil mich die Freundin Alba* anrief, um mir einen langen, langen und düsteren Brief von Franco an sie vorzulesen. Der anfängliche Beweggrund für den Brief war, wenn ich recht verstanden habe, daß er sich bei Alba wegen der überstürzten Abreise aus Rom entschuldigen wollte, obwohl sie ihm liebevolle und vernünftige Vorhaltungen gemacht hatte, daß er doch bleiben solle. Aber nach den Entschuldigungen wiederholte Franco, daß es ihm unmöglich sei, den *pacte des villes* einzuhalten, daß er unfähig sei, sich anzupassen, daß es trostlos für ihn sei, daß er sich noch einmal in sein trauriges Dorf, in sein düsteres Haus dort habe flüchten müssen. Er spricht von nichts anderem, mehr denn je ist er von seiner eigenen Qual erfüllt. Für mich nicht einmal ein einziges Wort, Alba weinte fast am Telefon wegen des Schmerzes, den sie beim Nachhall jedes Satzes, den sie mir vorlas, in mir spürte. Sie ist sehr lieb, sehr verständnisvoll und spürt meine ganze Tragödie. Franco ist jung, er wird auch diese Krise überwinden, er trägt eine ganze Welt in sich, die er noch

*Die Schriftstellerin Alba De Cèspedes (A.d.R.)

ausdrücken kann. Aber ich, ich stehe an der Schwelle des Todes, und deshalb zittert Alba. Warum – fragt sich Alba – findet Franco nicht in seiner Zuneigung zu Sibilla die Kraft, das zu überwinden, was er sein Leiden nennt, die Kraft, nicht an sich zu denken und Sibilla jeden Schlag seines Herzens zu widmen, um so aus dieser ihrer letzten Zeit einen Segen, ein Wunder zu machen, dessen Erinnerung ihm wie ein Talismann bliebe für das ganze lange Leben, *das ihn erwartet?* Warum? Er glaubt, das wäre ein Opfer, während er doch darin, nur darin seine Rettung fände. Und versteht Franco nicht, daß ich vor allem darum leide und sich darum mein Ende beschleunigt, und nicht meinetwegen, nicht meinetwegen, *sondern seinetwegen*. . . .

abends

Den ganzen Tag zu Hause geblieben, obwohl strahlendes Wetter war. Vergeblich versucht zu arbeiten. Riesenlast auf meinen Schultern. Zum Doktor gehe ich morgen. Die Stare, die zu Tausenden über die Bäume des Pincio flogen, sind seit mehreren Tagen schon abgereist, wohin? Es war eine Musik für die Augen, und bei jedem Sonnenuntergang tröstete sie mich ein wenig. . . .

16. März, nachmittags

Soeben von Professor Signorelli zurück. Hoffentlich schlägt die Impfung nicht an (die Bescheinigung werde ich trotzdem bekommen, falls ich Rom verlassen sollte). Die gute Arduina hat mir eine Flasche Öl, eine mit Tomatenmark, Hausmacherbrot und ein paar Eier geschenkt. Eier brachte mir auch ein anderes freundliches Geschöpf, das mich gestern besuchte, die Malerin Clelia B., und sie war ganz verwirrt, aus Angst, sie könne mich beleidigen. Eine kleine blühende Primelpflanze sandte mir Alba mit folgendem Billet: „Du bist nicht ganz allein, Albas liebevolle Gedanken sind immer bei Dir.“ Seit vielen Monaten hatte ich keine Blume. Außer meinem Herzen ist die Pflanze das einzig Lebendige in der Dachstube.

18. März, Sonntag, abends spät

Den ganzen Tag bis jetzt damit zugebracht, noch einmal die Stöße alter Manuskripte (von 1901 bis in die letzten Jahre) durchzusehen, da ich um ein paar unveröffentlichte Seiten für eine neue literarische Zeitung gebeten wurde. Ich habe nichts für diesen Zweck Brauchbares gefunden. Hingegen habe ich noch einmal und vielleicht klarer denn je die Unmenge an Leben gespürt, die in diesen Tausenden und Abertausenden von Blättern ausgedrückt ist: chaotisch ausgedrückt, kunterbunt durcheinander, oft in fast unentzifferbarer Weise, aber sie bilden ein Zeugnis, wie es vielleicht keine andere Frau je so ausführlich und so ihrer durstigen Seele getreu von sich gegeben hat. Ich habe gefühlt, daß nach meinem Tod dieses Erbe an Worten einen tiefgreifenden Wert annehmen wird, wenn sich jemand findet, der genug Hingabe und Kraft aufbringt, es zu ordnen und zu publizieren. Wird es Franco sein? Oh, ich bitte ihn hier, heute Abend, sollte er sich nicht in der Lage fühlen, den Auftrag auszuführen, den ich ihm anvertraut habe, sollte sein persönliches Werk ihm nicht erlauben, sich dem zu widmen, ich bitte ihn, jemand zu suchen, der an seine Stelle treten kann, ich bitte ihn, dafür zu sorgen, daß sich nicht zusammen mit meiner Asche auch die in all diesen Seiten gesammelte geistige Substanz zerstreut, ich bitte ihn, wie wenn ich im Sterben läge, und er wird mich hören, er wird mich nicht verraten, nicht wahr, Franco?

19. März, Josephstag, abends

Welle dumpfester Traurigkeit. Niemand, mit dem ich darüber sprechen kann, der versuchen kann, mich zu trösten, zumindest versuchen. Auf der ganzen Welt, niemand.
Grabesstille, hier in meinem Zimmer. Und in der Welt Kanonendonner, noch immer. . . .

4. April, morgens

Am Nachmittag des 29., dem sogenannten Gründonnerstag, ging ich, nachdem ich beim Arzt war, am Reisebüro der Busse aus Fermo vorbei, um zu fragen, ob etwas für mich angekommen wäre. Nichts. Ich ging sehr schlechter Laune zurück und dachte, daß ich Ostern sogar ohne einen Gruß von Franco verbringen würde. Beim Nachhausekommen jedoch, wen finde ich vor, Franco in Person, der soeben angekommen war und sich auf dem Sofa liegend ausruhte. Er hatte sich überraschend zu diesem kurzen Besuch in Rom entschlossen, um eine Familie trauernder Verwandter zu begleiten, denen die Deutschen bei dem entsetzlichen Massaker von Cefalonia (an einem einzigen Tag wurden vierhundertfünfzig Offiziere füsiliert und achttausend Soldaten mit Maschinengewehren erschossen, unter der Sonne der kleinen ionischen Insel . . .) einen Sohn ermordet haben. Die Verwandten sind nach Neapel weitergefahren. Er ist 5 Tage hiergeblieben, heute im Morgengrauen ist er wieder abgefahren, um diese Zeit nähert sich der Bus schon seiner unglücklichen kleinen Stadt. Unglücklich auch er, wie er in dem Brief an Alba erklärt hatte: mit einem unentwirrbaren Knoten in der Seele, aufgestautem Groll gegen das Leben und gegen das Schicksal, er, dem Leben und Schicksal soviel Gunst erwiesen haben. Und unglücklich ich, als ich immer verzweifelter meine Ohnmacht, ihm zu helfen, feststelle, angesichts seiner Starre, schlimmer, seiner absoluten Herzenskälte, heute, mir gegenüber. . . . Nichts fühle er mehr, hat er mir brutal erklärt, nichts, weder für mich, noch für irgendjemanden. . . .

5. April, morgens

Beim Abschied gestern Morgen konnte ich ein paar Tränen nicht zurückhalten, er sah sie, wurde wütend, ging die Treppe hinunter und sagte: „So etwas muß ich ertragen!“ Ich hätte mich schlagen mögen, daß ich diesen Augenblick der Schwäche nicht habe vermeiden können, nachdem ich die 5 Tage, die er hier war, so stark gewesen bin. . . . Aber das Herz tat mir einfach zu weh, als ich wieder einmal der Abreise des Menschen zusah, dem ich meine letzten Jahre gewidmet habe, und der jetzt will, daß ich ihn mir aus der Seele reiße und nichts mehr von ihm erwarte.

8. April

Wenn es mir gelingt, das Leid zu zügeln, nicht in Tränen zu zerfließen, so begehe ich eine Heldentat, die mich schleift, die mein untergründiges Leben schrecklich zerrüttet. Untergründiges Leben, Doppelleben, in mir, die ich doch einfacher, durchsichtiger, luftiger Natur bin. Mich mit einem Anflug von Lächeln unter den Leuten zu bewegen, wie das Abbild der Heiterkeit selbst, das war schon immer mein Schicksal, seit der weit zurückliegenden Zeit meiner Ehe, als ich meinen ungestümen und unabhängigen Charakter durch einen jähen – und für eine Sechzehnjährige unglaublichen – Akt unterdrücken, und mich still und sanft dem Joch beugen mußte, das nicht einmal ein Joch der Liebe war. Es ist wahr, daß sich in mir in jenen Jahren, besonders nach dem tragischen Intermezzo meines Auflehnungsversuches und meines Selbstmordversuches, ein tieferes Bewußtsein herausbildete, eine weiterreichende und klarersehende Innerlichkeit, diese Art intermittierender Weitblick, der dann allen meinen Handlungen den Wert des Absoluten verlieh, auch denen, die unverständlich oder schmählich schienen. Ach, jene Jahre! Von sechzehn bis fünfundzwanzig. Noch immer zittere ich, wenn ich an die einsame Konzentration meiner jungen Seele damals denke, ohne die Stütze eines überirdischen Glaubens, ohne religiöse Praxis, ohne irgendeine lebende Stimme neben sich. Einzige Stütze waren ein paar Bücher, die der Zufall, oder sagen wir, das Schicksal, mir in die Hände fallen ließ.... Nie überraschte mich jemand beim Weinen. Der große Garten, im letzten Jahr, bevor ich meinen Mann und meinen Sohn verließ.... Die vielen Rosen im Mai. Die Sternendichte im August. Einsam, einsamer, als wenn ich in einem Kreuzgang gewesen wäre. Konzentration, Meditation, und die Hoffnung und die Verzweiflung, die zugleich in meiner Brust tanzten, Hoffnung, was das Geschick der Menschheit angeht, Verzweiflung über mein eigenes Geschick.... Klarheit, habe ich gesagt? Weitblick? Dann war es also ein Widerspruch, eine Illusion, um derentwillen ich danach über 40 Jahre lang bis heute gelebt habe in dem Versuch, mein Schicksal zu besiegen. Als hätte der Sternenschauer jener stillen Abende unter dem

Firmament mir für immer den dringlichen Traum, nicht „verlassen" zu sein, neben mir die Schwingungen einer anderen Seele zu spüren, über das Bewußtseinsmäßige hinaus in Fleisch und Blut übergehen lassen. . . . Diese lange Brücke, seit damals, einsturzgefährdet über dem Abgrund, meine ausgebreiteten Arme die den Schatten umfassen, meine Stimme, manche hören sie, aber es hilft nichts, es hilft nicht, und nun ist die Einsamkeit genauso total, nur in vier Wände eingeschlossen, ohne Blumen und Sternbilder, nur eines ist nicht verloren gegangen, noch immer glaube ich, daß die menschliche Natur eines Tages Liebe und Freude lernen wird, noch heute glaube ich, daß die Welt lieb- und freudlos ist wie nie zuvor. . . .

Ich betrachte sie, diese Welt, wie ich mein Kind in seinen Windeln betrachtete, wenn es weinte. Ich drückte es an meine Brust, was flüsterte ich ihm zur Beruhigung zu? Es waren nicht Worte, nur Laute, ein leises Lied. . . .

Wie ein Kind, die Welt. Unverantwortlich. Jetzt weint sie, jammert, sie weiß es nicht anders, kann nicht anders. Wird sie wachsen?

Als ich ihn verließ, trug mein Sohn keine Windeln mehr, er lief, sprach, lächelte, doch vielleicht spürte ich schon damals vage, daß er nie ganz Mensch werden würde, vielleicht wußte ich schon, daß er die Menschheitsära, an die ich glaubte, nie erleben würde. . . .

Heute weiß ich, daß nicht einmal seine Kinder sie erleben werden. . . .

So weit weg ist sie noch!

Aber ich glaube noch daran, glaube immer mehr daran.

Es gibt Stunden, wie an diesem regnerischen Nachmittag in dieser grauen Dachstube, wo ich mir nichts mehr erwarte für mich, wo von einem Moment zum anderen mein Kopf für immer auf den Tisch sinken könnte und niemand darum wüßte, höchstens ein paar Tage später, Stunden, in denen ich die weit entfernte Zukunft der Welt so sicher und strahlend vor mir sehe!

Eine Zukunft, nicht nur ohne Krieg und Haß, sondern innerlichen Friedens für alle Herzen. Herzen, die sich wunderbaren

Schöpfungen hingeben, den Rosen und den Sternen nacheifernd, ohne Sorge, ohne Hast, mit langen träumerischen Pausen, langen wortlosen Gesprächen mit dem Geist des Universums. . . .
Wird von unserer Qual, unserem Höhlendasein, unserem tragischen Stottern, diesen verlorenen Blicken ins Leere, diesem ohnmächtigen Umhertasten und auch dem seltenen Aufblitzen von Gnade, wie es manchmal auf dem Gesicht eines Neugeborenen erscheint, wird von all dem eine Erinnerung für sie bleiben wie für uns gewisse Zeichen der Steinzeit?

10. April, mittags

Ich habe hier in der Dachstube den Boden geputzt. Ich finde keine Frau, die ab und zu kommen und diese Arbeit tun will, nicht einmal für 20, 30 Lire in der Stunde. Sie beschäftigen sich alle lieber mit dem „Schwarzmarkt" – die Alten, versteht sich, denn für die Jungen ist es noch einfacher, sich an ein paar alliierte Soldaten, Yankees, Kanadier oder Schwarze zu verkaufen.
Von Prostitution handelte eine kurze Botschaft von mir, die gestern Abend im Radio verlesen wurde, kurz und durch die Auslassungen der Direktion kraftlos gemacht. In ihr wurde dieser Plage die ebenso unbestreitbare Existenz einer Menge Frauen gegenübergestellt, die durch ihre mutigen und heroischen Taten ihrem Geschlecht mit gutem Beispiel vorangehen. . . .
Aber als ich der Sprecherin beim Lesen meiner Worte zuhörte, kamen mir Zweifel, ob sie nicht leer und rhetorisch klängen. Ach! Als ich sie schrieb, hatte ich sie doch ehrlich empfunden, sie waren mir aus dem Herzen gesprochen, und nicht wegen der armseligen 700 Lire Bezahlung hatte ich sie geschrieben. . . .

12. April, abends

In Deutschland schließt sich der Kreis immer enger, die Alliierten werden sich bald in Berlin treffen, die einen von Osten, die anderen von Westen kommend. Inzwischen ist Wien gefallen und ein Teil der Russen marschiert auf die italienische

Grenze zu. . . . Von Tag zu Tag erwartet man, daß etwas Entscheidendes geschieht, obwohl große Angst herrscht, daß die Deutschen sich nicht insgesamt ergeben wollen und von Norwegen bis Bayern in verstreuten Guerillagruppen weitermachen, auch wenn ihre Hauptstadt genommen ist. So bleibt auch das Schicksal Nord-Italiens noch immer ungewiß, während die Zerstörung entsetzlich fortschreitet, in Ligurien wie in Venetien, in Piemont wie in der Emilia. Wie mag es meiner Schwester Cora gehen, was wird aus ihr werden? Und meine arme Lina in Triest? Ab und zu habe ich das Gefühl, daß diese Lieben trotz ihrer Qual und Erschöpfung an mich denken. Ich selbst bin immer erschöpfter, unsäglich erschöpft. Ich weiß nicht, welches Wunder mich aufrecht erhält. Weiterhin sehe ich Leute, höre mir Reden, Diskussionen, Vorhersagen an; weiterhin bereite ich mir das ekelhafte Essen zu, esse das schlammige Brot, rauche Zigaretten, die mich vergiften. Ich nehme auch Einladungen zu etwas besseren Mahlzeiten an. Eine Freundin hat mir Blumen geschickt. Ich habe die Druckfahnen von dem Artikel korrigiert, der übermorgen in „Nuova Europa" erscheint und den der Direktor der Zeitschrift gelobt hat. Aber mit jedem Tagesanbruch erscheint mir die Qual zu leben größer. . . .

16. April, abends

Vom Tyrrhenischen Meer bis zur Adria hat die Offensive der Alliierten an der italienischen Front begonnen. Seit gestern fliegen hoch über Rom Flugzeuggeschwader nach Norden. Wie vor einem Jahr, aber damals bangten wir um uns selbst, während uns jetzt der Gedanke an das, was weiter oben in Ligurien, in der Emilia, in Venetien geschieht, das Herz zusammenschnürt. Das Wenige, das bis jetzt noch steht, wird in der letzten, entscheidenden Schlacht zerstört werden. Der Widerstand der Deutschen und der Faschisten ist hartnäckig, dort wie in Deutschland, obwohl sie wissen, daß das Urteil über sie gesprochen ist. Wie lange noch, wie lange? Die Seele siecht dahin, wie vor einem Jahr. . . . Die Schultern beugen sich unter diesem immer schwereren Gewicht. Im August 1939 in Positano schrieb ich, daß ich das Ende dieses Krieges (der damals gerade erklärt werden sollte) höchstwahrscheinlich nicht erleben würde, und nun lebe ich doch noch, aber wie verbraucht, wie erschöpft? Franco hat es überlebt, aber er ist weit weg, und verändert, und er braucht mich nicht mehr, wenigstens hat er das gesagt, und jedenfalls treibt es ihn nicht, in meiner Nähe zu leben und mir in dieser schrecklichen Zeit beizustehen. . . . Sicher leidet auch er, aber allein, so wie ich allein leide. . . .

17. April, abends

Ich antworte auf einen Brief von Franco, der heute Morgen ankam:

Lieber, im Geist habe ich den ganzen Tag mit Dir gesprochen, seit ich Trainis Haus in der Via Principe Eugenio mit Deinem Brief verlassen und über den gräßlichen Markt auf der Piazza Vittorio gegangen bin, um hierher zurückzukehren. Wollte ich das alles aufschreiben, käme ein Buch heraus. Und statt dessen muß ich mich kurz fassen, auch weil ich morgen versuchen will, wieder hinunter zu gehen und Traini dieses neue Schreiben mitzugeben.

Lieber, Du sagst, daß ich *Dich verurteile wie immer, und daß Du auch das nicht mehr willst*. Aber es ist nicht wahr. Ich verurteile Dich nicht. Ich fühle nur bei Briefen wie dem, den ich heute Morgen erhielt und bei den Worten, die Du an mich richtest, wenn Du hier bist, eine grenzenlose Trauer Dir gegenüber. . . . Ich möchte Dich gern verurteilen. Ich möchte Dich schütteln, vielleicht sogar schlagen, ich weiß nicht, eben das Geheimnis finden, um Dich aus Deinem Alptraum zu wecken, Dir harte, unbarmherzige Worte sagen. . . . Aber ich fühle Dich auf unmenschliche Weise leiden, und das nimmt mir jede Kraft. . . . Oh Franco, Franco! Und Du beendest Deinen Brief mit den Worten „Ich werde wahnsinnig!“ Nicht eine Silbe für mich, so sehr bist Du von Deinem Leiden, Deinem ungesunden Fieber besessen. . . .

Ungesund ist es, Franco.

Während noch immer das Unglück in der Welt wütet, alles trä-

nenüberströmt ist, während Millionen Gefangener nach jahrelangem Martyrium zurückkommen, während das gesamte Leben der Menschen gestützt und wiederaufgebaut werden muß, Du, jung, Du, dem Gemetzel entkommen, Du unversehrt, Du, Dichter, Du, der seit 9 Jahren das Glück hat, *nicht allein zu sein* (ich war in diesen neun Jahren *immer* bei Dir, Franco, und Du weißt es!) bist Du sicher, daß Du heute das Recht hast, Dich so der Verzweiflung hinzugeben, wie Du es tust?
An einem gewissen Punkt sagst Du zwar, daß es Dich entsetzt, auf Dich selbst zu spekulieren, und daß die Literatur Dich schreckt. Gleich darauf fällst Du jedoch wieder in Deine Wahnvorstellungen zurück, soweit, daß Du die jungen Leute beneidest, die jünger sind als Du, „gewalttätig, berauscht, unwissend“....
Oh Franco, wenn ich Dir je ein Beispiel sein konnte, dann darin, niemals das eigene Schicksal gegen das anderer eintauschen zu wollen. Beneide ich vielleicht die Gualino, die Contini, die Signorelli, die Naldi? Oder etwa die einfachen Frauen, die Analphabetinnen oder die Prostituierten mit dem anmaßenden Lachen? Keine, keine von ihnen, auch wenn sie alle weniger unglücklich sind als ich. Du kannst es bezeugen. Und Du willst Dich soweit erniedrigen, Dich danach zu sehnen, anders zu sein, als Du bist?
Lieben! Beginn damit, daß Du Dein Schicksal, Dein Los liebst, Franco! Fang an, ihm treu zu sein, darauf stolz zu sein. *Leben* darf für Dich nicht heißen, freudeverheißenden Gespenstern nachzulaufen und die Arme wie ein Blinder nach gesichtslosen Formen auszustrecken und währenddessen die Bedeutung Deines Erscheinens auf der Erde zu vergessen. Bist Du vielleicht dazu geboren, eine Madame Bovary zu sein? Oder irgendein mehr oder weniger zufriedener Ehemann oder Liebhaber? Du? *Leben*. Und glaubst Du, Du hättest diese neun Jahre nicht gelebt? Noch vor zwei Wochen, in den Ostertagen, da hast Du *gelebt*, Franco, obwohl Du so finster und unfreundlich warst, mehr gelebt als hunderttausend dieser jungen Leute zusammengenommen, die Du so beneidest!
Aber Du hast Fieber, es ist wahr. Du zeigst sogar, wie Du selbst

sagst, wie ein lebendes Thermometer das Fieber der Welt an. (Siehst Du, wenn Dir solche Bilder kommen, beweist Du doch, daß Du nicht ganz so unintelligent bist, wie Du behauptest.) Darum mußt Du Dein Fieber selbst kurieren. Der Aufruhr in der Welt wird sich bald legen. Warum hilfst Du der Welt nicht gesunden und wirst so selbst gesund? Warum widmest Du Dich nicht dem Werk, das die Menschheit bekümmert fordert, anstatt ins Leere zu phantasieren und Dich weiter erbärmlich zu beklagen, anstatt taub zu sein für die Glocken, die die Zukunft einläuten. Du, Deine Jugend, Deine Dichtung. Das wäre *leben*, das wäre *lieben*. Du sagst: „Ich glaube, daß eine kleine Veränderung genügen würde, um mein Dasein zu wandeln."
Eben. Aber es muß eine Veränderung im höheren Sinne sein, all dessen wert, was Dich bis jetzt geleitet hat. Bar jedes kleinlichen Egoismus, jedes mittelmäßigen Begehrens. Voller Hingabe, Vertrauen und Dankbarkeit, lauter Dinge, die Dir allzu oft fehlen, nicht wahr, Franco? Und zugleich käme Dir dann auch die Kraft zu Hilfe und Deine Zerbrechlichkeit wäre bezwungen. Lieben! Aber wenn Du, sagen wir in einem Monat, nach Rom zurückkehrst, kannst Du Dir vornehmen, *allen* mit offenem Gesicht furchtlos entgegenzusehen, kannst Du Dir vornehmen, *niemanden* des Widerwillen Dir gegenüber zu bezichtigen, kannst Du dann Deine Arbeit, Deine Zeit, Deinen Rat bescheiden dem Gemeinwohl darbringen?
Wenn Du nichts verlangst, wird Dir alles gegeben werden, Schritt für Schritt. Alles im geistigen Sinne, im Sinne Deiner Heilung. Verstehst Du? Es ist eine Art magischer Handlung, die vollzogen werden muß. Da genügt es nicht, zu sagen „Ich werde verrückt", „Ich sehne mich nach einer Frau, nach Neuem"! Das Neue, die Tage, die neuen Himmel und auch die Frau, die Dir bestimmt ist, wenn es so ist, alles wirst Du bekommen, aber erst, wenn Du nicht mehr danach verlangst, indem Du wie ein Kind mit den Füssen aufstampfst, wenn Du Dich von dem Zwang, sie begehren zu müssen, freigemacht hast, wenn Du ohne hemmungslose Begierden lebst, für alle und nicht nur für Dich, indem Du die anderen leben fühlst, alle, sie liebst (anstatt sie wie taube Nüsse zu verachten) und

um ihretwillen mehr als um Deiner selbst willen leidest, begreifst Du, begreifst Du?
Und nun, ich weiß nicht, welche Stunde der Nacht gerade schlägt (meine Uhr ist bei der Reparatur), nun habe ich Dir geschrieben und geschrieben und kein einziges Wort von mir gesagt, aber war das denn vonnöten? Vielleicht nicht, was meinst Du, Franco? Daß ich die ganze Nacht, erschöpft wie ich bin, hier über für Dich bestimmte Blätter gebeugt zugebracht habe, als stünde ich an Deinem Krankenbett, bedeutet nicht nur, daß ich trotz aller Trauer, von der ich vorher sprach, Vertrauen habe, an Deine Rettung glaube, sondern auch, daß ich sicher bin, daß meine Stimme dennoch Lebenskraft für Dein Herz bedeutet. . . .

Am nächsten Morgen

Antworte mir, sprich weiter, lange, es ist die einzige Möglichkeit, sich zu befreien, die erdrückende Schwere weniger stark auf sich lasten zu fühlen. Was mich angeht, so bin ich, wenn ich leide wegen der Dinge, die Du mir schreibst, inzwischen so geübt darin, daß es mir nichts ausmacht und ich sie in jedem Fall dem düsteren Schweigen vorziehe. Ich bin doch immer noch die, der Du immer *alles* sagen kannst. Solange ich lebe, denk daran. Denk daran, daß das nicht mehr lange sein wird. Meditiere jeden Tag einen Augenblick über diese Realität, Franco; daß Du schon bald Sibilla nicht mehr haben wirst, der Du Dich anvertrauen kannst wie Deiner eigenen Seele (und die die Schläge besser erträgt). Und versuche beim Meditieren zu verstehen (und zwar mit dem Herzen, denn Verstand braucht es hier nicht), welche Gnade Dir zuteil wird, daß Du mich noch in Deinem Leben haben darfst, und versündige Dich nicht gegen sie. Wie ich Dir schon gestern Abend ganz allgemein sagte, so sei auch in meinem besonderen Fall weniger egoistisch in Deinem Leiden, sorge Dich um mein Leiden mehr als um das Deine, nimm Deine Energien zusammen, um mich zu trösten und Du selbst wirst getröstet werden. Wenn ich Dir auch nicht die Freude geben kann, die Deine Jugend sich in manchen Momenten erträumt, so gebe ich Dir doch anderes, Du gibst es ja zu, und warum soll man, da es ja bald vorbei sein wird, diese doch so große und so seltene, erlesene Realität negieren, zurückweisen?

Du antwortest, daß auch Du nicht mehr lange leben wirst, aber das nimmst Du nur an, während es sich, was meine Zukunft angeht, um eine mathematische Tatsache handelt. Und wieviele Dinge warten auf Dich im Laufe der verschiedenen Altersstadien, wenn Du die von Dir angenommene Grenze überlebst! Frauen, Länder, neue Himmel. . . .

Es gibt Zeiten der Tränen und Zeiten der Freude, steht in der Bibel. Denk nur, daß ich erst mit über 60 die Wunder Griechenlands gesehen habe. . . .

Aber lassen wir Sibilla. Kehren wir zurück zu Deiner Angst, lebensunfähig zu sein, kehren wir zurück zu Deiner „konstitutionellen Depressivität“. Du weißt, wie sehr ich daran glaube, daß der Wille Wunder bewirkt. Nur der Wille wird Dich retten, wenn Du ihn benutzt. Nicht der Wille, mehr oder weniger trügerische und vergängliche Güter zu erlangen, sondern der Wille, für Werke *dazusein*, die Dich überdauern, für Deine Dichtung und für die Menschheit. Ich wiederhole Dir, Franco: die Dinge werden zu Dir kommen, wenn Du nicht mehr danach streben wirst, sie nicht mehr rasend verlangen, nicht mehr an sie denken wirst: wenn Du jedem Tag, auch dem ärmsten und einsamsten, Licht für Deine Seele abgewinnen kannst, Heiterkeit, Verlangen nach Gutem, nach Güte und Harmonie. Geduld, Geduld. . . . Die Eile, die Gier sind es, die schaden und den Geist umnachten. Sie haben Dich so oft in die Flucht geschlagen, gerade bevor Du Glückliches hättest verwirklichen können.

Wenn Du zur Veröffentlichung von *Fisarmonica Rossa* nach Rom zurückkommst und Dir, aber wirklich, eine innere Disziplin, eine lächelnde Ruhe den andern und Dir selbst gegenüber auferlegen wirst, dann werden sich Dir, ich bin sicher, verschiedene Gelegenheiten zum „Leben“ bieten: Arbeitsangebote, hier oder im Norden oder Süden oder im Ausland; neue Freundschaften; ein ganzes Netz von Sympathie und Aus-

tausch. Wenn Du nur nicht von Ohnmacht sprichst, die dummen Worte „ich werde verrückt“ nicht wiederholst, wenn Du nur die Dinge um Dich herum liebst, auch wenn sie armselig sind, und die ferne Zukunft. . .
Lieber, laß mich den Kopf an Deine Schulter lehnen, ich bin ein wenig müde. . . .
Und die Flugzeuge fliegen noch immer über Rom, dorthin, wo man stirbt. Wir müssen unseren Mut weiter zusammennehmen. . . . Denk daran, wir müssen uns zusammenschließen, damit es nie wieder Kriege gibt. . . .

18. April, abends

Morgen werde ich den Brief an Franco abschreiben und absenden (wenn der „Mercurio“ mit seiner Ode an Amerika erscheint, auf den er wartet).
Hoffentlich kann ich heute Nacht schlafen. Was für ein Schicksal ist das doch, ich muß Franco Mut machen, während ich ihn doch selbst so nötig hätte! Oder würde ich vielleicht ohne diese qualvolle und doch süße Pflicht der Last des Lebens gar nicht standhalten? . . .

21. April, abends

Bologna ist heute befreit worden.

23. April, morgens

Mein Radio ist plötzlich kaputtgegangen, es geht nicht mehr an, ich muß bis morgen auf den Arbeiter warten, hoffentlich kann er es reparieren. In der Zwischenzeit bin ich ohne Nachrichten, nach denen ich doch im Moment so dürste! Sind die Russen endlich in Berlin einmarschiert?
Heute Nacht habe ich im wahrsten Sinne des Wortes kein Auge zugetan. Und seit 2 Tagen gelingt es mir trotz vieler Anläufe nicht, die eine Seite zu schreiben, die ich nächsten Sonntag am Mikrophon vorlesen sollte. Ob meine Erschöpfung ihren Höhepunkt erreicht hat?

25. April, morgens

Nicht nur Bologna, auch Ferrara, Modena und La Spezia sind frei. Es wird angenommen, daß die alliierten Truppen, wenn sie endlich den Po überquert haben, auch bald in der Lombardei und in Piemont sein können. Das Herz jubelt, sogar aus der Tiefe des eigenen Grabes.

Gleichzeitig sind die Russen in Berlin einmarschiert und haben zwei Drittel der Stadt besetzt. Stalin hat diesen, im übrigen wohlverdienten und errungenen Triumph für sich in Anspruch nehmen wollen.

26. April, nachmittags

Es jubelt, das Herz. Die Patrioten Oberitaliens haben sich überall erhoben und vertreiben Deutsche und Faschisten noch vor Ankunft der alliierten Truppen. Genua hat nur durch die Ausdauer seiner Einwohner die Kapitulation des deutschen Kommandos erreicht und ist frei. In Mailand, in Turin, in Novara, am Lago Maggiore wird gekämpft, gestreikt, jeden Augenblick werden sie sich befreien, wie die dortigen Radiostationen, die dem Feind aus der Hand genommen wurden, melden. . . . Seit heute Morgen bin ich von diesen Nachrichten so bewegt, wie ich es nie gedacht hätte, bewegter als letztes Jahr, bei der Ankunft der Engländer in Rom. Also bin ich doch nicht tot?

abends

Mailand, Turin, Como und andere Kleinstädte sind von den Patrioten befreit worden. Im letzten Augenblick wurde angekündigt, daß die Alliierten in Verona sind.

27. April, abends

Mussolini, Farinacci und Pavolini sind am Comer See festgenommen worden, als sie versuchten, über die Grenze zu entkommen.

29. April, morgens

Mussolini ist heute Nacht hingerichtet worden.

Aber kein Dichter wird ein *Ventotto Aprile* schreiben. Kei-

ner fragt sich heute, ob es „wahrer Ruhm" war. . . .
Das Volk hat selbst richten wollen. Vielleicht wäre die Strafe angemessener gewesen, wenn man den Rechtsweg beschritten hätte, wenn die Agonie länger gedauert hätte? Wer kann das sagen? Wer kann sich vorstellen, was an dem Tag zwischen der Festnahme und der Erschießung in der Seele dieses Mannes vorgegangen ist? Glaubte er wirklich, er könnte sich durch Flucht retten, bevor er festgenommen wurde? War er schließlich durch die überstürzten Ereignisse dieser letzten Tage völlig geistig umnachtet?
Mit einer Mischung aus Ungläubigkeit und Schrecken denke ich an seinen Tod, der so erbärmlich war für ihn, Mussolini, der sich für Cäsar und Napoleon gehalten hatte. Plötzlich verschwindet er von der Weltbühne, nach 23 Jahren Schreckensherrschaft, und siehe da, das Leben geht weiter, die Sonne scheint, die Straßen sind voller Menschen, da ist dieses Italien, das vielleicht, ja, vielleicht wirklich am Anfang einer neuen, besseren Geschichte steht. . . .

30. April, abends

Die Zeitungen sind voller Einzelheiten über Mussolinis Tod. Er wurde zusammen mit seiner Geliebten festgenommen, wenige Stunden in einer Villa bewacht, dann erschossen, nach ihr. Angeblich habe er im letzten Moment gefleht: „Nein, nein!". Hing er noch so sehr am Leben? und er hat keinen Revolver bei sich gehabt, um ihn sich aufs Herz zu setzen.
Die Leichen der beiden und die vieler Parteigrößen, die hier und da bei einer Razzia gefaßt wurden, während alle zu flüchten versuchten, sind nach Mailand gebracht und gestern und heute Nacht auf einem Platz, mit dem Kopf nach unten aufgehängt, öffentlich gezeigt worden. . . .
Für morgen, den 1. Mai, wird die Bekanntgabe der Kapitulation Deutschlands erwartet. So würden diese Tage sich überstürzender Ereignisse zu Ende gehen. . . . Ist das wirklich möglich?
Ich habe Franco telegrafiert, daß er eilends herkommen soll, gleich morgen. . . . Daß wir bei der Verkündung des Friedens

getrennt sein sollen, erscheint mir zu ungerecht. . . .
Ob er das verstehen wird? Und wird er können?
Mein armes Herz schlägt wie verrückt.

1. Mai, nachmittags

. . .
Noch immer hat das Radio nicht die Annahme des deutschen Kapitulationsvorschlags bekanntgegeben. Anscheinend wollte Stalin, daß das Ereignis mit dem heutigen Feiertag zusammenfällt, wohingegen die Engländer und Amerikaner es auf morgen verschieben wollen. Diese und ähnliche Gerüchte über Uneinigkeiten verstärken wohl bei vielen die Meinung, daß ein neuer Krieg zwischen den Russen und ihren jetzigen Verbündeten in ein paar Jahren unvermeidlich werde. Ich weigere mich einfach, an so eine Aussicht zu glauben. . . .
Dazwischen bin ich traurig, daß Franco nicht hier ist. Ich habe bei dem Bus aus Fermo angerufen und erfahren, daß heute nicht gearbeitet wurde, er aber heute Nacht abfährt und morgen früh ankommt. Ob Franco sich entschlossen hat, herzukommen (wenn er mein Telegramm überhaupt erhalten hat), oder lieber auf den Ausflug verzichtet? Dieser Krieg, den wir zusammen erlebt haben, geht morgen zuende, ohne daß wir zwei einen Blick tauschen könnten? . . .

2. Mai, morgens

Auch Hitler ist tot! In Berlin, das im Todeskampf liegt, hat gestern seine letzte Stunde geschlagen. Aus London heißt es jedoch, man bezweifle, ob die Nachricht vom Tod des *Führers* echt sei. Jedenfalls wird angenommen, daß die Verhandlungen über die deutsche Kapitulation weitergehen, und daß sie sich nicht mehr lange hinziehen dürften.

3. Mai, abends

Gestern, am 2. Mai um 14 Uhr, hat der Krieg in Italien aufgehört, das hat das Radio gestern Abend um 19 Uhr von seiten des Alliiertenkommandos bekanntgegeben. Ich war allein hier, als die Nachricht kam, blieb auf dem Sofa liegen, wie betäubt,

wohl eine Stunde lang, fast ohne einen Gedanken fassen zu können. Dann kam meine Nichte nach Hause und wir haben gesprochen, zu Abend gegessen, uns ins Bett gelegt.... In Rom war es still, die Glocken haben nicht geläutet, es hat keine Böllerschüsse gegeben....
Wir haben heute erfahren, daß andernorts, in Mailand und auch hier in der Nähe, z.B. in Terni, große Freudenkundgebungen stattgefunden haben....
Heute Abend ist meine Nichte wieder abgereist.
Die Dachstube ist ruhiger denn je.
Ab und zu nehme ich wahr, daß etwas anderes, Neues in der Luft liegt. Der Frieden, der Frieden?
Töten sich die Menschen nicht mehr untereinander? Donnert die Kanone nicht mehr? Städte stürzen nicht mehr ein?
Und dennoch ist der Überschwang der letzten Tage verschwunden.... Franco ist nicht gekommen, ich weiß nichts von ihm, daß unsere Herzen in dieser Stunde, die wir so herbeigesehnt hatten, getrennt sind, ist wirklich etwas Unmenschliches....
Körperlich geht es mir weiterhin schlecht, obwohl ich mich sehr zusammennehme.

4. Mai, morgens

Ein dringendes Telegramm von Franco hat 24 Stunden gebraucht. Daher nehme ich an, daß mein nur „gewöhnliches" erst gestern bei ihm angekommen ist. Es besagt: „Geheimnisvolles Telegramm (wieso geheimnisvoll?), Abreise unmöglich wegen Unterricht, Umarmungen."

Ich bin sehr erleichtert, zumindest weiß ich, daß er nicht krank ist und daß er arbeitet. Morgen werde ich ihm schreiben und hoffentlich endlich das „Mercurio"-Heft beilegen können, das mit fast 2-monatiger Verspätung mit seiner *Ode* herauskommt!

7. Mai, 18 Uhr

Deutschland hat bedingungslos kapituliert. Der Krieg in Europa ist zu Ende....

8. Mai, abends

Tag des Sieges haben ihn die Engländer genannt. Das Radio meldet, daß gestern Abend und heute in ihrem Land und in Amerika riesiger Jubel geherrscht hat. In Rußland, der anderen großen Siegernation, war es wahrscheinlich genauso. Hier in Rom dagegen ist die Freude sehr durch ein natürliches „Minderwertigkeitsgefühl" gedämpft, das alle mehr oder minder dunkel verspürt haben. Es gab keine Freudenrufe, konnte sie nicht geben. Einige, vor allem Intellektuelle, beeilten sich, diesen Mangel an tieferer Teilnahme der Sorge um die politische Unsicherheit, um die Ansprüche Jugoslawiens auf das arme Triest, um die bedrohlichen französischen Manöver in Piemont zuzuschreiben. Diese ganze Atmosphäre von wiedererstehendem Nationalismus, gerade jetzt, wo man sich der Illusion hingab, die Vereinigten Staaten von Europa entstehen zu sehen.... Das stimmt, aber auch die unermeßliche Müdigkeit, die Erschöpfung tragen dazu bei. Man ist nicht mehr in der Lage zu genießen (und auch fast nicht mehr zu leiden). Gleichgültigkeit, vor allem bei den Jungen. Die Alten haben heute merkwürdigerweise mehr Vertrauen, größere Willenskraft als die Zwanzigjährigen, die Dreißigjährigen, die Vierzigjährigen. Gestern Abend konnte man im Radio außer den stolzen Worten von Sforza auch die von Orlando hören, der 80 Jahre alt ist, und alle waren sie voll erhabener Hoffnung. Auch Togliatti, der, glaube ich, etwa 50 ist, hat hervorragende Dinge gesagt. Und ich selbst, habe ich vielleicht nicht versucht, allen Bekannten, denen ich heute Morgen auf der Straße begegnete, Wärme, Begeisterung und Dankbarkeit einzuflößen, ich, meiner letzten Stunde so nahe, so arm und erschöpft und einsam? . . .

Tag des Sieges! Und wie wird Franco in verlebt haben? Heute Morgen hatte ich plötzlich die Vorstellung, er sei losgefahren und käme heute Nachmittag an, womöglich nur für 48 Stunden. Ich habe um fünf bei der Busstation angerufen, es war nicht einmal ein Brief von ihm da. Ob er heute Nacht ein Gedicht geschrieben hat? Ob er ans Meer gegangen ist, wenn der Himmel dort so strahlend war wie hier? . . .

11. Mai, morgens

Auch heute Nacht habe ich sehr schlecht geschlafen. Ich kam spät nach Hause gestern abend, das englische Auto, das mich zurückbrachte, hatte den menschenleeren, in der spärlichen Beleuchtung wunderschönen Park der Villa Borghese durchquert. Ich hatte wieder in der Alliiertenkantine zu Abend gegessen, nachdem ich an einer überfüllten Cocktailparty teilgenommen hatte, die dieselben Gastgeber zur Feier des Sieges gegeben hatten. Politiker, Literaren, Künstler, schöne Frauen. Hörte einer langen Diskussion zwischen einer von ihnen, einer Monarchistin, und dem – sehr sympathischen – republikanischen Leader Pacciardi zu. Nach dem Essen eine weitere Diskussion zwischen dem Untersekretär für Kriegsangelegenheiten, Palermo, einem Kommunisten, und Alberto Moravia. Leises Lächeln der englischen Offiziere angesichts der geräuschvollen Heftigkeit der beiden Gesprächspartner. Ich habe mich darauf beschränkt, dem Kommunisten zu sagen, daß ich ihm vollkommen recht gebe, wovon er geschmeichelt zu sein schien. . . .

17. Mai, abends

Gestern hat mir Franco geschrieben, er ist seit 10 Tagen krank, hat eine Art von Sonnenstich, den er sich, wie er sagt, auf dem Land geholt hat. Ich bin sehr in Sorge. Habe einen Brief für ihn zum Bus gebracht. Wenn ich nur bald erfahren kann, daß er wieder hergestellt ist. Er schreibt, daß er mit dem Unterricht aussetzen mußte, sich vom Bett zum Sessel und vom Sessel zum Bett bewegt. . . .

18. Mai, nachmittags

Ich höre zwar weniger Radio, lese jedoch weiterhin eine Menge Zeitungen, aller Parteien, von der kommunistischen „Unita“ bis zum liberalen „Risorgimento“, von der „Voce Repubblicana“ bis zu der winzigen „Lettera alla Donna“ („Brief an die Frau“, die von einem Mann, dem Sozialisten Umberto Calosso gegründet wurde und mitgeleitet wird).

Sforza sagte mir heute morgen am Telefon, daß er *nicht liest*, weil „lesen am Denken hindert“ (er hat jedoch die Teile aus meinem Tagebuch gelesen, die im „Mercurio“ und in „Domenica“ erschienen sind). Bis zu einem gewissen Punkt hat der Freund recht, aber nur bis zu einem gewissen Punkt. Und außerdem gibt es Zeiten im Leben, in denen man das Bedürfnis verspürt, der öffentlichen Meinung „den Puls zu fühlen“. Nach 20 Jahren amorphem Journalismus ohne irgendwelche Diskussion in Italien, bildet diese Blütezeit von Zeitungen der verschiedensten Tendenzen hier in Rom, diese Freiheit, sich auszudrücken und zu polemisieren, eine Attraktion, der ich mich mit einer gewissen Leidenschaft hingebe (oder ist es mein derzeitiger Zustand körperlicher Schwäche, äußerster Müdigkeit, der sich an der fragmentarischen, diskontinuierlichen Lektüre festklammert wie an einer Entschuldigung, einem *Alibi*?) . . .

20. Mai, Sonntag morgens

200 gr. grüne Bohnen für das Mittagessen geputzt. . . .
Die Hitze wütet weiter, die Hoffnungen auf Regen erfüllen sich nicht. In Apulien bedroht die Dürre die Ernte, seit 30 Jahren erinnert man sich dort unten nicht an eine solche Trockenheit. Und außerdem scheint es auch eine Heuschreckenplage zu geben. Hier in Rom mehrere Fälle von Typhus.
Zu all dem seit 2 Tagen die weitverbreitete schreckliche Angst vor einem neuen Krieg. Marschall Tito will nichts davon wissen, Triest und Venetien den Alliierten zu unterstellen, die wiederum ihrerseits entschlossen sind, den Pakt von Jalta zu schützen, wonach die territorialen Fragen an den verschiedenen Grenzen erst bei den Friedensverhandlungen am Tisch gelöst werden.
Man hofft, daß Stalin die Jugoslawen zum Nachgeben bringt. Ich kann mir nicht vorstellen, daß der Konflikt wieder aufgenommen wird. . . .

29. Mai, abends

Nachrichten von meiner Schwester Cora und ihren Kindern aus Mailand, nach einem Jahr! Es geht ihnen gut und mir fällt ein Stein vom Herzen. Aber unter Francos Schweigen leide ich immer mehr, er hat nicht einmal auf mein Telegramm vom letzten Samstag geantwortet; ich habe schreckliche Angst, daß er schwer krank ist. . . .

8. Juli

Im Morgengrauen dachte ich im Halbschlaf, daß niemand merken würde, wenn ich heute Nacht gestorben wäre, weder heute noch viele Tage lang. Die Nachbarn würden denken, ich sei verreist. Vielleicht hätte man mich erst bei Francos Rückkehr in ein oder zwei Wochen hier gefunden, erstarrt. . . .

9. Juli

Aus dem römischen Büro des Mondadori-Hauses erhalte ich ein Exemplar der sechsten Auflage von *Una Donna*. Das Buch ist vom Mai 1944 datiert und beinhaltet das Vorwort, das ich am 21. Juni 1943 schrieb. Stille Ergriffenheit.

28. Juli, nachmittags

„Risorgimento“, die hübsche kleine Zeitschrift des Verlegers Einaudi, hat ein Gedicht von Franco veröffentlicht: *L'Europa è una luna*, ein sehr schönes Gedicht, das auch in *Fisarmonica rossa* aufgenommen wird. Es ist unter dem Pseudonym „Monterosso“ erschienen, das Franco gerade in diesen Tagen aufzugeben beschlossen hat (daher wird das Buch unter seinem Namen erscheinen, wie die *Poemetti*). Der Erfolg des Buches zeichnet sich schon vor seinem Erscheinen ab. Aber Franco versteht es nicht, darin einen Ansporn zu ein wenig Heiterkeit, ein wenig Geduld zu sehen und schlägt sich weiterhin mit dem Dämon der ewigen Flucht herum. . . .
Lange peinigende Stunde des Schweigens zwischen uns zweien, in der glühenden Dachstube. Es entsteht eine Art wechselseitiger Einsamkeit, die schmerzlicher ist, als wenn wir weit von einander entfernt wären. . . . Und wenn er ausgegangen ist, schaue ich diese Wände an, diesen Bogen mit den Balken. . . . Dennoch herrscht hier drinnen ein Zauber, den er lebenslang in seiner Erinnerung erkennen und der niemals übertroffen werden wird. . . . Heute habe ich mich, während er schlief,

nochmals einer Gewissensprüfung unterzogen, vielleicht der millionsten, und hätte mich beinahe dafür verurteilt, daß ich es in so vielen Jahren nicht geschafft habe, mir eine behagliche Wohnung einzurichten, wo ich jetzt mit ihm in einem gewissen Wohlstand leben könnte, zumindest mit etwas mehr Bewegungsfreiheit.... Seinetwegen, seinetwegen.... Und dann habe ich wieder gefühlt: oh nein, dieses Schicksal ist trotz allem, trotz allem das würdigste, und nicht nur für mich, auch für ihn, zumindest in diesen Jahren. Und ich habe mir wiederholt gesagt, daß auch er *es weiß*, auch wenn er es nicht zugeben will.

30. Juli

Während Franco von allen Seiten große Achtung für seine Dichtkunst bezeigt wird, ein wenig noch einer „Initation" gleich, die anscheinend wirklich eine zukünftige Anerkennung von Größe einleitet, befleißigt er sich mir gegenüber seit einigen Tagen einer quälenden und erniedrigenden und außerdem völlig ungerechtfertigten Stummheit.... Trotzige Knabenlaune, würden manche sagen, oder Dichterlaune, die er, da er sich nicht mit der glühenden Sonne anlegen kann, an mir abreagiert, die ich unter dieser Sonne geboren bin.... (als würde ich nicht selbst auch in der großen Hitze zerfließen!) Wird es vorübergehen? Ich hätte ein Lächeln von ihm so nötig. Als er vor ein paar Nächten bei den Freunden I. übernachtet hatte, versuchte ich im großen Frieden der frühen Morgenstunden ein lyrisches Gedicht aufzusetzen, mit dem ich der Arbeit von meines Vaters Arbeitern, damals, als ich noch klein war, gedenken wollte.... Nichts ist dabei herausgekommen, nichts, nicht eine harmonische Zeile!... Wenn Franco mir zulächelte, würde ich mich vielleicht über meine fatale Sterilität hinwegtrösten. Aber denkt er überhaupt noch an meine Seele?...

1. August

Gestern Abend bei den Debenedettis war eine Partisanin zu Gast, die anscheinend während des ganzen Widerstandes unter dem Namen Manuella, nein, Leutnant Manuella im Norden, in Valtellina und anderswo, Wundertaten vollbracht und sogar eigenhändig, d.h. mit ihrem eigenen Maschinengewehr oder selbstgeworfenen Bomben 8 bis 10 Personen getötet hat. . . . Sie ist eine junge Frau, groß und auch recht anmutig, mit sanfter Stimme, die Pianistin war, bevor sie Partisanin wurde. Sie erzählt gut, sehr weitschweifig und mit großer Wärme, und gefällt sich darin, ihre Großtaten zu schildern, wobei sie die Entbehrungen, Gefahren, Verletzungen und Krankheiten betont: darin ist sie sehr weiblich! Ihre Hände mit den rotlackierten Fingernägeln riefen ein merkwürdiges Gefühl bei mir hervor, diese Hände, die die Klaviertastatur mit dem Maschinengewehr vertauscht hatten! Eine Art übertriebenes Wesen, Tochter des Krieges, wünschenswert, daß sie keine Nachahmerinnen findet, daß sie eine Erinnerung bleibt wie so viele Erscheinungen dieser blutigen und schrecklichen Zeit. Persönlich trifft sie keine Schuld, sie ist ebenso unschuldig (oder fast?) wie die männlichen Soldaten und Partisanen (fast?) unschuldig sind. Aber. . . .

3. August

Gewitter mit Hagelschauer, gestern, aber schon wird es wieder heiß heute. Francos Stummheit hat aufgehört, doch ist er weiterhin unwohl und kann das Wetter nicht ertragen. Was mich betrifft, so geht es mir, glaube ich, viel schlechter als ihm, aber ich spreche nicht darüber: wozu?

Es gibt ein noch vages Angebot einer Lehrerstelle in der Certosa auf Capri: wir warten auf genaue Angaben. Franco weiß nicht, ob er annehmen oder lieber auf der Isola del Giglio überwintern soll, wohin er sich auf jeden Fall nach den Augustfeiertagen zu einer „Inspektion“ begeben will.

Außerdem warten wir auch auf Nachricht, ob der Verleger Tumminelli Francos Roman publizieren wird. . . .

11. August

Eine Woche qualvolles auf und ab. Einen Tag ist Franco ruhig, sogar liebevoll, unterhält sich lange mit mir, wie in unseren besten Zeiten, über alles, was unserer Seele wertvoll ist. Am nächsten Tag fällt er in seine beängstigende Erregtheit zu-

rück, der ich nichts als ein verzweifeltes Schweigen, entgegensetzen kann. . . .
Ich bin soweit, mir seine baldige Abreise zu wünschen. Ich fühle, daß ich am Äußersten meiner Kräfte angelangt bin. Weit weg werden ihn die Neuheit und die Verpflichtung einer methodischen Arbeit vielleicht beruhigen – und dann wird er, was mich betrifft, was *uns* betrifft, wieder zur Vernunft kommen.
Wir warten auf Antwort von den Mönchen aus Capri.
Inzwischen ist der Krieg in der Welt zu Ende. Gestern hat Japan sich ergeben, zwei Tage nachdem Rußland sich mit den Alliierten dagegen verbündet hatte und nachdem von Amerika zwei *Atombomben* auf japanischem Gebiet abgeworfen wurden, diese große, entsetzliche neue Waffe, benutzt, um das Ende des Unheils zu beschleunigen, diese Entdeckung, die ein neues Zeitalter einleitet – das Zeitalter, in dem Kriege nicht mehr möglich sind, sage ich, das Zeitalter, in dem die Menschheit wieder in steinzeitliche Zustände zurückfallen wird, sagen andere, darunter auch Franco. . . .

abends

Mitten am bewölkten Himmel die junge Mondsichel. Zitternden Herzens habe ich den Wunsch formuliert: daß ich Frieden haben kann, daß ich noch etwas arbeiten kann, daß ich von weitem fühlen kann, daß Franco die Erinnerung an mich *unbefleckt* in seinem Herzen nährt und mit sanfter Trauer an mich denkt.
Aber hören die Götter da oben überhaupt noch mein Flehen?

12. August, Sonntagnachmittag

Heute Morgen habe ich Francos Abwesenheit – er ist bei Freunden – ausgenutzt, um den Fußboden gründlich zu putzen. Ich finde einfach keine Frau, die mir hilft, nicht mal für 50 Lire in der Stunde. Im übrigen erledige ich diese wie auch alle anderen Hausarbeiten mit einer Energie und Beweglichkeit, die mich selbst in Erstaunen setzen. Erstaunt sind auch alle, die mich auf der Straße mit 2 schweren Einkaufstaschen fast im Laufschritt vom Markt kommen sehen. Dann aber, in den Abendstunden, macht sich die Müdigkeit bemerkbar. Und mir bleibt keine Energie, um etwas zu schreiben, nicht einmal, wenn ich, wie heute, soviel freie Zeit vor mir habe. Bestenfalls kann ich lesen. . . .

21. August, morgens

Und auch das Sternbild des Löwen hat eine Bahn vollendet.

Vor ein paar Tagen stand ich am Ladentisch eines Metzgers, um 2 kleine Koteletts zu bezahlen. Schwüler Gestank, laute Schläge, rohe Stimmen. Plötzlich (dieser Metzger ist einer der größten der Stadt) fiel mein Auge auf einen Spiegel rechts vom Verkaufstisch: ich sah mein Gesicht, widergespiegelt zwischen zwei oder drei anderen Käuferinnen, mögen es nun Bedienstete oder Damen gewesen sein. Ich weiß nicht, ob ich zusammengezuckt bin, jedenfalls war ich außerordentlich beeindruckt. Fast als handle es sich nicht um mich, habe ich dieses Bild *gefühlt*, diese weiße Gestalt im Licht des strengen Blickes, wie eine Zauberei, durch eine Laune der Götter dort hinprojiziert: ich habe das Wesen, das *jenes* Gesicht hatte, einer anderen Art zugehörig gefühlt als die Umstehenden, sogar einem anderen Stern, aus der Stratosphäre gekommen, so aufgerichtet und weiß, so majestätisch, mit abwesendem Blick. . . .

Arme, arme, arme Sibilla, von allem so weit entfernt, sagte ich mir nach einem traumverlorenen Augenblick, während ich mich mit meiner Einkaufstasche auf den Weg machte. Dann ist es also mein Aussehen, das mich unter jeder Art von Leuten immer mehr zur „Fremden" macht, auf einem Markt oder in einem Salon, unter Unbekannten oder Engstvertrauten? Auch wenn ich mich bescheiden kleide, betrachtet mich das Volk sogleich als Person hohen Ranges und rückt schweigend von mir ab: seit Jahrhunderten, seit Jahrtausenden ist das Volk gewöhnt, dort wo sie vorkommen, die geheimnisvollen Zeichen von Adel zu erkennen, es weiß selbst nicht, wie. Aber die anderen, die anderen, der Mittelstand und sogar die Reichen, die Mächtigen, und die Intellektuellen, die Künstler, die Dichter, warum haben die meisten von ihnen sich immer darauf versteift, aus der Besonderheit meiner äußeren Erscheinung einen Beweis für Perversität abzuleiten? Mein ganzes Leben lang haben sie die Legende, die mich Messalina geweiht hat, in Umlauf gehalten, ich als sexverschlingende Frau, ich!

29. August

Die Druckfahnen des *Tagebuchs* fertig korrigiert. Auch Franco hat sie nach mir nochmal durchgesehen. Trotz der unzähligen Kürzungen (mehr als die Hälfte!) ist das Buch noch reich an Dingen und Emotionen. Doch wer wird es lesen, wo so viel Unaufmerksamkeit und so viel Zerfahrenheit herrscht? Bei der momentanen Stimmung der Leseröffentlichkeit wie der literarischen und journalistischen Welt erscheint die Veröffentlichung eines Buches wie etwas zwischen verwegen und grotesk! Und trotzdem, es wird veröffentlicht! . . .

7. September

Schlaflosigkeit, unerträgliche Schlaflosigkeit. Ich spreche stundenlang nachts zu dem schlafenden Franco, der nichts davon hört. Aus dem Grund meiner Seele sage ich ihm das, was ich ihm am nächsten Morgen bei seinem Erwachen wiederholen möchte, was meine Lippen jedoch dann bei seinem ungehaltenen Erwachen unter Verschluß halten. Und wenn ich jene Worte hier niederschreibe, wird er sie lesen, und verstehen? Dieser tragische Wille von ihm, *nicht zu verstehen*! Aber mein Wille, daß er sich und mit sich das Wunder unserer Beziehung rette, ist stärker als der seine. *Ich will*, daß er den unheilvollen Zauber abschüttelt, der auf ihm liegt und ihn in so unwürdiger Weise so ungerecht zu mir sein läßt. *Ich will*, daß diese letzten Tage, die er mir nahe ist, nicht düster sondern heiter und sanft verstreichen, damit sie uns dann als Erinnerung helfen, ohne einen Schatten von Bitternis getrennt voneinander zu leben. *Ich will* ihn noch aus der Ferne *lieb* empfinden können, ihn noch für den Rest meiner Tage als Segen empfinden. Warum überzeugt er sich nicht, daß ich begriffen habe, wie notwendig es für ihn ist, ein neues Leben zu beginnen, und daß ich ihn mit neugewonnenem Vertrauen in seine Seele und sein

Geschick abreisen sehe, wenn er nur im Herzen und im Geist sich das Bild dessen erhält, was wir einander bedeuteten, und wenn wir nur weiterhin für einander etwas Reines, Großes und Schönes sind? *Freude für immer*. . . . Warum ist er stattdessen besessen von der Angst vor meinem Leiden und verschlimmert es so schrecklich, anstatt es zu lindern? Warum hat er in dieser Besessenheit angefangen, die Rolle eines Mannes zu spielen, der mich geradezu haßt, der mich fast an die längst vergangene Zeit des Zusammenlebens mit meinem Ehemann zurückdenken läßt? Warum muß er diese halb kindische halb barbarische Art zu Hilfe nehmen, um sich von mir loszureißen? Glaubt er womöglich, ich bemerke diese offensichtliche und zugleich klägliche Verstellung nicht? Wäre es keine Verstellung, so wäre es Perversion, und entsetzlich, oder eine schreckliche Bewußtseinstrübung, und diese beiden tödlichen Hypothesen lehne ich ab, lehne sie einfach ab. Nein, er handelt in diesen Tagen wie ein Kind, das von seinem eigenen Leid und dem der anderen erschüttert ist. . . . Aber ich *will*, daß er der Wahrheit ins Auge sieht, daß er *sicher* sein kann, daß ich es überwinde, sicher, daß ich es akzeptiere, sicher, daß ich ihn in der neuen Phase seiner Existenz lieb haben und ihm weiterhin, mehr denn je Licht und Kraft geben werde, nicht nur für seine Arbeit, sondern auch für die Frau, die er erwählen wird, falls er nicht allein leben kann. Ich *will*, daß er mir schreibt, wo immer er auch hingeht, so wie er mir aus Sardinien schrieb und in jenen (für mich) schrecklichen Monaten des Widerstands. . . . Und ich *will*, daß er mir in diesen letzten Tagen vor seiner Abreise mit der Anmut der ersten Tage zulächelt, mein Wesen, mein Kind auf ewig, auf ewig, um mir zu sagen, daß ich nicht umsonst gelebt habe, nicht umsonst gelitten habe, nicht umsonst geliebt habe. . . .

4. Oktober

Hl. Franziskus. Regen und große Kälte.
Fisarmonica Rossa ist aus Mailand angekommen, mit Francos Portrait und einem schönen Umschlag in leuchtenden Farben. Ich habe die lyrischen Gedichte noch nicht alle wieder gelesen,

doch als ich das Bändchen durchblätterte, habe ich aufs neue seinen ganzen Wert gespürt. Möge sein Gang in die Welt dem Dichter ein wenig Trost spenden.
Er, Franco, wird morgen nach Ostia Lido umziehen, er weiß noch nicht, ob er nur den Oktober oder den ganzen Winter dort bleibt. Es hängt davon ab, ob er an eine Schule nach Sizilien berufen wird oder nicht. Hoffentlich kann er inzwischen arbeiten. Und hoffentlich kann auch ich arbeiten, zumindest ein wenig, in der neuen Einsamkeit, trotz aller möglichen Sorgen.
Unterdessen wurden mir für heute Abend die 2. Druckfahnen des *Tagebuchs* angekündigt.

Gestern wollte Franco, daß ich ihn nach Ostia begleite. So habe ich das Zimmer gesehen, in dem er wohnen wird, das Fenster, vor dem er sitzen und schreiben wird, wenn er nicht den stillen Pinienwald betrachtet, der sich auf der anderen Seite der Straße erstreckt. Beide wunderschön, aber nach Norden. Ob Franco der Kälte standhalten kann?
Ich bin abends zurückgekommen. Herz und Glieder vor Kälte erstarrt.
Heute bin ich im Morgengrauen aufgestanden, um mich zu erwärmen habe ich die Dachstube gekehrt und gründlich saubergemacht, sie ist nun wieder ganz die meine, denn Franco hat sich *unerbittlich* (das ist sein eigenes Wort) von ihr abgewendet. . . .
Jetzt habe ich keine Kraft mehr, die Druckfahnen des *Tagebuchs* durchzusehen. Ich werde Radio hören, bis ich schlafengehen kann. Der Spiegel hat mir vorhin ein merkwürdiges Gesicht gezeigt. . . .

14. Oktober

Eine Woche lang Tag und Nacht unaufhörlich darum gekämpft, die Verzweiflung in mir zu bezwingen. Das Gespenst meiner Mutter ist nach Jahren und Jahren zurückgekehrt und belagert mich. Entsetzt versuche ich, standzuhalten. . . . Tagsüber bleibe ich so wenig wie möglich allein, nehme Einladungen zum Essen und ins Kino an, für ein paar Stunden gelingt es mir sogar, das innerliche Unwohlsein nicht zu spüren. Aber nachts wird der Kampf mit mir selbst schrecklich. Noch zeichnet sich bis jetzt keinerlei Hoffnung auf Sieg ab.

15. Oktober, abends

Der Kampf richtet mich zugrunde. Oder bin ich schon ganz zerstört? Ich mache riesige Anstrengungen, keiner kann sich ihr Ausmaß vorstellen. Und diese Stille, abends, nachts! Unaufhörlich verfolgt mich die Erinnerung an die grausamen Sätze, die Franco mir in den letzten 3 Monaten gesagt hat, Sätze eines verantwortungslosen Verrückten, die sein Bewußtsein sicher nicht registriert hat. Niemals wird er um das Leid wissen, das er mir angetan hat. Die zwei oder drei Menschen, denen ich in diesen Tagen soviel Vertrauen entgegenbringe, um über meine Tragödie zu sprechen, wiederholen mir alle, daß Franco sich eben deshalb so gegen mich erbost hat, weil er weiß, wie weh er mir getan hat. . . . Auch Gabriele Mucchi hat gestern abend diese Meinung vertreten, mit der ganzen Trauer seines Freundesherzens. Er war bis zwei Uhr nach Mitternacht hier, wir hatten uns zwei Jahre nicht gesehen, er hat versucht, mir Mut zu machen, ach. Er möchte, daß ich in die kommunistische Partei eintrete, für die Idee arbeite.

23. Oktober, morgens

Heute vor 10 Jahren schickte mir Franco aus Fermo seinen ersten Brief, mit einer Fotografie von sich.
Gestern hat er mich zweimal aus Ostia angerufen, er möchte, daß ich ihn heute besuche, um ein wenig diese letzte Sonne zu genießen, zusammen ein bißchen frischen Fisch zu essen. Er muß ein klein wenig besorgt sein, da Mucchi ihm gesagt hat, er habe mich außergewöhnlich verfallen angetroffen.
Statt dessen werde ich mich heute von Professor Signorelli untersuchen lassen, wegen eines heftigen Schmerzes an der linken Hüfte, der in letzter Zeit stechender geworden ist und auf einen Tumor oder Schlimmeres hinweisen könnte.
Geheimnisvolle Rhythmen des Lebens. Dieser Tage vor zehn

Jahren war ich nach den entsetzlichen Enthüllungen, die Virgiglio* mir gemacht hatte, dort oben in Mailand krank geworden. Ich kehrte hierher zurück, wurde im November in die Klinik eingeliefert und Franco, den ich noch nicht gesehen hatte, rief einen ganzen Monat lang fast jeden Abend an, um sich nach mir zu erkundigen. . . .
Und wenn Signorelli mir heute sagt, daß ich mich operieren lassen muß? Wenn das *das Ende* wäre? Gestern habe ich die letzten Druckfahnen des *Tagebuchs* fertig korrigiert, es endet mit dem Satz „Fluß meines Lebens . . .“.

abends

Unsägliche Erschöpfung. Die es jedoch vermag, ja schon vermochte, das innere Leid einzuschläfern, zu betäuben. Ich fühle mich schon wie davon losgelöst. Als hätten sie mich amputiert – und ich ganz still, unbeweglich, überzeugt, stimmlos, ohne noch etwas zu erwarten oder zu wünschen. . . .

28. Oktober, Sonntagmorgen

Noch ein Aufbäumen, vor ein paar Tagen, Franco eine Stunde hergekommen, um einige Sachen von sich zu holen, und wieder in irren Jähzorn ausgebrochen wegen eines Urteils über ihn, das Freunde ihm mitgeteilt hatten. Noch einmal habe ich lange geweint, am Abend, während ich ihm einen Brief schrieb, den ich ihm dann gestern selbst nach Ostia gebracht habe. Einen Brief, in dem ich ihm von meiner unendlichen Müdigkeit sprach: „Ich bin des Leidens müde, müde!“ und ihn ein letztes Mal angefleht habe, mir zu helfen zu „genesen“, die neue Ebene unserer Beziehung zu akzeptieren, ich habe ihn angefleht, sich so zu verhalten, daß ich ihn weiterhin liebhaben kann, *trotz allem*, daß ich nur so, mit Zärtlichkeit für ihn im Herzen, *trotz allem*, und Zärtlichkeit für mich in seinem Herzen fühlend, die Heiterkeit, die ich mir sehnlichst wünsche, wiederfinden und den anderen Worte menschlicher Hoffnung sagen kann. „Ich hatte so auf das Kriegsende gewartet“,

---

* der Dichter Salvatore Quasimodo (A.d.R.)

habe ich ihm geschrieben, „nach soviel furchtbarer Angst. Du hast mir, als der Krieg aus war, nicht ein paar Wochen Frieden, Frieden für uns, geben können. So war es vom Schicksal bestimmt. *Fiat voluntas rerum*. Aber nun, nun soll etwas Schweigen über unsere amputierten Leben kommen, in dem sich unsere Seelen einander trotzdem nahe fühlen. . . ." So etwa habe ich ihm geschrieben. Ob er es gestern Abend nach meiner Abfahrt gelesen hat? Wird er verstehen?
Es lag ein wehmütiger Zauber über seiner Terrasse gegenüber dem Pinienwald, gestern, unter dem grausilbernen Himmel. Wir dachten beide an Capri, an unsere Herbste dort unten. Und ich wiederholte in mir: „Ich will nicht mehr leiden, man braucht nicht mehr zu leiden." Er hat mir etwas aus seinen Gumilev-Übersetzungen vorgelesen, hat mir das Heft gezeigt, wo er begonnen hat, eine lange Erzählung zu schreiben, die er bis Dezember zu beenden hofft. Dieser Tage wird er die Unterkunft beim Pinienwald gegen eine sonnigere eintauschen. Auf der Rückfahrt in dem kleinen Zug habe ich verschwommen ein zu schreibendes Buch vor mir gesehen, anders als alle, die ich früher geschrieben habe, ein Buch, ein Buch. . . . Ich sage besser nichts darüber, nicht einmal hier. Wer weiß. Bis jetzt fühle ich mich weiterhin erschöpft. . . . Ich müßte verreisen können, eine kleine Luftveränderung, zumindest ein paar Tage, aber ich fürchte, es geht absolut nicht. Warten, warten, ohne etwas zu formulieren, nunmehr auf jede Willensäußerung verzichtend. . . .

1. November

Hier der Brief, den Franco mir vorgestern brachte, weshalb er eine halbe Stunde hier war:

Liebe, aber sind das denn nicht dieselben Worte, die ich Dir seit vielen Tagen trotz aller momentanen Hagelschläge innerlich wiederhole? Ja, es sind dieselben. Wir dürfen uns nicht verlassen. Weil wir *nicht können*. Weil die uns bindende Kette die einzig unauflösliche ist. Weil man das Schicksal nicht umbringen kann. Rosige Rippe aus meiner Brust, habe ich Dich

in einem Vers genannt. Und was noch? Ich kann Dein Siegel nicht von meinem Herzen nehmen.
Wie oft sagtest und schriebst Du früher, Du würdest leiden bei dem Gedanken, daß dieses Wunder eines Tages zuende sein würde und Du mich verlassen müßtest, daß die Trennung unvermeidlich werden und ich in die Welt hinausgehen würde wie ein von Dir vollendetes Lied. Erinnerst Du Dich? Auch im *Tagebuch* habe ich diese Worte wiedergefunden. Jedoch bin ich nicht der Traum, von dem Du mir schreibst, der Dich nahe will bis ans Ende Deiner Tage. Dieser Traum ist neu. Ist von einem Wesen, das ich nicht wiedererkenne. *Ende*? Wovon? Kannst Du enden? Wann wirst Du je nicht mehr sein und werde ich aufhören, Dich zu sehen, Dir zuzuhören und als Zuflucht an Dein Zimmerchen zu denken, wo Du in der Ecke atmest? Törin! . . .
Ich habe mich nicht verändert. Verändert haben sich der Ort, die Zeit, wo wir uns lieben. Nur der Weg ist etwas länger: und die Landschaft ist armseliger, mit Ruinen übersät.
Laß mich, mir. Mach, daß *ich* das Wunder vollbringe, unser Wunder zu retten. Warte vertrauensvoll. Denn dies ist mein Schicksal. Dich klar und rein in die höchste Höhe meines Gesangs zu erheben.
Vergiß die bitteren Worte, die ich bei der Gesellschaft ausleihen mußte, um das Leben zu retten: Deines und meines. Ich habe sie zurückgegeben. Nun gibt es in meiner Kehle keinen Platz mehr außer für unsere Worte, jene ewigen Worte, die Du mich in so vielen Jahren gelehrt hast.

Franco.

Dieser Brief ist nicht direkt eine Antwort auf meinen, der von Blut und Tränen triefte. Aber Franco kann das jetzt nicht verstehen. Macht nichts. Ich habe nicht die Kraft zu antworten, kann nicht mehr polemisieren. Ich möchte nur mein Leiden zum Schweigen bringen, es nicht mehr fühlen. Um zu leben, wie Franco sagt? Ich weiß nicht, ich weiß nicht.

2. November, morgens

Professor Signorelli ruft an, daß er für meine kleine goldene Uhr nicht mehr als 4000 Lire erhalten konnte.

Sie war eine Erinnerung an Endimione, das erste Geschenk, das er mir vor 25 Jahren gemacht hatte.

Jetzt kann man von 4000 Liren 10 Tage leben.

4. November, Sonntagmorgen

Gegen das Erbe der Krankheit meiner Mutter habe ich mich seit langem erfolgreich gewehrt. Jedesmal, wenn mich der Wahnsinn streifte, habe ich *nicht wahnsinnig werden wollen*. Nun bin ich sicher, daß er mich auf dem kurzen Stück, das mir noch zu gehen bleibt, nicht mehr einholt. Auch ohne Flucht. Doch dieses Mal hat die erfolgreiche Überwindung mich schließlich körperlich zerstört. Der Geist ist gesund, aber der Körper hält nicht mehr stand. Jeden Abend fühle ich weniger Lebensvorrat in mir. Körperlich behindert, ja. Ich, Sibilla.

Und warum weinst Du jetzt wie die Ärmste der Einsamen? Du fliehst nicht, sondern das Leben flieht Dich, das bedeutet, daß Du Deine Aufgabe erfüllt hast, und was sonst wolltest Du?

Trockne Deine Tränen, glätte die Stirn. Nur eines darfst Du noch wollen: in diesen letzten Tagen ein lichtes Gesicht zeigen.

7. November, abends

Endlich ist der Wortlaut des Waffenstillstands veröffentlicht worden, der im September 1943 von Badoglio und den Alliierten unterzeichnet wurde. Zum ersten Mal in der Geschichte wird ein Waffenstillstand erst im Frieden veröffentlicht! Viele der Klauseln sind praktisch schon überholt. Die äußerst harten Bedingungen kannten wir ja inzwischen schon. . . . Materiell und auch moralisch könnte sich unser Land kaum in einer schlimmeren Situation befinden. Und trotzdem lebt man!. . .

Die Aussicht auf den Winter ist beängstigend. Hunger und Kälte für die große Mehrheit der Bevölkerung.

Der Doppelzentner Anthrazitkohle kostet 2000 Lire. Holz 600 bis 700 Lire. Wie soll ich bloß heizen?

25. November, Sonntagabend

Seit fast 2 Wochen habe ich dieses Tagebuch nicht mehr geöffnet.

Die lila Chrysanthemen verwelken langsam.

In all diesen Tagen habe ich ständig Leute gesehen, Theater besucht, und abends fühlte ich mich dann so müde und kalt unter der Ziegenfelldecke hier in meiner Dachstube, daß ich gerade noch die Kraft hatte, die Zeitungen durchzusehen. (Regierungskrise, Präsident Parri ist zurückgetreten, die monarchische und neofaschistische Reaktion droht wieder die Überhand zu gewinnen. Ich habe Parri nur einmal gesehen, bei der Eröffnung der von den Kommunisten organisierten Ausstellung über die Befreiung; ehrliches Gesicht, trauriger, ermüdeter, fast erloschener Blick.)

Fabrizio Onofrio (Sohn von Arturo, ähnelt ihm nur in den Augen) hat mich zusammen mit Antonello Trombadori besucht. Sympathische junge Männer, etwas doktrinär. Hoffen, daß ich der Partei beitrete. Franco hat es schon getan, ist in die Sektion von Ostia aufgenommen worden, hat letzten Sonntag sogar eine öffentliche Rede gehalten (aber sonntags kann ich ihn nicht besuchen, weil er an diesem Tag regelmäßig eine kleine Freundin empfängt). Vielleicht werde ich mich dazu entschließen, bald. Es wird ein Akt moralischer Zustimmung sein, der etwas gilt, bevor ich sterbe. . . .

30. November, abends

Den Ofen wieder angemacht. Heute morgen habe ich die letzten 10 Tausenderscheine von der Bank geholt (d.h. nein, 5 sind noch dort). Ich werde etwas Holz kaufen. Aber die Schuhe bleiben ein Wunschbild, wenn ich nicht bei Erscheinen des Buches einen angemessenen Vorschuß kriege, mindestens 50.000, was sehr unwahrscheinlich ist. Seit gestern habe ich jedoch ein schönes Paar Pantoffeln, pelzgefüttert und sehr bequem, daher habe ich zum ersten Mal in dieser Jahreszeit im ganzen Körper ein Gefühl der Wärme, das langsam den Schnupfen in die Flucht schlägt, der mich schon seit mehreren Tagen plagte. Die Pantoffeln sind ein selbstgemachtes

Geschenk von Cesarina Gualino, die sich mit solchen Handarbeiden amüsiert als wären es Puppensachen. Sie hat etwas ewig kindliches an sich, das bei einer Frau ihres Ranges rührend ist.
Vorgestern war ich trotz Schnupfen und eisiger Luft wieder in Ostia. Die Sonne schien, ich konnte das gute, von Franco bereitete Mahl auf dem Balkon einnehmen (er vollbringt Wunder beim Selbstzubereiten seiner Mahlzeiten). Dann bin ich ein wenig zwischen den tragischen Ruinen der von den Deutschen vor der Flucht zerbombten Badeanstalten die Straße am Meer entlang gegangen. Nach meiner Rückkehr hat mir Franco abends sehr plastisch die Versammlungen der lokalen kommunistischen Sektion beschrieben, die verschiedenen Arten von Arbeitern, ihren Gemütszustand. Er sagte, er habe, wenn er zu ihnen spricht, den Eindruck, nicht so sehr Menschen als vielmehr Werkzeuge vor sich zu haben, Hämmer, Besen usw., so primitiv, so mit ihrem Handwerk identifiziert seien sie. Und doch bemühen sie sich zu verstehen, zu hoffen. Manche, sagt Franco, gehen sogar zu den Versammlungen und fühlen sich dabei, als wären sie schon im Paradies, als hätten sie den Höhepunkt der erträumten sozialen Umwälzung schon erreicht, und uneingedenk der Armut, in der sie und ihre Familien sich noch befinden, strahlen ihre Gesichter Gelassenheit und Glückseligkeit aus. . . .

19. Dezember, abends

Mit vier Tagen Verspätung erhielt ich heute aus Ostia folgenden Brief von Franco:

Meine Seele, ich las mich und Dich in Deinem wunderbaren Buch. Und am 12. August 1941 konnte ich nicht weiterlesen. Warum? Ich weine so sehr, und Du bist nicht da, um mein Schluchzen aufzuhalten. Auf diesen Seiten unsere himmlische Liebe noch einmal durchzugehen. Alle Tage, und das Vertrauen, die Freude und die Verzweiflung: so rein und himmlisch. Und wenn Du mich etwas fragtest, was auch immer, stets antwortete ich „ja“. Unermeßlich reich an allem, was Du Augenblick um Augenblick heimlich meinem Herzen eingabst. Das Meer sang damals hinter den Fenstern. Ebenso wie jetzt, meine Seele. Wir sind verbunden, unauflöslich. *Wir gehören einander*. Nicht durch Fleisch, Stimme, Augenblick. Durch das *Sein*. Ausweglos. Und noch immer bist Du es, die mir jede Silbe, jeden Gedanken, jedes Bild meiner Arbeit in die Hände gibt. Und das ist das Wunder. Daß Du in mir lebst, da wo einst mein verwirrtes Herz mit sich rang. Hör mir zu. Und glaub an mich. Aber nicht wegen dieser Tränen jetzt. Wegen der neuen Freude, die durch unseren Gesang geschaffen und emporgetragen werden soll. Erst dann werden wir unser Geschick ganz erfüllt haben. Über unsere kurzlebige Person, über unsere „vorübergehende Abnutzung" hinaus. Ich bin erschöpft. Laß mich nur weinen. Mit Deinem Schluchzen, Deinem Blick in mir

Dein Franco.

Weihnachten

. . . Weihnachtsessen mit Cora und meinem Neffen. Franco hätte die Agnolotti, das Huhn, den Kuchen, den Torrone sehr zu schätzen gewußt, wenn er nach Rom gekommen wäre.

Jetzt bin ich per Jeep wieder hierher zurückgekehrt (heute fahren die Straßenbahnen nicht). Ich habe den Ofen angezündet mit Kohle, einem Geschenk der lieben Luisa, die ich letzte Woche besucht habe und die mich mit Aufmerksamkeiten überhäuft. Sie ist Schriftstellerin, hat vor Jahren 2 Bände mit sehr zarten Gedichten veröffentlicht, die ihr ähnlich sind, sensibel und vibrierend. Mein Tagebuch hat sie begeistert. Viele andere Frauen drücken mir in diesen Tagen telefonisch ihren Dank aus, nachdem sie mich gelesen haben. Alba sagte mir heute morgen, es sei ein außerordentliches Buch; sie hat 2 Exemplare gekauft, um sie Freundinnen zu Weihnachten zu schenken.

Inzwischen ist Abend, und wie gestern bin ich allein. Mein Herz müßte weich sein durch die vielen Bezeugungen von Achtung und Zärtlichkeit. Aber ich kann diesen stummen Unterton von Bitterkeit wegen Francos Abwesenheit, diesen quälen-

den Gedanken, daß er heute die andere Gefährtin vorgezogen hat, nicht auslöschen, schaffe es nicht, nicht darunter zu leiden – obwohl ich nicht weine.
Könnte ich weinen, so würde sich mein Schmerz vielleicht in Gesang auflösen, heute Abend. Statt dessen bin ich wie ein Eisberg, trotz der im Ofen glühenden Kohlen. Und Franco weiß es nicht, kann es sich nicht vorstellen, versteht nicht, *kann nicht* verstehen.
Weihnachten, Weihnachten 1945!
Noch wenige Stunden, dann ist auch das vorbei. Vorwärts. Vielleicht werde ich nach und nach diese Verhärtung des Herzens, diesen *Tod im Leben* doch noch akzeptieren können . . .?

26. Dezember, morgens

Zu Stein werden – wiederholte ich mir heute Nacht in meiner Schlaflosigkeit. Aber können sie singen, die Steine?
Vorhin hat Franco angerufen, hat gesagt, er habe sein neues Buch fertig, sei dabei, es ohne eine Minute Pause abzutippen, damit er es mir übermorgen zum Lesen mitbringen kann. Natürlich hat er überhaupt nicht vermutet, daß ich gestern traurig war. Sein Unvermögen, sich in die Herzen der anderen einzufühlen, ist so unüberwindlich, daß es *rein* wird.

30. Dezember, abends

Dieses für mich schreckliche Jahr scheint sich eine heitere, oder zumindest klare Schlußnote geben zu wollen, die mein armes, so ermattetes Herz sanft überhaucht. Gestern habe ich als geladener Gast der Eröffnungssitzung des Kongresses der Kommunistischen Partei beigewohnt. Außer der 4-stündigen Rede von Palmiro Togliatti, die großartige Kraft und Fähigkeit zeigte, hat mich das Lächeln überzeugt und erobert, das über dem ganzen Amphitheater lag, ein so ruhiges und klares, reines und vertrauensvolles Lächeln. Männer und Frauen, Junge und Alte, alle, alle hatten sie denselben Ausdruck leuchtender Zufriedenheit auf dem Gesicht. Eine glückliche Menge. Ein Wunder, das ich nicht mehr zu sehen gehofft hatte.
Heute Morgen war ich wieder im Universitätsviertel, wo der

Kongreß stattfindet. Als ich ankam, habe ich einen Vorübergehenden mit roter Armbinde, der wie ein Arbeiter aussah, etwas gefragt, und er hat mir geantwortet: „Dort hinüber, Genossin". Es war, als hätte er mich gestreichelt. Es war das erste Mal, daß mich ein Unbekannter so nannte. *Genossin*.

1946

Rom, Dreikönig, abends

Am 3. habe ich einen Brief an die Kommunistische Partei geschrieben, mit der Bitte um Aufnahme in ihre Reihen. Der Brief ist am folgenden Morgen vor dem Kongreß verlesen und mit Beifall überhäuft worden. Ich war nicht anwesend. Die Zeitungen haben darüber berichtet.
Heute Morgen haben die Kommentare der Gegner, von scherzhaft bis bösartig, eingesetzt.

10. Januar, abends

In meiner seit vielen Tagen ersten freien Stunde will ich hier den Brief wiedergeben, mit dem ich um Aufnahme in die Kommunistische Partei gebeten habe:

Ich bitte um Aufnahme in die Partei.
Mein Beitritt wird mir von dem Bewußtsein, eine Pflicht zu erfüllen, diktiert und bedeutet für mich zugleich so etwas wie die Krönung meines Lebens als Schriftstellerin und Frau. Mein gesamtes Werk von 40 Jahren ist vom Glauben an eine gerechtere und menschlichere Zukunft für unsere Gattung, d.h. Männer und Frauen der ganzen Erde, inspiriert worden. Ich habe von frühester Jugend an gearbeitet, nicht nur für das Wiedererstehen der Weiblichkeit, die Affirmation einer autonomen weiblichen Spiritualität, sondern auch, damit das Volk zu einem würdigen Dasein gelangen und an einem Wohlstand und

einer Kultur teilhaben soll, die eine nicht fiktive Zivilisation schaffen, jene Zivilisation nämlich, die niemals realisiert werden konnte, eben weil es der großen Mehrheit immer verwehrt war, daran mitzuwirken. Die Jahre sind über mich hinweggegangen, ebenso wie das Weltgeschehen und die Kriege, bis zur letzten Ausrottung, ohne daß mein *ja* zum Leben, zum zukünftigen Leben der Menschheit, sich in Verneinung gewandelt hätte. Trotzdem, wieviel Schmerz, und oft welch Gefühl angstvoller Einsamkeit. Es ist wahr, dort im Land eines großen Freundes von mir, Maxim Gorkij, fand eine Revolution statt, die etwas Wunderbares hatte, dort legte man die Grundlagen für das neue Zeitalter, das erträumte Zeitalter. Aber hier bei uns mußten Jahrzehnte vergehen, bevor der kommunistische Gedanke öffentlich erklärt werden konnte, bevor schließlich eine Vielzahl von Arbeitern nach ihm griff, bevor so strahlend helle und starke Tage wie dieser des Nationalen Parteikongresses aufzogen. Auf den Gesichtern der Genossinnen und Genossen liegt heute, zugleich mit dem Stolz über den zurückgelegten Weg und dem Bewußtsein, welch riesiges Werk noch vollbracht werden muß, ein Licht innerster Zufriedenheit. Ein poetisches Licht, möchte ich sagen. Und ich, Dichterin und Frau, möchte dieser großen Gemeinschaft angehören, die mir mein altes Weltbild bestätigt, wo jeder lebendige und arbeitsame Mensch das Dasein und selbst die Arbeit als Poesie empfinden kann.

In literarischen und journalistischen Kreisen scheint die Überraschung groß gewesen zu sein. Jedenfalls behaupteten das 2 Interviewer, einer von einer ausländischen Agentur, einer von einer Abendzeitung. Gewisse bürgerliche Kreise sollen auch sehr indigniert gewesen sein. Die Freundin Hetty Antonini sagte mir am Telefon, sie habe mich anderntags in einem Salon hartnäckig verteidigen müssen und erklärt, daß sie in den 20 Jahren, die sie mich kennt, immer festgestellt habe, daß meine Ideen für die kommunistische Revolution seien. In den geistig höheren Sphären wurde mir, angefangen bei Carlo Sforza, Freundschaft und uneingeschränkte Achtung bestätigt. Heute

abend rief mich der junge Mario Alicata (der seinerzeit, glaube ich, mir gegenüber einige Vorurteile hegte) an und sagte, er sei sehr froh, daß ich zu seiner Partei gestoßen sei: „Wir sind alle sehr glücklich darüber“, hat er wiederholt. Montag kommt er, um mit mir zu reden und mir die Mitarbeit bei der *Unità* vorzuschlagen. Das *Du* mit ihm und ein paar anderen Genossen wirkt halb belustigend, halb rührend auf mich. Ich fühle mich ein bißchen wie eine Katechumenin (sagt man so?).
Aber werde ich jetzt die Kraft finden, für das zu arbeiten, wofür ich mich öffentlich engagiert habe? Oder wird meine Geste nur ein Schwanengesang bleiben? Eine letzte Glaubensbezeugung, bevor ich erschöpft zusammenbreche?

14. Januar, nachmittags

Man muß die Aufmerksamkeit, die Dankbarkeit wohl auf subtilere, stillere Aspekte des Lebens konzentrieren, auf ein paar Blumen, Stare im Flug, den Schein eines brennenden Holzscheits, um der immer größeren Mühe, unter täglich wachsenden Schwierigkeiten zu existieren, die Stirn bieten zu können, materiellen Schwierigkeiten, die Zeit und Geist beanspruchen. Wie vor 2 Jahren, als man der deutschen Herrschaft standhielt, wacht man auch jetzt morgens auf und es gibt kein Licht, kein Gas, kein Wasser. Mit großen Jutetaschen geht man Kohlen und Reisigkohle kaufen, armseligstes Zeug, das man dann mit etwas Glück im Herd verbrennen kann. Die Lebensmittel haben sich seitdem im Preis verzehnfacht. Für mich allein habe ich im vergangenen Monat 12.000 Lire ausgegeben, trotz zahlreicher Einladungen zum Essen und vieler Geschenke, Zucker, Öl, Kaffee. . . . Wieder einmal bleiben mir nur noch wenige Hundertscheine in der Brieftasche. Der Sohn des Verlegers ist krank geworden, wenn er nicht bald gesund wird, kann ich die Anzahlung nicht bekommen, die ich brauche, um mich weiter durchzuschlagen. Im übrigen weiß ich nicht, ob er sie mir überhaupt zugestehen wird, das das *Tagebuch* in den Buchläden zwar „geht“, aber recht schlecht. . . . 300 Lire werden ohne mit der Wimper zu zucken für ein Päckchen amerikanischer Zigaretten ausgegeben, aber nur schwerlich für ein Buch. . . .

17. Januar, abends

... Heute Morgen habe ich einen anonymen Brief voll schmutziger Beschimpfungen bezüglich meines Beitritts in die Kommunistische Partei erhalten.
Franco (der 3 Tage hier war) hat den niederträchtigen Brief mitgenommen.

23. Januar, abends

Ich bin nicht krank geworden, muß aber sehr gegen die Erschöpfung ankämpfen.
Gestern kam Franco nochmal. Heute Abend ist er wieder gefahren, hinterließ mir hier auf dem Schreibtisch, als ich einen Moment nicht da war, folgende Nachricht:

1. Bin zu Bompiani gegangen, Antwort Ende Januar (die Abgabe des Manuskripts seiner letzten Arbeit, *Colloqui sul muro*, hatte ich zustande gebracht).
2. Bei Alicata: er fuhr gerade im Auto weg: um 5.30 Uhr. Sind sie bourgeois oder nicht, diese Herren? (Wenn Alicata im Auto den Sitz der „Unità" verließ, zu deren Kodirektor er heute ernannt worden war, bedeutet das, daß er wegen etwas sehr dringendem gerufen worden war, zum Rat oder zum Ministerium, und daß er die mit Franco getroffene Verabredung nicht einhalten konnte).
Deshalb gehe ich. Ich habe von allen die Schnauze voll, auch von Dir mit Deinem bedrängenden Gerede und Deiner Weigerung, zu arbeiten.
Krepiert doch alle!
Der Kopf zerspringt mir vor Schmerz. Ich habe es satt!

Die einzige Entschuldigung für diesen wütenden Ausbruch ist dieser Kopfschmerz, den er schon seit gestern hatte: ich fürchte, er bekommt eine Mittelohrentzündung.
Aber trotzdem, wie traurig ist diese Unfähigkeit seinerseits, irgendeinen Zwischenfall hinnehmen zu können, dieser hartnäckige Glaube, vom Schicksal verfolgt zu sein!
Und was mich betrifft, so habe ich ihn überhaupt nicht mit

„Gerede“ bedrängt. In wenigen Sätzen gestern Abend und heute Nacht zeigte ich einfach einen winzigen Teil des Leidens, das im Grunde meines Seins begraben ist; ich hatte ihm nie davon gesprochen, spreche kaum noch mit mir selbst davon, aber es pulsiert mir im Blut, immer. Leiden, das er nicht versteht, vielleicht *nicht* verstehen *kann*. Fast als fehle ihm jener „Herzensverstand“, den Tolstoj bei Gorkij bemerkte: „Ja“, sagte der alte Zauberer zum jungen Gorkij, „ja, Euer Herz ist verständig“.... (Meine „Weigerung zu arbeiten“ bezieht sich auf seinen wiederholten Vorschlag, zusammen eine Zeitschrift zu gründen und zu leiten, einen, zumindest jetzt unausführbaren Vorschlag, an dessen Realisierungsmöglichkeit ich sowieso unendlich zweifle.)

Was nicht bedeutet, daß ich nicht arbeiten will. Gerade in den letzten Tagen habe ich mich trotz Unwohlsein und Erschöpfung gezwungen, eine Artikelserie für die „Unità“ anzufangen. ... Auch weil ich das Geld brauche, ich bin buchstäblich *blank*. ...

Blank ist auch Franco, und auch deshalb ist er deprimiert und erschreckt. Er hat nicht die jahrelange Gewohnheit, mit der Armut fertigzuwerden, die mir immer geholfen hat.

Es stimmt allerdings, daß die Zeiten von Tag zu Tag schlimmer werden....

24. Februar, Sonntagmorgen

Auch diese Woche ist verstrichen, ohne daß ich mich einen Augenblick über diesem Tagebuch hätte sammeln können, was mir so fast fremd wird. Bittere Melancholie über die Tage, die nicht in der Erinnerung haften bleiben. Ungenau erinnere ich mich an Dienstag nachmittag, als ich in Ostia war, telefonisch gerufen von Franco, den ein starker körperlicher und moralischer Depressionsschub überfallen hatte. Abends kam er mit mir nach Rom, wo er bis Freitag blieb. Er plant, einige Zeit in sein Dorf zurückzugehen, um etwas Energie zu sammeln. Die „Unità“ wird ihn mit einer Propagandareise in die Marken beauftragen, aber noch hat er den Auftrag nicht unterschrieben. Alles geht derartig langsam, wohingegen die Zeit – und leider

Gottes auch das Geld – rasend schnell verfliegt. Ich habe einen kurzen Artikel über Frauenstimmrecht geschrieben, für die Mailänder „Unità", die mich dringend darum gebeten hatte. Diese halb journalistische, halb politische Arbeit kostet mich unsägliche Anstrengung: und wirft nicht einmal das Allernotwendigste zum Leben ab. Wie ich das Problem meiner wirtschaftlichen Lage lösen soll, weiß ich nicht.
Franco kann sich wenigstens im schlimmsten Fall immer zu den Eltern flüchten. Ich habe schon seit über 30 Jahren kein „Vermögen". Gestern habe ich die letzten 4.000 Lire geholt, die für den äußersten Notfall auf der Banca del Lavoro lagen, wo ich sie vor über einem Jahr nach dem Verkauf des berühmten Wolfscapes deponiert hatte. Doch bei den jetzigen Lebensmittelpreisen werden sie in weniger als einer Woche dahinschwinden. Und ohne daß ich mir das Paar Schuhe hätte kaufen können, um diese unanständig zerrissenen zu ersetzen, die ich in diesem Zustand schon seit Monaten trage. Und dann? Der Verleger kann sich nicht entschließen, mir irgendeinen Vorschuß für das *Tagebuch* zu geben. Anscheinend herrscht in den Buchhandlungen ganz Italiens totale „Flaute"....

25. Februar, morgens

Nach und nach bekomme ich die Auswirkungen meines Beitritts zum Kommunismus auf das Gemüt der bürgerlichen Freunde zu spüren. Bis jetzt sind sie noch unter der Oberfläche, kaum wahrnehmbar. Gestern zum Beispiel, bei Emilio Cecchi, wo ich seit Dezember nicht mehr gewesen war, und wo unter anderen auch die Gualinos anwesend waren, spürte ich, obwohl sich alle überaus höflich, ja sogar herzlich, benahmen, einen Schatten von Verlegenheit, etwas Zurückhaltendes, eine Art stummer Warnung, mit der sie sich mehr an sich selbst als an mich wandten, als wollten sie sagen: „Wir gehören zwei gegensätzlichen Welten an, vergessen wir das nicht!" Sie betonten das Wort *Gegner* nicht, vielleicht dachten sie es nicht einmal, aber die Barriere war nun da und für immer die Unmöglichkeit, sich zu verständigen: zumindest was die soziale und politische Frage angeht. Und doch blieb meine Person, meine

Individualität in ihren Augen identisch mit der, die sie kannten, mit ihrem naiven, unschuldigen, absolut harmlosen Charakter: womöglich etwas „dumm“, wie der Idiot von Dostojevskij. Doch das zählt nicht, als Symbol für die Idee, die sie verabscheuen, werde ich ab jetzt nie mehr ihr volles Vertrauen genießen können. So sei es.

Nachmittags

Ein lustiger kleiner Vorfall am Telefon. Ich fragte, ob Kiki dal Pozzo, die schöne und kluge junge Marchesa, mit der ich in großen Abständen gerne mal eine Stunde verbringe, aus Mailand zurückgekehrt sei. Eine Männerstimme antwortete mir: „Nein, sie kommt morgen. Mit wem spreche ich?“ Beim Vernehmen meines Namens rief dieselbe Stimme: „Ah, eine Genossin!“ Ich wollte nun meinerseits wissen: „Und ich, mit wem spreche ich?“ „Mit dem Diener. Ich bin ein Genosse“, jubelte die Stimme. „Ah, gut“, antwortete ich, „dann tu mir doch den Gefallen und sag der Signora morgen, daß ich angerufen habe.“ „Aber sicher! Auf Wiedersehen, Genossin!“ „Auf Wiedersehen, Genosse!“ Ich wäre neugierig zu erfahren, ob Kiki wohl weiß, daß sie einen Kommunisten als Diener hat, sie, der liberalen Partei zugehörig und aus adeliger Familie, wenn auch ziemlich „modern“ in Charakter und Mentalität.

11. März, morgens

Die große Versuchung zu weinen überwunden, obwohl es mir vielleicht trotz allem die große Last, die meine Seele bedrückt, ein wenig erleichtern würde.

Franco war wieder hier, es geht ihm immer schlechter. Gestern morgen wollte er, daß ich ihn ein letztes Mal nach Ostia begleite, obgleich ich seit 3 Tagen eine ziemlich schwere Form von Bronchitis habe. Unterwegs hat er wieder von Selbstmord gesprochen: entweder physisch oder moralisch; letzteres würde bedeuten zu heiraten, wegen der Notwendigkeit, behütet, gepflegt zu werden etc. etc. Übermorgen fährt er nach Fermo, heute abend wird er hier sein.

13. März, abends

Im Morgengrauen ist Franco nach Fermo abgefahren. Er wollte nicht, daß ich ihn zum Bus begleite, weil mich noch der Husten quält. Ihm seinerseits ging es sehr schlecht. Hoffentlich läßt ihn die Luft seines Geburtsorts und die gute Kost bald wieder zu Kräften kommen. Was den Geist angeht, kann ich keine Prognosen mehr stellen, da ich doch sehe, daß sich periodisch immer wieder Verwirrungszustände in Franco einstellen. Besonders schreckt mich seine Unfähigkeit zur „Gerechtigkeit", daß er sich so nach und nach von den Urteilen anderer beeinflussen läßt, ohne zu unterscheiden, wenn sie nur den Schein einer Übereinstimmung mit dem, was er – ich sage nicht denkt – sondern einfach wünscht oder fürchtet, aufweisen. Wirklich schrecklich. Später gesteht er den Fehler ein, doch wieviel Schlimmes hat sich inzwischen daraus ergeben. Seit Jahren ist es so. Und die Anfälle von Geistestrübung wiederholen sich, während denen er alles abstreitet, was es je an Vitalem zwischen uns gegeben hat. Wie ist das möglich, in einem so gesunden Gehirn wie dem seinen? Und wie ist es möglich, daß ich jedesmal die Verzweiflung überwinde, daß ich mich wieder und wieder an den Glauben klammere, daß sein Geist schließlich siegen wird? Glaube ist das Wesen erhoffter Dinge. . . . Aber eine grausame Stimme in mir, dieser liebenden Hoffnung feind, wiederholt mir, daß es sich nicht um eine heilbare Krankheit handelt, sondern um die *Form seines Charakters*, d.h. etwas Unbezwingbares, wogegen nichts gilt, kein Beispiel, kein Axiom, ach nicht einmal Strafe. . . .

Vielleicht wird nicht einmal mein Tod genug sein, ihn zu retten, ihn ein für allemal zu erleuchten?

14. März, nachmittags

. . . Ich muß mich daran machen, ein paar Artikel zu schreiben – alles in allem habe ich noch 300 Lire – das sind die Sachen, die Franco aufbrachten, als er hier war, und zwar mit Recht, aber warum legte er sich dann mit mir an? Statt von mir zu lernen, Mut zu haben? . . .

27. März

Ohne Liebe: ich bin Witwe *meiner* eigenen Liebe. Ich leide, nicht weil ich von niemandem mehr geliebt werde, sondern weil ich niemanden mehr liebe. Auf der ganzen Welt kein Mensch mehr, den ich liebe. Schreckliches Elend, schreckliche, endgültige Öde.

31. März, Sonntagmorgen

Aber vielleicht ist es nicht wahr. Vielleicht liebe ich Franco noch, im Grunde meiner Seele. Ein Wort von ihm genügt, irgendein armseliges Wort, wie vor ein paar Tagen, 2 Wochen nachdem er abgereist war, und schon schüttelt mich ein unsägliches Zittern. . . . Er war zu tief, zu lange mit meinem Leben verwoben, als daß ich mir jetzt einbilden könnte, mich nicht mehr für ihn zu interessieren. . . . Und sofort antworte ich ihm, sofort kümmere ich mich und mache, worum er mich bittet, sofort ängstige ich mich wegen der Schwierigkeiten, die ständig sein Dichterwerk und seine Gesundheit behindern. . . .
Über meine Gesundheit will er wenig wissen. Vielleicht vertraut er auf meine Kraft, die er mehrmals als „ungeheuer" bezeichnet hat. (Aber in Wirklichkeit schaffe ich es zur Zeit gar nicht, wieder auf die Beine zu kommen, und der Frühling liegt in der Luft, ohne daß ich ihn mir zunutze machen könnte, weder geistig noch körperlich. Nur ein eiserner Wille hält mich aufrecht, nicht als ein Beispiel für Feigheit dastehen zu wollen, mich nicht geschlagen zu geben, bis ich am Boden zusammenbreche. . . .)

2. April

. . . Ich war auf der außerordentlichen Versammlung der Parteizelle, sehr gut besucht und lebhaft, zur Vorbereitung der Parlamentswahlen, die am 2. Juni stattfinden. Sie wollten mich als Veranstaltungsrednerin *aktivieren*, ich habe den Auftrag abgelehnt, ich kann nicht öffentlich sprechen. Werde ein paar Slogans für die „Wandzeitung" schreiben. Immer herzlich, die Genossen. Gehe dort immer mit einem neuen Vorrat an Heiterkeit weg. . . .

6. April

Gestern Abend Anfall wildester Verzweiflung. Habe an Franco geschrieben:

Erinnerst Du Dich noch an einen der letzten Tage Deines Hierseins, als wir bei meiner Schwester zum Essen erwartet wurden und Du auf dem Diwan lagst, es war Dir auf der Straße schlecht geworden und Du wolltest nicht mehr ausgehen, ich liebkoste Dich, versuchte, Dir dadurch Kraft zu geben und Du warfst Dich in meine Arme und brachst in Schluchzen aus, danach erhobst Du Dich erleichtert? Heute abend bräuchte ich eine Schulter, an der ich weinen kann, bräuchte Worte der Zärtlichkeit und des Glaubens. Ich bin so müde, so entmutigt. Aber niemand weder hier neben mir, noch in der ganzen Stadt, noch in der ganzen Welt hört mich schluchzen. Ich bin allein. Für wen soll ich noch die Kraft finden, meine Müdigkeit und meine Angst zu überwinden, für wen? . . .

7. April, Sonntagnachmittag

Ich habe zwei Briefe von Franco abgeholt, denen ein Geschenk beigegeben war, ein Päckchen Tee und ein halbes Weißbrot. In den Briefen bittet er mich, an Angioletti für die „Fiera letteraria" einen Artikel über Jessenin (der aus seinem Vorwort zu den von ihm und der Resnevic übersetzten Gedichten genommen ist) und ein paar unveröffentlichte Sachen von Campana (die eigentlich recht unbedeutend sind: ich weiß nicht, ob Angioletti sie haben will und vor allem, ob er die Absicht hat, sie in dem Ausmaß zu bezahlen, das Franco sich erhofft) weiterzuleiten.

Nachdem er mich über die verlorene Wahlschlacht informiert hat (daß dort die Christdemokraten siegen, war vorherzusehen), schreibt mir Franco bezüglich der Ablehnung seines neuen Buches seitens des Bompiani-Verlags:

Kraft finden? Wie? Ich glaube inzwischen wirklich, nach der außergewöhnlichen Erfahrung mit Dir, daß sie eine Art Aberglauben ist, wie der religiöse Glaube oder die Magie. Es geht nicht darum, die Kraft zu haben, es geht darum, hart zu arbeiten: demütig weiterzuarbeiten wie der Schlosser, der Schreiner, der Schuhmacher von Fermo, der bis gestern geglaubt hat, „gewinnen“ und seine Gemeinde erobern zu können, und der unterlegen ist und trotzdem *demütig* in seine Werkstatt hat zurückkehren müssen. Arbeiten, das ist die Kraft, auch wenn man unterernährt und arm und in seinen Ideen unterlegen ist. Die Vorstellung eines „Wettstreits mit der Welt“ muß ich noch immer verbannen. Ich muß mich bescheiden und arbeiten, ruhig, ohne Träume. Für mich, *für mein Leben*, um gut atmen, gut gehen und die Arme heben zu können: Zum Teufel mit dem Literaturgepränge! Das ist es, worum ich Dich in anderen Worten schon seit einiger Zeit gebeten habe. Die Luft in der Stadt ist verpestet, tödlich sogar für die Hände. Hier könnte ich mich jetzt auch zusammennehmen, bescheiden: Wenn ich mir dieses Weges nur sicher sein könnte, damit ich die meinen um nichts bitten muß.

Es mag so sein, doch ist dies seine *augenblickliche* Stimmung!

Aber dann folgt ein Seitchen mit Ermahnungen, daß ich mich darum kümmern soll, seine Arbeit Einaudi oder anderen Verlegern anzubieten, daß ich die Veröffentlichung von *Lepre bianca* beschleunigen soll und, und und. . . . Er schließt: „Ciao. Ich will arbeiten. Ich warte auf eine ruhige Stunde, um ein wenig mit Dir zu plaudern. Wie früher. Ich denke an Dich. Wie immer. Besser als immer.“

Kein einziges Wort über meine körperliche und moralische Gesundheit, keinerlei Besorgnis, was mich angeht. Fast als wohnten wir an zwei entgegengesetzten Ufern des Ozeans, als läge zwischen uns eine jener Entfernungen, die jeden Gedanken daran, daß einer dem anderen zu Hilfe eilen könnte, auslöschen. . . .

14. April, Sonntagmorgen

Aus einer Literaturzeitschrift folgendes Paradox von Jean Cocteau:

„Jeder Dichter ist postum. Deshalb ist es äußerst schwierig für ihn, zu leben. Sein Werk haßt ihn, möchte sich seiner entledigen und allein leben, auf seine Weise. Wenn er sich in den Vordergrund stellt, wird er von seinen Stimmen verlassen.“

Gestern langer, recht resignierter Brief von Franco, in dem er plant, im Juni nach Neapel zu gehen und sich dort als Lehrer niederzulassen. Er enthält einen merkwürdigen Satz: „Wir werden keine unbeschwerte Stunde mehr haben, wenn wir nicht wieder die Luft des neapolitanischen Meeres atmen. Aber diesen Sommer wird es soweit sein, um jeden Preis." *Wir*?
Heute morgen ein Telegramm: „Langes Schweigen beunruhigt, beruhige mich. Franco." Offensichtlich hat er den Informationsbrief, den ich ihm Mittwoch Abend geschickt habe, noch nicht erhalten.

15. April, nachmittags

Anruf, ich soll das erste gedruckte Exemplar von *La lepre bianca* abholen. Ein Wunder. Werde Franco telegraphieren, ihm wird es auch unglaublich erscheinen. Warum ist er bloß nicht hier, um dieses unser Geschöpf mit mir in den Händen zu halten?

17. April

Franco wird sich, glaube ich, freuen, wenn er mein Telegramm erhält. Sein Buch liegt hier, mit einem strengen, würdigen, grau-blauen Umschlag. Seit vorgestern blättere ich ab und zu darin. Wie wird es ihm ergehen? Unmöglich, das vorherzusagen. Ich werde mich beim Verlagsbüro darum kümmern, den römischen Kritikern ein Exemplar zuschicken zu lassen, aber wer weiß, wann sie sich damit beschäftigen werden, nachdem ja auch für mein Buch fast niemand etwas getan hat. Auf jeden Fall wird die Veröffentlichung Franco nützen, auch wenn sie ihm keine Preise einbringt, er wird eine Aura der Achtung um seinen Namen wachsen fühlen und das wird ihm helfen, den „Minderwertigkeitskomplex" zu überwinden, der ihn so sehr quält. Minderwertigkeitskomplex oder Verfolgungswahn oder was sonst? Die Definitionen sind alle töricht. Er muß sich innerlich festigen, wird ihm das gelingen?

20. April, Abend vor Ostern

Ich hatte vor, zu einem Empfang zu Ehren einiger französischer Journalisten zu gehen, hatte aber den ganzen Nachmittag Besuch, bis um 9 Uhr, und fühle nicht die Kraft, weitere Unterhaltungen durchzustehen, bleibe auch heute Abend hier, genieße endlich die Stille.

Unter anderen hat mich eine Frau besucht, zum ersten Mal, (und mir ihre qualvolle Ehesituation geschildert) und mich eingeladen, in etwa 10 Tagen eine Woche mit ihr und zwei anderen (einer Bewunderin von mir und ihrem Sohn, einem zukünftigen Journalisten) in ihrer Villa in der Nähe von Arezzo zu verbringen. Der Vorschlag ist sehr verlockend für mich: eine auch nur kurze Luftveränderung, Frühlingsluft auf dem Land zu atmen, das käme mir sehr zustatten. . . . Mal sehen. Inzwischen wird mir diese Aussicht das Osterfest erleichtern. Aber kann ich denn mit kaputten Schuhen auf die Reise gehen? Und wenn ich die Verrücktheit beginge, mir (endlich, endlich) ein neues Paar zu kaufen, wovon sollte ich dann, von meinem Ausflug zurückgekehrt, leben?

Wenn ich denke, daß viele davon überzeugt sind, daß ich von der Kommunistischen Partei eine Rente beziehe: die Zahl schwankt zwischen 15 bis 30.000 Lire monatlich. Nicht schlecht, was? Das habe ich Franco noch nicht geschrieben, weiß auch nicht, ob er lächeln oder sich darüber aufregen würde. . . .

Vor drei Tagen habe ich 2 weitere Briefe von Franco erhalten, zusammen per Hand aufgegeben, mit einem Dutzend wunderbarer Eier (keine Schokoladeneier, wie ich sie als Kind bekam, sondern richtige). In einem Brief schrieb er, wegen meines Schweigens in großer Sorge zu sein:

Der Gedanke, daß es Dir schlecht, zutiefst schlecht geht, daß Du müde bist, müde und noch anderes, meine Seele, anderes, das ich hart in meinem innersten Herzen zurückweise. . . . Ich will dieses Schweigen nicht, sprich zu mir. Wie immer, wie zur Zeit unserer größten Nähe. Hier noch immer das Fenster, die Lampe meiner zurückliegenden Tage, der große leere Himmel, der Atem des Gartens, die weiten, undurchdringlichen Schatten. Und ebenso mein Herz von damals, stets unversehrt, voll von der Erinnerung an Dich. Noch immer Dein kleiner Junge wie immer. . . . Eine Nacht wie tausend andere Nächte der Vergangenheit. Voller unsagbarer Versprechen. Und noch immer suche ich dasselbe, was mich hier verweilen ließ, mit demselben Schluchzen in der Brust. *Mich ausdrücken?* Dich suchen, überall. Immer. *Das suchen, was man hat.* „Wie der Herzschlag des Lebens selbst."

Dieser letzte Satz stammt aus meinem Tagebuch, wenn ich mich nicht irre.
Der andere Brief vom 15. beginnt:

Endlich ein Wort von Dir. Danke. Obwohl es trostloser ist denn je. Was soll ich tun? Sag es mir. Frage mich, vor allem. Denn ich fühle, daß jedes traurige Wort, das Du aussprichst, auch gegen Deinen eigenen Willen eine Art Anklage Deiner Seele gegen meine ist.
Man muß einen Beschluß fassen. Und ich werde ihn fassen. Ich werde mein neues Leben so ausrichten, daß ich vor allem anderen Dich in mir und in Dir rette. Aber hilf auch Du mir dabei.

Dann:

Wenn es im Sommer möglich ist, mit Dir nach Neapel zu gehen, für die „Voce", gut.

Und weiter unten:

Sag mir, ob Du herkommen willst. Sprich irgendeinen Wunsch aus. Und sag mir auch, ob Du akzeptierst, nach der Konstituierenden Versammlung mit nach Neapel zu fahren. Wir werden um jeden Preis hinfahren, wenn es Dir gefällt.

Und er schließt:

Ich schicke Dir dieses kleine Geschenk. Du wirst Dir Süßigkeiten dafür kaufen. Mut. Ich leide so sehr.

Was bedeutet sie, Franco, was bedeutet diese neue Stimmung? Warum aus der Ferne diese unbezwingbare Sehnsucht und

dann, wenn Du mir nahe bist, wird alles zum grausamen Martyrium für uns beide? Warum, mein Kind? Und wie kann ich Deinen doch so aufrichtigen Vorsätzen vertrauen, nach so vielen Enttäuschungen?
Heute Abend wird er das Exemplar seines Buches anschauen, das ich ihm geschickt habe. Abwägend wird er es in der Hand halten. Und auch an mich denken.
Ich habe das Buch heute den Leuten gezeigt, die mich besucht haben, um mir frohe Ostern zu wünschen. Drei haben gesagt, daß sie es Dienstag kaufen werden. Wer weiß, vielleicht hat das Buch wunderbarerweise trotz des ungünstigen Augenblicks einen großen Erfolg. . . .

24. April, nachmittags

Es war schon fast Mitternacht gestern und, wer weiß wie, kam mir plötzlich in den Sinn, die Mappe mit meinen Gedicht-„entwürfen" in die Hand zu nehmen, die ich vielleicht seit einem Jahr und vielleicht schon länger nicht mehr durchgeschaut hatte. Ich hatte sie ganz vergessen, als hätte ich sie nie geschrieben. Pathetisches Gefühl, als ich feststellte, daß bei einigen nur ganz geringfügige Korrekturen nötig sind und sie dann zu meinen besten Sachen zählen würden. Bis spät in die Nacht aufgeblieben und nachgedacht. Heute Morgen habe ich das lange „Fragment" *Se dono di remoti Iddii – Vita sei tu . . .** vom April 1942 und zwei oder drei kurze, aber abgeschlossene Gedichte: *Era quel prato il mondo*** (im Sommer 1940 oder 1939? in Tremosine geschrieben), *Ricordo del padre**** (Portofino, Sommer 1942) „in Ordnung gebracht". . . .
Ich lege sie zu dem dünnen Stoß unveröffentlichter Gedichte. Aber werde ich jemals wieder Verse schreiben können? Die letzten sind vor 4 Jahren geschrieben. . . . Wird es möglich sein, jetzt, wo ich die intimsten, mich am meisten betreffenden Gefühle in der Tiefe des Seins erstickt habe, wird es mir möglich

---

* Wenn das Geschenk entfernter Götter – Leben, du bist . . .
** Jene Wiese war die Welt
***Erinnerung an den Vater

sein, die jetzige Phase meines Lebens lyrisch auszudrücken, die „sozialen" Überlegungen, das Warten auf eine Menschlichkeit, an die ich glaube, die ich aber nicht erleben werde? . . .

26. April, abends

Konferenz von Paul Eluard, heute, von der „Unità" veranstaltet. Ich saß in der ersten Reihe, neben Togliatti, den ich so zum ersten Mal begrüßen konnte, und er war sehr freundlich und hat versprochen, daß wir uns bald wiedersehen. Paul Eluard hat wunderbar über die „Poesie im Dienste der Wahrheit" gesprochen. Als Dichterin war ich tief bewegt, es war ein Preis für meine Seele und mein Schicksal, als wäre alles, was er sagte, eine Zustimmung für mich, eine Aufforderung an mich, als hätte ich es selbst gesagt. . . . Dann hat er einige seiner neuesten Gedichte vorgelesen, aus dem Widerstand, dann einige ältere, die aber ebenso von einem menschlichen Gefühl der Brüderlichkeit durchdrungen waren. Der Beifall des Publikums klang noch lange nach. Man hat mich ihm vorgestellt, er muß in meinem Blick gelesen haben und hat mir eine kleine rote Rose geschenkt, die er in der Hand hielt.

30. April, morgens

Was Franco angeht, beruhigt durch 2 mit der üblichen Verspätung angekommene Briefchen. Er wird „verrückt vor Arbeit", da er vorübergehend die Stelle als Sekretär der Parteisektion angenommen hat. Er möchte, daß ich zu einer „Wahl"-Veranstaltung nach Fermo komme. Aber ich fühle, daß es mir immer unmöglicher ist, auch nur irgendeine Seite zu schreiben. . . .

6. Mai, abends

Einen Brief von Franco erhalten, vom 30. April, der so beginnt: „Ja, ich habe das Photo in der „Unità" mit Dir, Eluard und Togliatti gesehen. Da stehst Du, in Deiner gewohnten Grazie und Unschuld, mit diesen Händen, die nur Du so zart auf die Gegenstände zu legen verstehst, mit diesem blassen, traurigen Gesicht, das zeitlos, ohne Ende die Worte, die Süße und die Melancholie des Lebens anruft. . . ."

10. Mai, Freitagnachmittag

„Politische", d.h. von den politischen Ereignissen aufgesogene Tage. Sonntag, von halb neun bis eins bei der kommunistischen Veranstaltung im Theater Adriano, zwischen einem außerordentlich aufmerksamen, verständnisvollen, disziplinierten und begeisterten Publikum die großartige Wahlrede Togliattis angehört. Mittwoch eine andere Veranstaltung, in einem anderen Theater, ein weiterer leidenschaftlicher Vormittag, klare, engagierte Rede von Mario Alicata, danach eine von Alicata selbst mit großer Kraft durchgestandene Diskussion. Gestern Abend kam im Radio die Nachricht von der Abdankung des Königs und seiner Abreise, zusammen mit der Königin und deren treuer Freundin, Contessa Jaccarino, vom Hafen von Neapel. (Es war die Jaccarino, die mir im Oktober 1933 in Salsomaggiore sagte, daß die Königin, nachdem sie in jenen Tagen meinen *Passaggio* gelesen hatte, erfreut wäre, mich in jenem Hotel empfangen zu dürfen. Und einige Monate später besuchte mich dieselbe Contessa, russischen Ursprungs und sehr sympathisch, hier in meiner Dachstube, fand, daß diese ihrer Majestät sehr gefallen hätte und überbrachte mir von der „Signora" einige tausend Lire, da sie von meiner finanzielle Notlage erfahren hatte. Im November 1935, nachdem ich sie benachrichtigt hatte, daß ich krank sei, kam sie mich dann noch einmal besuchen und bat mich, anzunehmen, auf Kosten der Königin in der Klinik Quisisana aufgenommen zu werden, wo ich dann auch bis Weihnachten lag. Aus Gewissenspflicht und Dankbarkeit rufe ich mir all das heute ins Gedächtnis, wo Elena von Montenegro nicht mehr Herrscherin ist und Italien fast sicher für immer verlassen hat.)

Sporadisch monarchische und neofaschistische Demonstrationen in der Stadt. Trotzdem hofft man, daß es keine direkten Auswirkungen auf den Wahlkampf und auf das Ergebnis des Referendums am 2. Juni, d.h. in kaum mehr als 20 Tagen, haben wird, daß der König abgedankt hat und die Krone an seinen Sohn Umberto übergegangen ist.

12. Mai, abends

(Wäre ich 20 Jahre jünger!)

14. Mai, morgens

Es ist nicht die Trauer um die verlorene Jugend, sondern nur das Bewußtsein, täglich, stündlich deutlicher, daß mir nicht mehr die Zeit bleibt, auch nur einen geringen Teil dessen zu vollbringen, was nötig wäre. . . .
Gestern abend kleine Versammlung bei Sapegno, nett und herzlich. . . . Um halb eins mit schmerzenden Füßen nach Hause gekommen, weil ich auf dem langen Heimweg die alten hochhackigen Abendschühchen anhatte, an die ich nicht mehr gewöhnt bin. Lange keinen Schlaf gefunden. Guttuso hat mit Rollino gewettet, daß die Republik 70% der Stimmen erhält. Aber unterwegs hat er mir dann gebeichtet, daß neue Manöver seitens der Monarchisten zu befürchten sind. . . .

abends

Am Nachmittag Sitzung des Vorstands der Schriftstellergewerkschaft: Die Unterstützungskasse ist inzwischen sicher, ich bin eingetreten, in einiger Zeit werde ich eine gewisse, nicht unerhebliche Summe erhalten können . . . wenn ich noch lebe. Um sechs zurück, habe ich den Dichter Cesare Pavese empfangen, den ich schon lange kennenlernen wollte. Er war über eine Stunde hier. Piemonteser, 38 Jahre, einfach, freimütig, er hat mir sehr gefallen und ich glaube, daß er denselben Eindruck von mir hatte. Ich glaube, wir werden Freunde werden. Ich hatte ihn eingeladen, um ihm den *Colloquio sul muro* von Franco zu lesen zu geben, damit er ihn dem Verleger Einaudi vorschlägt, dessen Vertreter er hier in Rom ist. Er hat das Manuskript mitgenommen, jedoch eingewandt, daß Einaudi, wenn er es annimmt, es erst 1947 herausbringen kann. Ich werde Franco davon unterrichten (seit seinem Brief vom 30. April habe ich nichts mehr von ihm gehört, hoffentlich geht es ihm nicht schlecht, vielleicht ist er nur wegen des Wahlkampfes mit Arbeit überlastet). Pavese hat sich auch *Una Donna* und *Il Passaggio* ausgeliehen und mitgenommen. Er kennt nichts von mir. Wir haben über meinen „Mythos des weiblichen Geistes“ diskutiert. Er ist diesbezüglich nicht meiner Meinung, hat jedoch erklärt, daß nur der, der einen Mythos hat, an den er glauben kann, d.h. eine fixe Idee, ein Leben lebt, das es wert ist, gelebt zu werden. Auch er, sagte er, habe seine „fixen Ideen“. Er zitierte einen Satz von Goethe, wonach die Jungen achtgeben sollen, was sie mit 18 begehren, denn mit 30 werden sie es erhalten. . . .

17. Mai

Gestern ein Briefchen von Franco, von jemand aus seinem Dorf persönlich überbracht. Ohne Datum. „Ich habe kaum Zeit, etwas zu essen“, schreibt er, „und Sorgen und Verantwortlichkeiten drehen sich wie Räder in meinem Kopf.“ Insgesamt scheint er mir zufrieden mit dieser seiner Tätigkeit, die, glaube ich, als Erfahrung seinem Charakter zustatten kommen wird. Gestern Frühstück im tête a tête mit Mirella Gualino, die mir liebevollerweise ihr Häuschen in Santa Marinella für diesen Sommer angeboten hat, falls ich eine kleine Luftveränderung möchte. Ein leeres Häuschen, d.h. nur von den Wächtern bewohnt: ein Zimmer für mich allein, mit einem Bett, einem Tischchen und 2 Stühlen. Küchenbenutzung. Großer schattiger Garten. Wer weiß. Jedenfalls werde ich nach den Wahlen mal zur „Inspektion“ hinfahren. . . .

20. Mai

Pavese hat mir geschrieben und Francos Manuskript zurückgeschickt, von dem er sagt, er *verstehe es nicht*: es sei weder eine Erzählung noch ein Poem, sei eine „abstrakte“ Art zu schreiben, die Situation weise keine Entwicklungen und Progressionen auf, „sondern wird lediglich durch äußerst lebhafte, erbitterte, zuweilen mühsame, immer gleiche Beschreibungen illustriert“. Er erkennt seine „Wortgewandheit“ an, zitiert einige Punkte, die er „bizarr und stark“ findet, gibt aber eben insgesamt ein negatives Urteil ab, obwohl er bemerkt, daß die Tatsache, daß er persönlich das Buch nicht versteht, nicht heißen muß, daß es absolut zu verurteilen sei. Er rät, es an

Vittorini nach Mailand zu schicken, um eine weitere Meinung einzuholen.
Ich werde Franco den Brief schicken, leide aber wegen des Schmerzes, den er ihm bereiten wird. . . . Am liebsten würde ich noch warten, dann denke ich, daß die Sache ihn in diesem Moment, in dem er so von der Arbeit für die Wahlen absorbiert ist, weniger beeindrucken, ihm erträglicher sein wird. . . .
An einem der kommenden Abende werde ich das Manuskript nochmal durchlesen, um den Eindruck, den ich bei der ersten Lektüre hatte, zu überprüfen.

23. Mai

Besuch von Pavese, der mir meine beiden Bücher, die ich ihm geliehen hatte, zurückbrachte: *Una Donna* und *Il Passaggio*. Er hatte vorher nie etwas von mir gelesen. Er hat weitläufig und scharfsinnig, mit größter Achtung mit mir darüber gesprochen. Nachdem er den Unterschied zwischen den beiden Werken – eines moralischen Inhalts und eines ausschließlich lyrisch – dargelegt, bemerkte er, das zweite habe mehr Überlebenskraft. Trotzdem findet er, dieser *Passaggio* sei inzwischen schon als Klassiker zu betrachten, was historisch vollendet heißt (bzw. überwunden, was die Form angeht?). Er hat lange gesprochen, auch versucht, zu erklären, warum ihm Francos Buch nicht gefallen hat. Er hat eine eigene persönliche Auffassung von Kunst, und alles, was nicht damit übereinstimmt, läßt er nicht gelten oder es begeistert ihn zumindest nicht. Davon abgesehen ist er sehr intelligent, sehr sensibel und sehr ehrlich. Es tut mir leid, daß ich zu müde bin, um seine Rede angemessen wiedergeben und kommentieren zu können.

28. Mai, abends

Mein Neffe Elio rief an, daß er Goffredo Bellonci mein *Tagebuch* im Radio habe rezensieren hören. Ich war nicht benachrichtigt worden und habe es also nicht hören können. Geduld. Anscheinend war der Kritiker recht gutmütig, obwohl er hier

und da versteckte Andeutungen machte. Er hat mich als Dichterin gelobt, nicht schlecht!
Mir ist in diesen Tagen so bang wegen der bevorstehenden Parlamentswahlen, daß alles andere uninteressant wird. Radio höre ich wegen der Debatten der verschiedenen Parteien. Vor 2 Stunden hat Togliatti gesprochen, ausgezeichnet wie immer. Er hat gesagt, daß die Monarchie, sollte sie gewinnen, bonapartistischer Art sein werde, also verächtlicher denn je, und warnend erklärt, daß nur die Errichtung der Republik das Land vor dem Bürgerkrieg und dem endgültigen Ruin retten könne. . . .
Rom (ein Teil Roms) bietet dieser Tage ein schmachvolles Schauspiel, zeigt frech, ja unverschämt das Wiederaufleben pro-monarchischer Gefühle. Das Schlimmste ist, daß nicht nur die privilegierten Klassen sich für die Monarchie erklären, sondern auch ein Teil des niederen Volkes, aus Eigennutz oder aus Idiotie, wegen dieser gewissen Servilität, die grundsätzlich unserem armen, armen Italien innewohnt. . . . Unglaublich, was man in den Häusern und auf den Straßen so hört. Trotz alledem glaube ich (und nicht nur ich), daß die Republik bei dem Referendum am Sonntag Siegerin bleiben wird. Wehe, wenn es nicht so ist!

31. Mai, morgens

Grandiose Szenerie gestern auf dem Palatin und grandios das Volk auf dem Fest zum Abschluß der Wahlkampagne. Der bewölkte Himmel erglühte dann und wann in goldenem Licht, die antiken Ruinen erschienen in diesem zarten Farbenspiel noch höher und phantastischer. Die Menschentrauben an den zerbrochenen Säulen und die im riesigen Stadion zusammengepreßte Menge standen, ohne sich dessen bewußt zu sein, unter dem Bann der außerordentlichen Schönheit des Ortes und der Stunde. Es wurde schon Abend, als Togliatti endlich dort oben auf dem Podium das Wort ergriff und das Volk begann, ihm zuzuhören, nachdem es sich zuvor lange an den gratis von der Partei veranstalteten Sportdarbietungen ergötzt hatte.
Männer, Frauen, Kinder. Auf die Worte von Freiheit, Ver-

trauen, Kraft und Liebe, die in der Rede immer wieder auftauchten, sie durchsetzten, sie fast wie eine Symphonie dem Gedächtnis einprägten, antworteten Beifallstürme und mit einem Gefühl von Glück geschwungene Fahnen, ein Glück, das anscheinend alle nach soviel Tragödie in ihrem Herzen wiedergefunden hatten und das für die Jungen sogar eine ganz neue Entdeckung war: Das Glück von Menschen angesichts einer Zukunft voller Frieden und Würde. . . .
Bei Dunkelheit gingen wir den Hügel hinunter. Ich hatte einer Künstlerjury zur Prämierung der „schönen Republikanerin" angehört. Wir beschlossen mit den Genossen, in einer kleinen Trattoria am Ende der Via Ripetta essen zu gehen. Der Regisseur Luchino Visconti reichte mir den Arm. . . .
Der Kellner bei „Righetto" ist unser „Genosse" und servierte uns ein ausgezeichnetes, nicht zu teures Mahl. Es kamen noch 2 weitere Genossen, Handwerker, mit Gitarre und Mandoline; sie begannen zu singen . . ., die Internationale, und die Tischrunde fungierte als Chor. Alle hatten Efeublätter im Knopfloch, das Symbol der Republik, und wir fühlten uns glücklich, fast.
„Ca ira, ca ira". . . . Am eindrucksvollsten war es, zu sehen, wie 4 Karabinieri an einem Nachbartisch einen von uns bei sich niedersitzen ließen, Basilio Franchina, und ihm, einem äußerst geschickten und leidenschaftlichen Propagandisten, so lange zuhörten, bis wir endlich aufbrachen, und das war schon nach ein Uhr. . . . Visconti und ein sehr nettes junges Paar begleiteten mich nach Hause. Ich konnte erst gegen 3 Uhr einschlafen. Aber schon beim Morgengrauen wurde ich wach, erstaunt durch einen überraschenden Traum von einem Kuß auf Hals und Schulter, den mir jemand mit unendlicher Zärtlichkeit gegeben hatte, ich weiß nicht, wer, ich habe weder sein Gesicht, noch seine Stimme und umso weniger den Namen erkannt. . . . Vielleicht jemand, der nie existiert hat außer in meinem ewigen Wunsch nach einer glücklichen Liebe. . . . Wie traurig, beim Erwachen denken zu müssen, daß ein Kuß jetzt nur mehr im Traum einen Augenblick von Illusion geben kann.

1. Juni, morgens

Gestern habe ich mich den ganzen Tag von den Mühen des Vortags zuhause ausgeruht (morgens war ich bei Moravia gewesen, um ein Päckchen mit Brot und Käse abzuholen, das Franco ihm in Fermo mitgegeben hatte, wo Moravia eine Konferenz abgehalten hat und von wo er mit verdorbenem Magen zurückgekehrt ist).

2. Juni, abends

Zum ersten Mal in meinem Leben, nachdem ich 50 Jahre darauf gewartet habe, daß den Frauen meines Landes dieses Recht zugestanden wird, habe ich wählen dürfen, und ich war sehr bewegt. Seit gestern ging es mir nicht gut, eine plötzliche Nervenentzündung, von der ich fürchtete, sie würde mich ans Bett fesseln und heute am Aufstehen und Ausgehen hindern. Mit unsagbarer Willensanstrengung habe ich mich heute morgen allein zum Wahllokal geschleppt: dort stand eine endlose Schlange, ich bin wieder nach Hause gegangen, habe mich wieder hingelegt, um Luft zu schöpfen, dann, nachdem ich einen Bissen gegessen hatte, bin ich um 1 Uhr wieder losgegangen, habe 3 1/2 Stunden in der Menge eingekeilt darauf gewartet, eintreten zu können und habe schließlich meine beiden Wahlzettel in die Urnen gesteckt, einen für das institutionelle Referendum und einen für die Verfassungsgebende Versammlung. . . .

Jetzt bin ich wieder hier, erschöpft, aber froh. Via Margutta ist still. Die Genossen, mit denen ich in diesen Tagen gesprochen habe, sind sicher, daß die Republik 75% der Stimmen erhält. Erst Dienstag oder Mittwoch werden wir das Ergebnis wissen. Ich will mich ausruhen, damit ich den großen Sieg feiern kann. Franco, auch er wird heute abend müde und voll banger Erwartung sein. . . . Wären wir zusammen, so wäre das Ausruhen süß. Ob er das auch einen Moment lang denkt?

4. Juni, 14 Uhr nachmittags

Das Radio hat die ersten Teilergebnisse der Wahlen für die Verfassungsgebende Versammlung bekanntgegeben. Große Mehrheit für die Sozialisten in Mailand, große Mehrheit für die Kommunisten in der Emilia, der Romagna und in Florenz. Alle Wahlkreise, deren Ergebnisse bis jetzt bekannt geworden sind und die ca. ein Viertel der Gesamtheit ausmachen, zusammengenommen jedoch haben die Christdemokraten 32%, die Sozialisten 23 und die Kommunisten 21. Über das Referendum ist noch nichts gekommen. Aber es wird befürchtet, daß auch wenn die Republik gewinnt, der Vorsprung vor den Stimmen für die Monarchie minimal sein wird. . . .

6. Juni, morgens

Gestern um 18.30 Uhr hat das Radio Teilergebnisse gebracht, aus denen jedoch hervorgeht, daß die Republik beim Referendum etwa 54% der Stimmen errungen hat. Kein zu brillanter Sieg, über den man aber doch angesichts der enormen Widrigkeiten, die in den letzten Wochen ins Werk gesetzt worden waren, froh sein muß.

Die offizielle Verkündung wird morgen oder übermorgen durch den Kassationshof erfolgen. Die öffentliche Sicherheit in der Zwischenzeit ist streng gewährleistet worden. Die Ex-Königin hat sich mit ihren Kindern in Neapel eingeschifft, der Ex-König (etwas weniger als einen Monat hat er regiert, lächerlicherweise) reist nach Ausrufung der Republik ab. Man hofft, daß keinerlei Zwischenfälle passieren. Manche befürchten eventuelle Unruhen im Süden, wo die Urnen eine schamvolle Mehrheit für die Monarchie ergeben haben (während sich Ober- und Mittelitalien auf breitester Ebene für die Republik ausgesprochen haben). Auch von Seiten der sizilianischen Separatisten steht etwas zu befürchten. Aber vielleicht wird auch nichts passieren. Es ist so nötig, sich in Frieden wieder an die Arbeit zu begeben. Gestern abend war ich eine Stunde in der kommunistischen Sektion, habe mit den Genossen und Genossinnen gesprochen, sie waren alle gerührt und stolz, ich bin mit Erleichterung in der Seele dort weggegangen. Fazzini, der mich hier in der Via Margutta traf, sagte mir, daß ich vor Freude wie verwandelt schiene. Als nächstes lief ich Renato Guttuso in die Arme, der sich bei mir einhakte und wollte, daß ich mit ihm und seiner Freundin Mimise bei Bottaro zu Abend esse. Von dort aus haben wir dann noch Freunde besucht, Fabrizio Onofrio mit Frau; Antonello Trombadori und der sehr junge Mario Socrate waren auch da. Sie tranken und sangen, bis sie nicht mehr konnten, ich hörte still zu und war mitten unter ihnen zuinnerst allein, wie ich es hier in meinem verlassenen Zimmer gewesen wäre, das ist nunmehr mein Schicksal, ich muß tapfer sein, versuchen, in dieser meiner letzten Zeit zu tun, was mir gegeben ist, einer Zeit, die neu ist für das Land und die Welt. . . .

Mitternacht

Von halb acht bis elf war ich auf einer außerordentlichen Sektionsversammlung, die umständehalber in einem anderen Raum, in einem kleinen Laientheater, stattfand, das mit Genossen überfüllt war. Es sprach Ingrao, ein junger Genosse der Föderation, der die Richtlinien der Partei nach der Ausrufung der Republik darlegte. Viele der Anwesenden, z.T. Arbeiter, z.T. Intellektuelle, antworteten. Ich habe mit lebhaftem Interesse, ohne Müdigkeit zugehört. (Jetzt fühle ich die Müdigkeit und werde sofort ins Bett gehen.) Vor allem die Arbeiter rührten mich: sie sprechen alle mit soviel Überzeugung, soviel Kraft! Und noch mehr rührt mich bei diesen Versammlungen das zuhörende Publikum, so aufmerksam und geduldig nach einem ganzen Tag Arbeit! Es waren auch einige junge und ältere Frauen da. Sie senkten verwirrt den Kopf, als die Genossen sich mehrmals darüber beklagten, daß das Frauenwahlrecht dazu beigetragen hätte, die Stimmzettel für die Monarchie zu mehren. Aber alle, auch Ingrao, der mit viel Geschick die Diskussion leitete, haben betont, daß es grundsätzlich richtig war, den Frauen das Wahlrecht zu verleihen, auch wenn zu viele von ihnen noch unter dem Einfluß des Pfarrers und der Sakristei stehen. Es wurde eine Intensivierung der Parteipropaganda im Frauenbereich verlangt. Auf der Versammlung herrschte ein intensives Verantwortungsgefühl für den gestern begonnenen neuen Zeitabschnitt in der Geschichte des Landes. Auf die qualvollen Wochen (besonders die beiden auf die Wahlen folgenden Tage, Montag und Dienstag, vergingen für alle in wechselvoll ängstlichem Warten auf das Ergebnis, auch für mich: und ein alter Genosse, Wahlhelfer, starb am Montag plötzlich, am Ende der Stimmenauszählung, anscheinend wirklich *an gebrochenem Herzen,* weil so sehr viele Stimmzettel für die Monarchie an seinen Augen vorübergezogen waren, wo er doch auf eine schlagende Mehrheit für die Republik gehofft hatte . . .), auf die qualvollen Wochen ist in der Volksseele sofort das Bewußtsein der noch größer gewordenen Pflicht gefolgt und ein klarer Wille, mehr für die Kollektivität zu arbeiten, sich noch stärker für die Partei und die Zukunft einzusetzen. Meine Hoffnung, nein, mein Glaube ist unerschütterlicher denn je.

10. Juni, morgens

Vor 6 Jahren erklärte Mussolini Frankreich den Krieg. Heute im Laufe des Tages wird offiziell die italienische Republik ausgerufen.

Strafende Gerechtigkeit der geschichtlichen Daten.

Vorgestern habe ich Franco telegraphisch meine Sorge wegen seines langen Schweigens mitgeteilt. Noch ist keine Antwort gekommen. . . .

18.30 Uhr

Ich war glücklich wie ein Kind, hatte sogar ein Fläschchen süßen Weißweins gekauft, um einen Schluck auf die Zukunft der Republik zu trinken. Um 18 Uhr hat das Radio aus dem Montecitorio die Sitzung des Kassationshofes übertragen, der das endgültige Referendumsergebnis bekanntgeben sollte. Aber der Vorsitzende des Gerichts hat mitgeteilt, daß aus einigen Wahlkreisen noch die Ergebnisse fehlen und hat dann den letztendlichen Ausgang auf eine spätere Sitzung verschoben. . .

Es war wie ein eisiges Erstarren, eine Enttäuschung, derentwegen ich fast Lust hätte, zu weinen. Werde ich aus den Nachrichten um 20 Uhr den Grund für die unvorhergesehene Verzögerung erfahren? Und werden die Monarchisten in der Zwischenzeit nichts unternehmen, um zu verhindern, daß der eben doch mehrheitliche Volkswille ausgeführt wird? . . .

11. Juni, morgens

Gestern abend Nachrichten um 20 Uhr, um 23 Uhr, um 24 Uhr, undurchsichtige Meldungen, wiederholte Gespräche zwischen De Gasperi und dem König, Ministerrat, der nach Mitternacht immer noch tagte. . . . Habe mich voller Angst schlafen gelegt. Heute morgen haben die 8-Uhr-Nachrichten eine Regierungserklärung verbreitet, in der das Lebensrecht der Republik unterstrichen, und festgelegt wird, daß heute wie geplant Feiertag ist. Ich war etwas gelöster, aber dann, als ich unten war, um Zeitungen zu kaufen, traf ich Guttuso, der ein sehr wütendes Gesicht machte und zu mir sagte, wenn der König sich darauf versteife, nicht abreisen zu wollen, so werde das Volk ihn mit Waffen zur Abreise zwingen. . . . Für heute Abend um 6 ist eine große Veranstaltung aller republikanischen Parteien auf der Piazza del Popolo angesagt. Und Guttuso scheint zu glauben, daß in der Menge etwas passiert. . . . Man weiß nicht, was man sich wünschen soll. Die Spannung ist jedenfalls extrem und unhaltbar angewachsen. Das schlimmste Übel ist, daß die Alliierten heimlich die monarchischen Ansprüche unterstützen. . . .

Ich versuche, stark zu sein. Hätte ich nur ein Wort von Franco, welch innere Hilfe wäre das. Statt dessen Schweigen, warum warum? . . . Und die schreckliche Angst, er könnte krank sein oder wieder deprimiert. . . .

Ich gehe zum Frühstück zu den Calabria, von dort aus werde ich dann bei Guttuso anrufen, ob es etwas Neues gibt und ob er mir abrät oder nicht, zur Veranstaltung zu gehen. Heute abend um 9 sollte ich dann zu einem Empfang der Gesellschaft für kulturelle Beziehungen mit Russland zu Ehren der Delegierten der sowjetischen Jugend gehen, die hier zu Besuch sind und die ich schon vor 3 Tagen bei der UDI getroffen habe. . . . Wenn bei der Veranstaltung keine Unruhen ausbrechen. . . .

12. Juni, nachmittags

Piazza del Popolo war beeindruckend gestern, mit der festlichen und jubelnden Menge. Tausende roter Fahnen. Gesprochen hat der Sozialist Romita, der als Innenminister im Moment triumphiert wegen der vorbildlichen Ordnung, die er während der Wahlen im ganzen Land durchgesetzt hat und noch immer aufrecht hält.

Kein Zwischenfall auf der Kundgebung und auch nicht während des endlosen Demonstrationszuges. Hingegen scheint es, als haben sich tödliche Ereignisse in Neapel abgespielt, Werk der Monarchisten. Die Situation ist seit gestern unverändert. Mittags ist jedoch die Zeitung „La Voce Repubblicana" mit der Forderung erschienen, daß der König mit Gewalt zur Abreise gezwungen werden soll, wenn er sich nicht entschließt, von selbst zu gehen. . . . Die Sitzungen des Ministerrats gehen weiter. . . .

Bei der Gesellschaft für kulturelle Beziehungen mit der UdSSR gestern abend viele, vor allem junge Gäste, die sich um die sowjetischen Delegierten scharten. Kuchenstückchen, Cocktails, Eis. Ferruccio Parri war da, ich habe ihm meine Achtung ausgesprochen, er schien gerührt, er hat ein merkwürdiges Gesicht, wo Müdigkeit und Adel gleichermaßen intensiv sind. . . .

Ein Freund von Sapegna hat mich im Auto zurückgebracht. Ich war total erschöpft.

Noch immer nichts von Franco. . . .

14. Juni

Der König ist gestern nach Lissabon abgeflogen und hat einen Aufruf zurückgelassen, den der Ratspräsident als „peinlich und ruchlos" bezeichnet hat. Er ist mit der offensichtlichen Hoffnung auf baldige Rückkehr abgefahren, eine Hoffnung, die von seinem Hof geteilt wird. Aber umgekehrt ist recht klar, daß die Republik nun nichts mehr zu fürchten hat und mutig, wenn nicht gar heiter ihr Leben beginnen kann. Die Aufgabe ist ungeheuer. Inzwischen hat das Volk ruhig die tägliche Arbeit wieder aufgenommen, ich höre von der Straße Geräusche von Hämmern und Sägen heraufklingen, nichts ist bewunderswerter als die Kraft und das Vertrauen des italienischen Arbeiters.

. . .

In mir ein großer nervlicher Zusammenbruch nach der Spannung der letzten Wochen. *Italienische Republik.* Ich kann diese Realität fast noch nicht fassen.

Und gestern morgen kam ein Telegramm von Franco: „Komme Kurzbesuch Monatsende. Umarmungen."

Wie wird seine Stimmung sein? Welche seine Absichten? Was verbirgt sich hinter der Tatsache, daß er mir nicht mehr geschrieben hat? Ich habe einen vagen Horror bei dem Gedanken an seine Rückkehr. . . . Und eine Traurigkeit ohne Worte. . . . *Nichts* zu wissen von dem, was in der Seele eines Wesens vorgeht, das 10 Jahre lang Minute für Minute in meinem Leben war. . . . Während er noch immer alles von mir weiß. Er wird dieses Tagebuch aufschlagen, er wird sehen, wie sich in diesen 3 Monaten Depression und Begeisterung abwechselten, wird keinen Augenblick an meinem Herzen zweifeln. Aber sein Herz, sein Herz.

16. Juni, nachmittags

Es nieselt und ist kalt. Ich weiß nicht, was mich bewogen hat, mein *Frustino* aus dem Regal zu nehmen, es aufzuschlagen und darin zu lesen, nach wievielen Jahren?

Weil ich Franco geglaubt habe, als er mir versicherte, daß dieses Buch mein schlechtestes, mein am wenigsten gelungenes sei?

Es enthält prophetische Seiten, eine klare und tiefe Qual, es enthält das Beste, das Beste meiner Seele, nicht das Schlechteste. Und auch künstlerisch erscheint es mir im zeitlichen Abstand von äußerster Grazie, Schönheit und Reinheit. Warum hat Franco es mißachtet?

Ich würde ihm gern sagen, daß er es in diesen Tagen seinerseits wieder lesen soll, bevor er hierher kommt. . . . Ich hätte gern, daß er in diesen Tagen alles wieder liest, was ich in meinem Leben geschrieben habe. . . . Ach. . . .

19. Juni, morgens

Für 1.550 Lire wurde das Radio neu „beröhrt“ von einem Mechaniker, der ein ergebener Leser meiner Bücher ist.
Der vorgestern begonnene Artikel ist auf der Hälfte der 2. Seite stehengeblieben.
Besuch, Plaudern, Traurigkeit. Gestern abend habe ich eine Einladung zum Essen bei Bottaro in Gesellschaft von 20 Personen angenommen. . . . Nach dem Essen gingen wir zur Freundin von Guttuso, wo wir bis 2 Uhr blieben. . . .
Aber immer und überall hüllt mich meine Einsamkeit ein, lastet auf mir. . . . Einsamkeit, die nicht eine Art Spaltung verhindert, die mich nicht hindert, mit klarem Verstand den Spielen der anderen zuzusehen, über die Schwächen der anderen zu urteilen, mit lächelnder Nachsicht, mit der Komplizenschaft eines weit entfernten, fast unsichtbaren Sterns. . . . Ich habe wirklich das Gefühl, nicht *gesehen* zu werden, während sich die anderen kindlich vergnügen, aber vielleicht ist es eine Täuschung. . . .

22. Juni, Samstagnachmittag

Franco kam unerwartet am Mittwoch, den 19., und seitdem war ich völlig von seiner Anwesenheit absorbiert: Nach den „100 Tagen“ und mehr der Trennung hatten wir uns gegenseitig so viel zu erzählen. Es geht ihm sehr gut und er ist viel heiterer, einige kurze Momente des Mißtrauens in seine eigene Zukunft und die der Welt ausgenommen. Er fand, daß es auch mir „gut“ gehe. . . . Mitte nächster Woche wird er wieder abfahren. Wir möchten gern auf einen Sprung nach Santa Marinella fahren, um das Haus anzusehen, das Mirella mir zur Verfügung gestellt hat: Wenn auch für ihn Platz wäre, würde Franco mir vielleicht dorthin nachkommen, sobald er der politischen Verpflichtungen ledig ist. Er hat große Lust, seine Arbeit wieder aufzunehmen.

30. Juni, Sonntagmorgen

Franco ist um 6 Uhr abgefahren, ich habe ihn zum Bus gebracht. Hier hat er in praktischer Hinsicht fast nichts erreicht,

und weiß nicht, wie er den Sommer angehen soll, da es die Eltern anscheinend satt haben, daß er nichts verdient und sich nicht endlich eine „Stellung“ schafft, und ihn nicht weiter beherbergen wollen. Um sich selbst besorgt und geängstigt, hat er in diesen 10 Tagen nicht ein einziges Wort gefunden, um mir Mut zu machen und zumindest ein wenig das immer schlimmere Gefühl meiner inneren Einsamkeit zu zerstreuen. . . . So ist er. Er hat versprochen, mir zu schreiben. Er ließ die Hoffnung durchblicken, daß er mich im August ein paar Tage in Santa Marinella besuchen werde, wenn er das Geld für die Reise auftreiben kann. Inzwischen wollte er nicht noch 2 Tage hierbleiben und mich bei der Inspektion des Häuschens begleiten, das auf mich wartet, mich aber nicht anzieht.
Dieser für Italien historische Monat (Wahlen für die Verfassungsgebende Versammlung, Ausrufung der Republik) geht zu Ende mit der Ernennung des Republikaners Enrico De Nicola – dem großen, neapolitanischen Rechtsanwalt, einem alten liberalen Antifaschisten – zum Präsidenten der Republik. Der Bestgeeignete für dieses höchste Staatsamt war Sforza, unendlich repräsentativer und wertvoller: aber es mußte jemand aus dem Süden ernannt werden, um diesem Teil der Halbinsel, der sich in großer Mehrheit als monarchisch herausgestellt hatte, zu schmeicheln. Es scheint, als werde Sforza das Außenministerium erhalten, wo er in dieser wegen der Friedensverhandlungen so harten Zeit sehr nützlich sein kann. Die nationalistischen Gefühle nehmen wieder gefährlich zu, nachdem einige Alpenausläufer, der Colle di Tenda und Briga, Frankreich zugesprochen wurden. . . .
Und heute Nacht wird ein weitab gelegenes Inselchen im Stillen Ozean zerstört, um die „Atombombe“ auszuprobieren. Alle Bewohner der Insel wurden evakuiert. Die Bombe wird von einer fliegenden Super-Festung abgeworfen, aus 10.000 Meter Höhe. . . . Sie wird ganz in den aufgewühlten Wellen versinken. Werden wir nie aufhören, uns dafür schämen zu müssen, daß wir Menschen sind?

2. Juli, nachmittags

Die Auswirkungen der Atombombe waren weniger erschrekkend, als man befürchtet hatte, keinerlei Folgen über das festgelegte Gebiet hinaus und umso weniger in Europa. Was nicht bedeutet, daß das Experiment an sich nicht noch schlimmer als barbarisch ist.

6. Juli, morgens

Ein Briefchen von Franco, am 1. geschrieben, mit Poststempel vom 2.. Kurzer, liebevoller Gruß. Schreibt, er habe mich so schön und heiter und stark gefunden! Er sei deprimiert und wisse nicht, was er tun werde.
Ich habe ihm schon gestern einen Eilbrief geschickt, um ihn auf eine Neuigkeit aufmerksam zu machen, die vielleicht seine nächste Zukunft beeinflussen kann: Alicata verläßt die „Unità" in Rom, um Direktor der „Voce" in Neapel zu werden. Vielleicht könnte er Franco als Redakteur einstellen, wer weiß! Aber paßt Franco für das Journalistenleben und kann er sich ihm anpassen? *That is the question*.
Was meine Zukunft (!) angeht, so kann ich anscheinend Montag endlich mit Togliatti darüber sprechen. Seine Frau hat mich für diesen Tag zu ihnen zum Essen eingeladen, falls ich nichts gegenteiliges höre. Wir haben uns gestern am Palazzo Venezia getroffen, wo mehr als 2000 Menschen zusammengekommen waren, um die Delegation der sowjetischen Jugend (nach einer Reise durch ganz Italien nach Rom zurückgekehrt) zu hören.
Heute gibt es zu Ehren der Delegation einen Empfang in der russischen Botschaft, wo ich zum ersten Mal hingehen werde. Hoffentlich gibt es Eis, ich bin so durstig!

7. Juli, nachmittags

Eis gab es keines, dafür eisgekühlten Champagner und Wodka und Kaviar. Wodka habe ich nur ein Gläschen getrunken, das mir der Botschafter angeboten hat. In den Salons und im Garten gingen Hunderte von geladenen Gästen umher, unter anderen der Präsident De Gasperi, die Minister Togliatti, Nenni und andere und Graf Sforza. Dieser schenkte mir ein Lächeln

voller Melancholie, das mir ans Herz gegriffen hat. Er muß darunter leiden, daß er abseits gehalten wird, nicht eingesetzt wird, er, der nützlicher sein könnte als jeder andere. . . .
Von der Botschaft aus bin ich gegen 9 Uhr zu Alba De Cèspedes gegangen, die ein Fest für den neuen Herausgeber ihrer Zeitschrift gab, einen jungen Italo-Brasilianer, kaum älter als 20, Milliardär. Dortgeblieben bis 2 Uhr nach Mitternacht, dann im Auto des Herausgebers hierher begleitet worden, todmüde, ich, nach so vielen mehr oder weniger eitlen Gesprächen. Auch bei Alba viele Cocktails und viel Eistee, außerdem Tanz, und mit großem Brio von Alba und einigen jungen Kollegen dargestellte Scharaden. Sehr wenig geschlafen.

8. Juli, nachmittags

Essen bei Togliatti. Er, seine Frau, der studierende Sohn.
Große Einfachheit, große Herzlichkeit. Bei Tisch Gespräche über aktuelle Politik (das neue Ministerium ist noch nicht gebildet, Togliatti weiß nicht, ob er der Justizminister bleiben wird, die weitere Regierungsbeteiligung der Kommunisten scheint das zu sein, was den Papst am meisten beleidigt, deshalb kämpft der Christdemokrat De Gasperi dafür, daß unsere Partei ausgeschlossen wird: Togliatti ist jedenfalls an diesem Vorabend recht guten Mutes).
Dann sind wir, ich und Togliatti, in sein Arbeitszimmer hinübergegangen und haben über eine Stunde über alles ein wenig geplaudert. Er hat mir Bücher gezeigt, die er gesammelt hat, seit er, nach 20-jähriger Abwesenheit, wieder nach Italien zurückgekehrt ist. Ich wußte, daß er eine Schwäche für Literatur und Dichtung hat, schon seit er in Turin Student und Freund Gobettis war: doch heute habe ich festgestellt, daß es sich nicht nur um ein *penchant* handelt, sondern daß er wirklich von unserer Kultur, auch der klassischen, begeistert ist und nach seinen Urteilen schien mir, als habe er einen ziemlich sicheren, durch keinerlei Vorurteile verseuchten Geschmack.
Zu diesem Gefühl größter Hochachtung, das ich für den Poli-

tiker gespürt hatte, seit ich ihn vor 6 Monaten zum ersten Mal auf dem kommunistischen Kongreß reden hörte und das sich seitdem mit jedem weiteren Auftreten von ihm verstärkt hat, ist heute eine tiefe menschliche Sympathie hinzugekommen: Wir haben uns durch und durch wohl gefühlt, in aufrichtiger Harmonie, viel mehr als ich mir erwartet und erhofft hatte.
Was meine praktische Situation angeht hat er mir, ohne daß ich mich lange über meine Forderungen hätte auslassen müssen, versprochen: 1. mir bei der „Unità" eine feste Mitarbeit *für alle Ausgaben* zu verschaffen. 2. Mit der Parteiführung über den Plan einer von mir geleiteten, nicht ausschließlich kommunistischen literarischen Zeitschrift zu sprechen. 3. Mich in der Liste der Teilnehmerinnen einer Reise nach Rußland aufnehmen zu lassen, sowie sich eine solche Reise konkretisieren sollte.
Die geplante Zeitschrift ist am wichtigsten und mir schien, als habe ihn das auch am meisten interessiert, so sehr ist er von der Notwendigkeit überzeugt, daß mit mehr Weisheit und Erfahrung als bisher eine intellektuelle Aktion geführt werden muß. Wird eine Umsetzung in die Praxis möglich sein? Ich werde inzwischen eine Art Programm vorbereiten, eine Mitarbeiterliste usw. Wir werden sehen. Sicher, der Augenblick ist schwieriger denn je für das Land, in Erwartung des Friedensvertrags, den De Gasperi, wie es scheint, nicht zu unterzeichnen beabsichtigt. . . . Es wird jedenfalls 4, 5 oder 6 Monate brauchen, bis die Idee konkretisiert werden kann. . . .
Ob sich Franco freuen würde, der so oft darauf bestanden hat, ich solle doch Togliatti den Vorschlag unterbreiten? Wird er mir helfen wollen? Würde er sich damit abfinden, sich in Rom niederzulassen?
Ich habe während des ganzen heutigen Gesprächs immer an ihn gedacht, war versucht, dem Minister seinen Namen zu nennen und gleichzeitig doch im Innersten davon überzeugt, daß es gut wäre, bei diesem „ersten Schritt" nicht von ihm zu sprechen. . . . Togliatti, der mein *Tagebuch* gelesen hat, wußte meine Reservierheit, glaube ich, zu schätzen. Als ich ihm für die mir gewährte Stunde gedankt habe, meinte er, daß er mir

dankbar sei, „denn es geschieht so selten, daß man mit sympathischen Menschen zusammen ist. . . .“

13, Juli, nachmittags

„Stürmisches“ Wetter, wie Gorkij sagte.
Das Ministerium ist endlich gebildet: 8 Christdemokraten, 4 Sozialisten, 4 Kommunisten, 2 Republikaner. Togliatti hat die Aufforderung, weiter in der Regierung zu bleiben, abgelehnt und erklärt, er wolle sich der Parteiführung widmen. „Im Moment“, sagte er mir zuvor am Telefon (ich hatte ihn angerufen, um ihm für den guten Empfang vor ein paar Tagen zu danken). In Wirklichkeit ist seine Handlungsweise bitter notwendig, sowohl für die nächsten Kommunalwahlen, als auch um dem Werk der Christdemokraten die Stirn zu bieten, die die wichtigsten Ministerien, vom Innen- bis zum Kultusministerium an sich gerissen haben und drohen, das Land immer mehr dem Vatikan zu unterwerfen. Viele „Genossen“ sind bedrückt, entmutigt, auch wegen der Amnestie, die Togliatti zu gewähren gezwungen war und die einer Menge gefährlicher Faschisten die Freiheit zurückgegeben hat. Die ökonomischen Bedingungen werden inzwischen für alle Schichten immer beängstigender. Am mutigsten und heitersten ist doch immer noch das Volk.
Morgens hatte ich einen Brief des Verlegers erhalten, der mir jeden Vorschuß verweigerte. Zum Ausgleich eine unerwartete, gänzlich unvorhergesehene Postanweisung: 5000 Lire von Gabriele und Genni Mucchi, liebe brüderliche Herzen! Ich hatte Gabriele über meine Lage geschrieben, doch ohne im mindesten daran zu denken, daß mir von ihm Hilfe käme, weil ich weiß, daß auch er für seinen Lebensunterhalt arbeiten und kämpfen muß. . . .
Jetzt warte ich darauf, daß sie bei der „Unità“ die Bedingungen für meine Mitarbeit festlegen. Werde ich die Kraft aufbringen, 2 Artikel im Monat zu schreiben?
Ein Brief von Franco angekommen, wieder deprimiert und unglücklich. . . .

19. Juli, morgens

Abgesehen von den „Genossen", stelle ich eine immer stärkere Feinseligkeit gegenüber dem kommunistischen Grundsatz und und gegenüber Rußland fest. Anstatt sich der Hoffnung anzuvertrauen, sind alle Seelen immer deprimierter und bitterer. Angefangen bei Franco, von dem ich, als ich gestern abend aus dem Kino zurückkam, einen weiteren Brief voller Müdigkeit und Trostlosigkeit vorgefunden habe. Er ist völlig zu Recht betrübt über das Schweigen um seine Bücher und über seine finanziellen Schwierigkeiten. Trotzdem möchte ich ihn nicht sagen hören, er habe kein Vertrauen mehr in sich selbst, es tut mir zu weh. . . .

Ich habe mich in den letzten Tagen zwischen einer Verpflichtung und der nächsten (Versammlungen, Einladungen, Besuche) bemüht, unter großen Anstrengungen einen Artikel über Alessandrina Ravizza hinzuschreiben, und gestern morgen habe ich ihn zur „Unità" gebracht, wo der Wechsel in der Leitung jedoch noch nicht vollzogen ist und daher die Bedingungen für meine Mitarbeit noch immer nicht feststehen. Ich vermute, daß sie recht mäßig ausfallen werden und ich mich weiter mit der Armut herumschlagen muß, abgesehen davon, daß mir die Verpflichtung für 2 Artikel im Monat jede Möglichkeit nimmt, mich einer „eigenen" Arbeit zu widmen. . . . Aus dem Zeitschriftenprojekt wird, fürchte ich, nichts werden, die Partei ist arm, alle ihre Mittel werden von der politischen Propaganda geschluckt, und andererseits liest die Öffentlichkeit immer weniger, die Verleger machen Konkurs oder überlegen, ob sie den Laden dicht machen sollen, die Buchhandlungen sind wie ausgestorben. . . .

Sartre, der existentialistische französische Schriftsteller sagte gestern auf einer 2-stündigen Konferenz in einem stickigen kleinen Saal, er sagte, die Freiheit des Menschen bestünde darin, die Lebensangst zu *überwinden*. . . .

abends

Nachmittags war ich bei einem Empfang zu Ehren von Sartre im Verlagshaus Einaudi. Mit Sartre gesprochen, sympathisch, dann unter anderen mit Lucino Visconti, den ich nicht mehr gesehen hatte und dem ich die Idee zu einem Film über die Ravizza angedeutet habe. Doch wird wohl nichts daraus werden. Bin dann ins „Ritrovo“ hinübergegangen, um noch eine Konferenz von Sartre anzuhören, wieder etwa 2 Stunden, auch schwüle Atmosphäre. Diesmal hat er über das Theater in Frankreich gesprochen, insbesondere über das seine, das von Anouilh, das von Camus und das von Simone de Beauvoir, die sich alle vier, wenn ich recht verstanden habe, durch den strengen Willen auszeichnen, ein mythisches Klima herzustellen, in dem die Menschen nicht als schon *charakterisiert* erscheinen, sondern in ihrer menschlichen Lage, die vor jeder Begebenheit eine *Entscheidung* verlangt. . . . Heute abend bin ich zu müde, um eine Zusammenfassung davon zu machen. Sartre war jedoch außerordentlich klar und interessant.

22. Juli, nachmittags

Ich kämpfe, um nicht auch erdrückt zu werden. Ein neuerlicher Ansturm düsterer Trauer bedroht mich. Und Franco, Franco, wie soll ich ihn unter diesen Bedingungen stützen?

26. Juli

Drei Geschenke heute, merkwürdiges Zusammentreffen. Ein Scheck über 1000 Lire aus Neapel, von einer Freundin Gabriele Mucchis, auf einen Hinweis eben des guten Gabriele. Die (sehr reiche) Geberin schreibt mir: „Ich kann Ihnen nicht verbergen, daß ich es unter größtem Opfer tue (!), da ich allernächste Verwandte zu unterstützen habe.“ Ein weiterer Scheck über 5000, kam aus Portofino von der stets lieben Fiammadoro, die mir seit letzten Herbst nicht geschrieben hatte und ihn mir für das Bild von Cascella schickt, das ich ihr während des Krieges zur Aufbewahrung gegeben habe. Drei Tausenderscheine schließlich hat mir mit der üblichen scheuen und stillen Geste Riccardo Gualino gegeben, als ich mich nach einem exquisiten Essen in seinem schönen und erholsamen Haus von ihm verabschiedete: seine Frau, sein Sohn und die Gouvernante fanden, ich sähe glänzend aus (kommt meine

äußerste Müdigkeit also nicht zum Vorschein?).
Morgen gehe ich zur „Unità", um die 4000 Lire für den Artikel über die Ravizza abzuholen, der, wie es scheint, Sonntag nur in der römischen Ausgabe erscheinen wird. Wenn Alvaro mir dann bestätigt, daß die Unterstützungskasse der Schriftstellergewerkschaft mir einen Vorschuß überweist, kann ich nächste Woche nach Santa Marinella abreisen. Aber werde ich in der Zwischenzeit Nachricht von Franco erhalten, und seine Ankündigung, daß er zu meinem Geburtstag dorthin nachkommt?

1. August, morgens

Ich stehe zwischen lauter Koffern und Bündeln, sollte heute morgen fahren, aber Rosetta Corradi, die mir einen kleinen Lieferwagen für den Transport meines Gepäcks und meiner selbst nach Santa Marinella zur Verfügung gestellt hat, ist gestern die Benzinreserve ausgegangen (dieser Brennstoff ist seit ein paar Tagen merkwürdigerweise in der ganzen Stadt knapp), deshalb wurde die Reise auf übermorgen bei Tagesanbruch verschoben.
Franco hat mir vor ein paar Tagen einen schönen, geheimnisvollen Brief geschrieben, in dem ganz klar durchscheint, daß er einen starken Willen zur Wiedergeburt und Wiederaufnahme des Gesangs spürt. Was mich getröstet hat, ich war sehr in Sorge wegen seiner Niedergeschlagenheit. Er schreibt, er werde vor Ablauf der nächsten 14 Tage zu mir ans Meer nachkommen. Ich konnte nachts nicht schlafen wegen der Hitze, aber auch wegen des Gedankens, daß der mangelnde Komfort in Santa Marinella für Franco unerträglich sein wird. Ich werde sehen, daß ich in den Tagen vor seiner Ankunft alles so bequem wie möglich für den Aufenthalt herrichten kann.... Ich reise mit *19.000 Lire* von hier ab, da ich von der Unterstützungskasse für Schriftsteller nur erbärmliche 5000 als Hilfsspende erhalten habe. Jedenfalls wird diese Summe für den ganzen August genügen. Im September werde ich meine Mitarbeit bei der „Unità" fest regeln müssen, Togliatti sagte mir am Telefon, der Artikel über die Ravizza sei

sehr gut gewesen, und daß er bei der Verwaltung für mich eintreten werde (aber der Finanzverwalter, der gute Terenzi, scheint mir unheilbar taub zu sein).
Hoffentlich kann auch Franco etwas Konkretes erreichen. Es gelingt mir nicht, seinem letzten Brief zu entnehmen, was für Pläne er im praktischen Bereich hat.
Togliatti sagte mir, er werde mich an einem Sonntag in Santa Marinella besuchen. Ich würde mich freuen, ihm Franco vorstellen zu können.

Santa Marinella, 6. August, nachmittags

Wie schwierig es ist, sich „auszuruhen"! Ich habe es nie gelernt.
Kurz versucht, zu schlafen. Alte Kleidungsstücke ein wenig geflickt. Die vorletzten Zigaretten der mir von Franco dagelassenen Ration geraucht. Aber wird er einen neuen Vorrat mitbringen, er, der englische Zigaretten raucht? Noch hat er mir nicht geschrieben, wie er es im letzten Brief aus Fermo zu tun versprochen hatte. Vielleicht ist er schon unterwegs, oder in Rom, und wird morgen oder übermorgen hier hereinschneien. Wie wird er sich in diesem Lager hier einfügen?
An einer Wand habe ich ein Photo vom Parthenon aufgehängt. An einer anderen eins von Stalin mit Gorkij. Wieder an einer anderen eine Postkarte von Capri. . . .

8. August, nachmittags

Heute morgen war ich fast sicher, daß Franco kommen würde. Statt dessen kam ein Brief von ihm:

Liebe, am Tag, nachdem ich Dir geschrieben hatte, überfiel mich plötzlich eine große nervliche Erschöpfung, die bis heute keine Besserungsanzeichen erkennen läßt. Die Hitze, oder dieses Haus, ich weiß nicht. Es war eine „tragische" Woche. Ich konnte kaum stehen, ohne gleich ohnmächtig zu werden. Und jetzt lebe ich zwischen Pillen und Spritzen.
Dieses unerreichbare innere Gleichgewicht! Gelänge es mir

wenigstens, an irgendeinem ruhigen Ort den inneren Frieden wiederzuerlangen. Hier kann man es nicht.
Ich werde also kommen. Aber was werde ich vorfinden? Einstmals genügte mir Deine Person und Deine Stimme. Jetzt habe ich „Furcht" vor Dir. Ich erkläre es Dir. (Aber wirst Du verstehen wollen?)
Die Vergangenheit kann man nicht wieder aufbauen. Wenn man von lichten Ufern gefallen ist, untergegangen, und dann mühevoll wieder auftaucht, so ist die Landschaft anders. Und auch die Augen. Es gibt noch immer Jasminhecken. Und die Schatten duften noch. Aber die Hände, diese verwundeten Hände, noch voll von all den mit Bitterkeit berührten Dingen, wie können sie noch sanft sein? Das Herz hat sich nicht „gewandelt". Es hat sich entwickelt: es ist belaubter und die Wurzeln unter der Erde haben sich vervielfacht.
Ich brauche Luft, so viel Luft. Und muß atmen, *weit und tief*. Dieses neue Übel jetzt, hier, rührt vom *geschlossenen* Raum her.
Aber wir verletzen uns. Und das muß man unbedingt vermeiden.
Gestern war ich das Kind, über das Du Dich beugtest, angstvoll, mit der ganzen Kraft Deines Atems. Du wickeltest mich. Und Du lenktest meine Schritte. Der Freude entgegen, nicht wahr? Aber heute, wo so viele Dinge in uns und außerhalb von uns geschehen sind, bedeutet mir auf den Scheitel zu hauchen, meine ganze Seele zu „bedrohen". Heute, nachdem mein Gesetz wie auch das Deine Leiden ist, gibt es nur noch ein Glück, das uns zugestanden wird: zu erkennen, daß jeder von uns *gut leidet*. Bis gestern haben wir, in dieser letzten Zeit, schlecht gelitten. Und das ist unsere Sünde.
Man kann nah zusammenleben. Aber bei offenen Fenstern. Man darf sich nicht gegenseitig den Atem nehmen. Ich denke wieder an ein Haus, *unser* Haus für immer: mit einem Garten und allzeit begnadeten Stunden. Und an unsere Arbeit, die einer Seele und einer anderen Seele. Aber ich muß die Gewißheit haben, daß Du meine „guten Wünsche" nach außen hinleiten kannst.

Dieses Schleudern muß aufhören. Aber Du hast auch dazu beigetragen. Es geht darum, einander zu stützen und wieder anzurufen, aber aus höheren Regionen als denen unseres armseligen individuellen Tagesablaufs. Du bist dort im Zimmer, inmitten Deines Lichts. Und ich, ich gehe dort auf der Straße, zwischen Bäumen und Schatten, und fühle Deinen lächelnden Blick auf mir. . . .
Kann dieses Wunder geschehen? Alles andere ist sinnlos.
Und man muß mir auch helfen zu lieben. Und zwar *gut zu lieben*.
Ich frage Dich deshalb: Willst Du? Willst Du mir geben?
Es geht um den Frieden, zu leben. Wenn wir noch weiter kämpfen müssen, auf Gebieten, die nicht mehr existieren außer in unserer Dichtung, während sich alles umher entwickelt hat, auch gegen uns selbst, – wenn wir uns „versteinern" müssen, dann höre: ich flehe Dich erneut an wie schon einmal, trostlos, *uns zu töten*.
Ich kann nicht in „Furcht" vor Dir leben. Und Du vor mir.
Antworte mir nicht brieflich. Miteinander zu sprechen wird süßer sein.
Ich bin zur Abfahrt bereit.

Dein Franco

9. August

Gestern abend Franco telegrafiert: „Brief erhalten, komm, telegrafiere."
Den Brief habe ich heute morgen ausgeruhten Geistes wieder gelesen – gestern hatte ich ihn mindestens 6 oder 7 Mal überflogen. Aber weder gestern noch heute bin ich dahin gelangt, seinen tieferen Sinn zu erfassen, so widersprüchlich und in seinen Behauptungen dunkel ist er. Am klarsten daran ist, leider, daß Franco leidet, wie immer, auf der, wie er sagt, vergeblichen Suche nach einem inneren Gleichgewicht. Und von ewiger Panik verfolgt, müht er sich mit immer neuen Projekten und Kombinationen. Im Augenblick bin ich der Gegenstand seiner „Furcht". Gerade jetzt, nach einem Jahr, in dem er ganz und gar seine Freiheit gehabt hat, und ich mich, nach dem schreck-

lichen inneren Zusammenbruch im letzten Sommer, akzeptierend und schweigend zusammengenommen habe, wie er selbst zugegeben hat. Furcht, wovor? Daß ich leide? Doch warum sagt er dann, daß Leiden unser Gesetz sei? Und warum kommt ihm vor allem nicht ein einziger Augenblick der Gedanke, daß er, anstatt „Furcht" zu haben, mich leiden zu sehen, versuchen könnte, seine Zeit eine Weile darauf zu verwenden, mich, oh, nicht glücklich, aber froh und ihm dankbar zu machen? Wäre nicht das vielleicht eine Art, um das Gleichgewicht zu finden, wonach er dürstet? Warum denkt er nicht daran, daß ich bei jeder Rückkehr, obwohl ich wünsche, daß er zurückkehrt, von der „Furcht" ergriffen werde, Furcht vor seiner ewigen Qual, vor seinem ewigen fluchtgehetzten Atem? Die Wahrheit ist, daß er sich vor sich selbst fürchtet, nicht vor mir. Unser ganzes Leid, wenn wir zusammen sind, *wird immer* und nur von ihm hervorgerufen, leider! Sein Unbewußtes weiß es. Diese Unfähigkeit von ihm, sich selbst ein wenig zu vergessen, um der ihm nahen Seele zu helfen! Ich habe 10 Jahre lang fast nie an mich gedacht, um ihm zu helfen! Das war vielleicht eine Schuld. Ich bedauere es nicht. Aber vielleicht hätte ich fordern sollen, daß er das erwidert, wenigstens zu einem winzigen Teil erwidert. Ihn geben zu lehren, nicht nur nehmen. Ich hätte es nicht zufrieden sein sollen, ihn nur „wachsen" zu sehen. Aus Liebe zu ihm habe ich jeden Egoismus in mir ausgelöscht, und habe mir niemals gesagt, daß ich so seinen Egoismus mehrte. Nicht wegen niederer Dinge, oh nein, wegen seiner exzessiven Sorge um sich selbst, die immer größer wurde. . . . So war er nie *frei von sich selbst*, hat sich immer *in seinem Ich gefangen* gefühlt, in seinen Leiden, seinem Unwohlsein, seinen Ängsten, eben dann, wenn er, tragische Ironie, mich und meine Liebe anklagte, ihn zu versklaven. Jetzt möchte er *weit und tief atmen*. . . . Habe ich ihn je daran gehindert? Was soll dieses Programm bedeuten: „er geht auf der Straße und ich bleibe im Zimmer und lächle ihm von weitem zu"? . . . Da ich trotz all meiner Jahre nicht körperbehindert bin, könnte es sein, daß auch ich, wenn sich die Gelegenheit bietet, irgendeine Straße einschlage, oder ich könnte ohne ihn nach Paris oder Moskau fahren wollen und meinerseits wünschen, daß er lächelt. . . . Oder, und einmal wird es doch sein müssen, meine Reise wird länger, wird endgültig sein. Damit er dann weniger leiden möge, möchte ich, daß er die Erinnerung hätte, gut zu mir gewesen zu sein, sich aktiv um mich gesorgt zu haben, froh gewesen zu sein, nicht immer nur an sich gedacht zu haben. . . . Oh Franco, Franco, Junge! Und dann? Und dann *laß uns nicht so viel von uns sprechen*. Haben wir heute nicht eine vorbestimmte Aufgabe? Aus welchem Grund sind wir Kommunisten geworden? Laß uns unsere Seelenkraft auf die Zukunft richten, auf die, die nach uns leben und auch durch uns glücklicher als wir sein werden. Laß uns arbeiten, Franco, arbeiten, nur so werden wir *atmen*. Und laß uns freudig die Schwierigkeiten, auch die Bedrängnisse akzeptieren und stolz darauf sein, es handelt sich nicht mehr um unser Schicksal als Dichter nur, sondern auch um das so vieler Genossen, mit denen wir das gegenseitige Beispiel gemeinsam haben. *Uns töten*? Jetzt? Jetzt steht uns nicht mehr frei, es zu tun, diese einzige Freiheit fehlt uns und das bedeutet *gut lieben*. . . . Um dieser Liebe willen müssen wir *in Frieden* leben. . . . Vereint, uns nah oder fern, ohne zu streiten, ohne uns zu verletzen, *leben, schaffen*, uns helfend und *uns zulächelnd*, ja.

12. August, abends

Wenn ich mir nur heute keinen Sonnenstich geholt habe, als ich um 4 (Sommerzeit 3) ohne Hut oder irgendeinen anderen Schutz gegen die wilden, sengenden Himmelstrahlen zur Telefonzentrale gegangen bin, um mit Franco zu telefonieren, der heute morgen in Rom eingetroffen ist, und ihm zu sagen, welchen Zug er am besten morgen abend nehmen soll, um mir nachzukommen. Es war eine große Dummheit. Wieder hier im Zimmer habe ich mir viele kalte Umschläge auf die Stirn gelegt, jetzt fühle ich mich wohler, hoffentlich kann ich heute nacht ruhen und bin an meinem Geburtstag nicht unpäßlich. Hoffentlich kommt Franco auch gut an, er sagte mir am Telefon, die Reise im Zug von Fermo sei zermürbend gewesen.

13. August, 22 Uhr

Enttäuschung, Melancholie. Franco ist nicht gekommen, ich hatte eineinhalb Stunden am Bahnhof auf ihn gewartet, die Fahrpläne haben sich geändert, vielleicht hat er den Zug verpaßt, wer weiß. Vielleicht ist er im Gedanken an meine abendliche Einsamkeit auch traurig. Umsonst erleuchtet der Vollmond das Meer. Und morgen früh wird mir beim Erwachen niemand etwas wünschen. Siebzigster Geburtstag. . . .

14. August

Die Nacht war schlaflos. Heute morgen um 9 Uhr war ich wieder am Bahnhof, aber Franco ist nicht gekommen. Zutiefst besorgt. Bin zum Telegrafenamt gelaufen, nichts. Auf dem Telefonamt konnte ich nach 2 Stunden angstvollen Wartens mit Rom sprechen. In der Dachwohnung antwortete niemand, so habe ich die Nummer der Nachbarin Bonino verlangt, die mir sagte, sie habe heute morgen Leute in meiner Wohnung gehört, ich solle also beruhigt sein, es sei sicher nichts Schlimmes passiert und sie werde Franco einen Zettel hinlegen, auf dem sie ihm meine Besorgnis mitteilt und sagt, daß ich ihn heute abend erwarte. Heute abend.

nachmittag

Ich kann nicht schlafen. Ich denke zurück an all meine anderen Geburtstage, seit ich Franco kenne. An den ersten, dort oben auf dem Colle Isarco, wo wir ankamen, nachdem wir einen wundervollen Monat in Villa Tragara verbracht und einige Tage in Sorrent und Neapel gewesen waren (Franco war vorher noch nie in dieser Gegend gewesen, hatte ihre einzigartige Schönheit entdeckt). Auf dem Colle Isarco bestellte er bei einem Blumenhändler in Vipiteno einen Strauß Rosen, um mich damit zu überraschen und war sehr in Sorge, weil die Blumen so lange nicht kamen. Im nächsten Jahr waren wir auf Ischia, in Lacco Ameno. Vollkommen glücklich. 1938 in Venedig, wo ein Sturm uns übel zugerichtet hatte, versuchten wir, die Gnade wiederzufinden, die uns jedoch erst ein Jahr später in Sorrent erneut einhüllte: dort tranken wir am Abend des

14. eisgekühlten Weißwein auf der Terrasse des Hotel Tramontano. Am Morgen war ich in die smaragdgrünen Wasser der „Bäder der Königin Giovanna“ eingetaucht, war geschwommen, Franco spendete mir selig Beifall; es war das letzte Mal, daß meine Glieder die Liebkosung des Meeres erfuhren. Von Sorrent fuhren wir weiter nach Positano, und am 1. September wurde der Krieg zwischen Deutschland und Polen erklärt, angstvoll fuhren wir ab. Im August 1940 war auch Italien in den Konflikt eingetreten. Trotzdem konnten wir uns – Franco war noch nicht Soldat – bis hinauf nach Tremosine begeben. Wie sanft war jenes weite Grün! Dann am 14. September in Gardone. 1941 war ich Franco nach Sardinien nachgefahren, wir waren in Cagliari. 1942 in Teramo, und Franco war so niedergeschlagen! 1943, 1944 und letztes Jahr in Rom. . . .
Für heute, für heute hatte ich mir einen Tag erträumt, der all die Qualen der letzten Jahre wieder gutmachen sollte. . . .

16. August, morgens

Am Abend meines „Festtags“ kam Franco an, es war ihm am Vorabend schlecht gegangen, aber hier wurde er gleich wieder munterer, wir gingen den Vollmond betrachten auf der Terrasse von Boni, der mir zu Ehren eine staubige Flasche Asti Spumante entkorkte. Gestern ruhiger Himmelfahrtstag, ausgezeichnete Fischsuppe und exquisite Languste und große Diskussionen zwischen uns um das Zeitschriftenprojekt. Heute droht Regen. Wenn es wirklich regnen wird, was sollen wir dann bloß in diesem Zimmer tun, wo an beiden Fenstern die Scheiben fehlen? Ich werde Mirellas Mann schreiben, daß er den Wächter zu dieser Ausgabe veranlassen soll. . . . Inzwischen lese ich die ganze Artikelserie, die Franco vorbereitet hat, Erinnerungen an literarische Begegnungen in leicht scherzhaftem Ton; und die von ihm während der Wahlzeit in Fermo gehaltene Rede zum Gedächtnis Gramscis, ausgezeichnet.

26. August

Letzte Woche habe ich eine äußerst mühsame Reise von hier nach Rom und zurück unternommen, um die Nudelrationen

abzuholen und Öl zu kaufen, das es hier nirgends gibt. 580 Lire der Liter. Die Tausenderscheine schwinden dahin, während die Artikel für die „Unità" hingegen nicht erscheinen. Ich bin sehr in Sorge, nehme aber weiterhin allen Mut zusammen. Ich habe einen von Francos Artikeln zum „Messaggero" gebracht, hoffentlich publizieren sie ihn. Er hat inzwischen angefangen, die *Hymnen* zu schreiben, von denen er mir schon aus Sardinien geschrieben hatte. Er hat mir vorgestern den ersten Entwurf der ersten vorgelesen, er zeugt wirklich von großer Inspiration und großer Reinheit; ich bin glücklich, daß er die Stimmung der *Poemetti* wiedergefunden hat, d.h. klarer und stärker. Und ich bin glücklich, daß er in der Dichtung erneut ganz sich selbst und die Heiterkeit der Seele finden kann. . . .
Abends gehen wir am Meer spazieren, außerhalb des Dorfes, oder wir gehen zum guten Boni.
Da ich für anderes noch keine Kraft habe, überarbeite ich gerade ein Exemplar von *Amo dunque sono* für die Neuauflage, die Mondadori herausbringen will. Merkwürdiges Gefühl.

28. August

Auch Franco liest *Amo dunque sono*. Dick streicht er die Teile durch, die er „unwürdig" oder zu „lächerlich" findet. Ich sage nicht, er habe Unrecht, aber seine Kritik deprimiert mich, wirft mich zurück auf meine alte Angst, umsonst gelebt zu haben, keinerlei Zeichen zu hinterlassen. . . .

Rom, 3. September, abends

Vorgestern bei Einbruch der Dämmerung sind Franco und ich in dem schönen Auto mitgefahren, mit dem ein Freund Bonis, der Rechtsanwalt Giaquinto, hierher zurückfuhr, und die Fahrt verging im Fluge, während das 1. Viertel des Mondes am perlschwarzen Himmel erstrahlte. Nicht so angenehm muß die Reise gewesen sein, die Franco heute in einem ziemlich heruntergekommenen und übervollen Autobus gemacht hat, um nach Santa Marinella zurückzukehren. Ich werde wegen des

Kongresses der UDI*, der Freitag beginnt (heute ist erst Dienstag), noch 5 Tage in Rom bleiben müssen. . . .

5. September, nachmittags

Heute morgen, unterwegs, mir eine Handvoll Gemüse zu kaufen, um mir einen Teller Suppe zu kochen (gestern hat mir meine Schwester Cora etwas Reis geschenkt). habe ich mich ein wenig mit dem Schreiner unterhalten, der hier unten seine Werkstatt hat und jedesmal sehr stolz ist, mich „Genossin" zu nennen. Die Zeiten sind auch für ihn hart, der in der ganzen Via Margutta für seine Ausdauer bei der Arbeit bekannt ist. Aber wenn er vom Kommunismus spricht, entzündet er sich und vergißt das eigene Elend. Er hätte gern, daß ich in der „Unità" „für die Frauen" schreibe (die, sagt er, auf eine Frau eher hören) und ihnen zurede, keine Angst zu haben und den Verleumdungen, die die Gegner verbreiten, um sie zu erschrekken, keinen Glauben zu schenken. Hätten alle Frauen der Genossen, Ehefrauen, Mütter, Schwestern und Töchter, uns im Juni gewählt, sagt er, so hätten wir 5 Millionen Stimmen und mehr gehabt, anstatt nur 4 Millionen. Leider stimmt das.

später

Unbarmherziger Schirokko. Einer der Tage, die Franco nicht ertragen kann. Hoffentlich ist das Wetter in Santa Marinella weniger drückend und er kann arbeiten. An seinen *Hymnen* oder den Artikeln, die zu schreiben er sich verpflichtet hat? . . .

Rom, 20. September, nachmittags

. . . *die Treppen der anderen hinauf- und hinuntergehen:* Das Zitat ist nicht eigenartig, sondern paßt genau auf den heutigen Tag, den Franco als „Pechtag" bezeichnen würde. Bei der Autorengesellschaft wiederholtes Rauf- und Runterlaufen und langes Warten im Stehen, um zu dem demütigenden Ergebnis zu kommen, daß ich nur 2.400 Lire erhalte anstatt der 6.000, mit denen ich gerechnet hatte. Dann beim „Messaggero" wie-

---

* UDI: Unione Donne Italiane; nationale italienische Frauenorganisation (A.d.Ü.)

der Treppen, um vom Kassierer zu hören, daß er keinerlei Anweisung erhalten hat, mir den Restbetrag für meine Mitarbeit im letzten März auszuzahlen: auch auf diesem Geld hatte ich meinen Haushaltsplan für die nächsten Tage aufgebaut. Oh weh! Mittags bin ich mit schmerzenden Füßen und recht deprimierter Stimmung hierher zurückgekehrt. Um das Maß vollzumachen, sagte mir der Verwalter der „Unità" am Telefon, er könne mich morgen früh nicht für die Mailänder „Unita" bezahlen, sondern höchstens für die römische Ausgabe (für den gestrigen Artikel).

Santa Marinella, 23. September, Montagmorgen

Franco ist um 7 nach Rom gefahren, um dem „Messaggero" einige seiner Artikel zu bringen, und dem Verlag Bussola seine mühselige Übersetzung des *Briefwechsels Claudel-Rivière* (die er nicht mit seinem Namen zeichnen wird). Als ich vorgestern abend zurückkam, habe ich ihn erneut in tiefster Depression und in Angst und Schrecken um sich und die Zukunft vorgefunden. . . . Umsonst habe ich gestern versucht, ihm Kraft zu geben. An einem gewissen Punkt hat er zugegeben, daß er sich „dissoziieren" müßte, d.h. dahin gelangen, sich auf eine Beschäftigung zu konzentieren, die ihn ganz von seinem eigenen *Ich* ablenkt. Er sagte auch, vielleicht könne, wenn das Zeitschriftenprojekt verwirklicht wird, das zumindest zeitweise eine heilsame Arbeit für ihn sein. Für mich ist es eine Qual, seine dauernden psychischen Rückfälle konstatieren zu müssen, diese sich wiederholende Verwirrung, trotz unbeschwerter Aufenthalte wie dem jetzigen, und obgleich Franco in den kurzen Phasen von Gesundheit immer bewunderswertere Dinge hervorbringt. . . .

26. September, nachmittags

Es scheint, als werde das Zeitschriftenprojekt scheitern, jedenfalls sagt Franco das zu mir, der mit Sapegno und Debenedetti, die beide entschlossen sind, nicht mitzumachen, darüber gesprochen hat. Noch warten wir auf die Antwort des Verlegers Sansoni. Aber Franco wiederholt zur Genüge, daß das Vorhaben weit über meine Kräfte geht, selbst wenn das Wunder geschehen sollte, daß wir das nötige große Geld auftreiben können. Und dann? . . .

29. Oktober, abends

Keine freie Minute, um hier eine Zeile anzufügen, in diesen Tagen, in denen ich mich zur Ruhe zwingen muß, um Francos Unruhe einzudämmen, der sich einer Spritzenkur unterzieht und noch immer auf seinen Ruf nach Sardinien wartet. Heute hat ihm sein Vater geschrieben und eine Summe beigelegt, die er für die Reise brauchen wird: „Wenn Du nur" – schrieb er – „schleunigst und ohne weitere Gesellschaft diese Via Margutta verläßt". Freundlicher Dank für die 10 Jahre, die ich seinem Sohn gewidmet habe. Aber ich will ruhig bleiben, wiederhole ich mir, zumindest bis Franco abgefahren ist.
Nichts Definitives für meine Arbeit, d.h. für eine irgendwie geartete Ordnung meiner Verhältnisse. Ich lebe von geliehenem Geld bzw. von Vorschüssen. Mondadori war in Rom, aber es ist mir nicht einmal gelungen, mit ihm zu telefonieren.

3. November, abends

Heute vor 40 Jahren erblickte *Una Donna* das Licht der Welt. Kein Fest, denn Franco geht es immer noch schlecht und er fühlt sich nicht danach, mir wenigstens eine Blume oder ein Lächeln zu schenken. Aus Sardinien kam telegrafisch ein negativer Bescheid, in dem er aufgefordert wird, die Stelle in Civitaveccia anzunehmen, die ihm vor einer Woche angeboten wurde. Schade, vielleicht hätte Sardinien seinem Geist gutgetan. Oder soll man den Ruf in ein Dorf, das Rom so nahe ist, als Vorsehung betrachten?
Mittwoch wird sich Franco zur Erkundung in die zerbombte Stadt begeben.
Morgen abend nun werde ich hier unter dem Vorwand, die Veröffentlichung meines ersten Buches zu feiern, eine Art Empfang geben, aber in Wirklichkeit soll dabei Gualino mit dem Genossen Ambrogio Donini zusammentreffen, der ihm vorschlagen wird, eine unabhängige Abendzeitung zu finan-

zieren, wo ich dann Redakteurin für das Feuilleton sein würde. . . .
Traurig, traurig. . . .

7. November, abends

„Erinnere Dich, daß ich in Zukunft jedesmal, wenn Du meinen Namen auf diesen Seiten wiederholst, einen Stich ins Herz und *mich unwohl fühlen werde. Denk daran.*

Franco

18. November, abends

Erst jetzt schlage ich das Heft wieder auf und finde obige Zeilen. Gut, ich werde Franco nicht mehr erwähnen, bis er seine Aufforderung zurücknimmt. . . . Hoffen wir nur, daß er heute in Santa Marinella, wo er sich aufhält (in dem Haus, das uns diesen Sommer beherbergt hat und das Mirella Gualino ihm freundlicherweise wieder zur Verfügung stellt, damit er die 3.000 Lire Miete für ein häßliches Zimmer im trostlosen Civitaveccia sparen kann), hoffen wir, sagte ich, daß er keinen „Stich ins Herz" verspürt hat, weil ich hier noch einmal seiner gedacht habe. . . .
Gestern abend habe ich in der Sendereihe „Schriftsteller am Mikrophon" im Radio gesprochen; ich habe meinen 10 Minuten den Titel gegeben: *Auch Dichter können manchmal hungrig sein*. Aus einigen Telefongesprächen heute morgen habe ich entnommen, daß die Dinge, die ich gesagt habe, die Zuhörer gerührt haben. Auch meine Stimme hat den üblichen Erfolg gezeitigt, obwohl ich mich sehr müde und rheumatisch fühlte nach so vielen Tagen strömenden Regens, die die Temperatur in meiner Dachstube etwa auf die in einem tiefen Brunnen reduziert haben.
Zwischen einer derartigen „Vergnügung" und der nächsten, die ich annehme, um mich etwas zu zerstreuen und auch, weil sie umsonst sind, habe ich mit der Unterstützungskasse für Schriftsteller ein Darlehen vereinbart: 20.000 Lire, rückzahlbar in monatlichen Raten von 3.000 Lire, die letzte, in 3 Monaten, von 5.000. Hoffentlich kann ich die Verpflichtung

einhalten und muß nicht die Wechsel zu Protest gehen lassen, für die mir der gute Giacomino Debenedetti vertrauensvoll seine Bürgschaft gegeben hat. Nun ist schon fast die Hälfte des Geldes durch Zurückzahlen von Schulden draufgegangen. . . .

Für den 29. d.M. den Schlafwagen nach San Remo gebucht. Diese Ausgabe wird mir dann vom Komitee von San Remo zurückerstattet, das mich eingeladen hat, am Abend des 2. Dezember eine Konferenz abzuhalten. Ich werde denselben Vortrag halten, den ich vor wohl 10 Jahren im März in Athen gelesen und dann vor Kriegsausbruch in Neapel wiederholt habe: *Weibliche Spiritualität*. Sehr wenig geeignet für das Spielerpublikum im Casino von San Remo, aber ich habe wirklich nicht das Herz, um einen neuen über ein „lebendiges" Thema zu schreiben, wie es die Organisatoren gerne hätten.

23. November, abends

. . . Man hat mir eine spektakuläre Summe geboten, eine *halbe Million*, wenn ich meine arme Dachstube zur Miete freigebe. Im Augenblick scheint die Summe verlockend, vor allem angesichts meiner äußersten Armut. Aber, aber wohin sollte ich mich dann flüchten? In Rom oder anderswo eine Wohnung zu finden ist fast unmöglich, außer man gibt Unsummen aus für ein banales Mini-Appartement, wo ich meine Jahre noch trauriger beschließen würde. Hier herrscht, trotz der Kälte und der Feuchtigkeit und all den anderen Unannehmlichkeiten, die Atmosphäre, die ich in diesen 20 Jahren geschaffen habe, hier ist die ganze Energie konzentiert, die ich zu Hilfe rufen mußte, jeder Balken, jeder Ziegel, jede von der Zeit hinterlassene Spur ist von meinem Geist durchdrungen. . . . Meine Einsamkeit ist hier nie total, sie ist reich, tief, hat unendliche musikalische Resonanzen. . . . Diese Dachstube ist wie ein Buch von mir, wie eine Reihe Gedichte. . . . Nein, ich glaube nicht, daß ich die Kraft hätte, sie zu verlassen, ich glaube nicht, daß ich an einem mittelmäßigeren, wenn auch bequemeren Ort die innere Hilfe finden könnte, die ich hier finde. . . .

San Remo, 1. Dezember, Sonntagnachmittag

Gestern abend nach 22 Stunden Fahrt hier angekommen, 10 davon im Schlafwagen (den das Casino bezahlt, dessen Gast ich hier 4 Tage lang bin, untergebracht in der kleinen Pension Minerva, für 1.000 Lire pro Tag). Nach soviel schlechtem Wetter steht jetzt die Sonne am wolkenlosen Himmel. Während der ganzen Fahrt das tragische Schauspiel der Ruinen. Ich versuche, mich auszuruhen, damit ich morgen abend in der einen Stunde, während der ich meinen Vortrag lese, nicht zu heiser bin.

2. Dezember, morgens

Komme von einem einsamen Spaziergang auf dem Corso degli Inglesi, wo ich umsonst versucht habe, die Villa herauszufinden, die mein Vater während des ersten Krieges bewohnt hatte. Ich war in den ersten Tagen des Jahres 1915 bei ihm zu Gast gewesen, es war kalt damals, schneite sogar eine Nacht, doch als die Sonne wieder hervorkam, war das große Stück Land, auf dem Papa Blumen züchtete (das ist mir in Erinnerung geblieben), bezaubernd. Es war das letzte Mal, daß ich ihn sah, meinen Vater. Ich habe diese Tage im *Frustino* beschrieben, den Ort der Handlung jedoch von San Remo nach Capri verlegt, ebenso wie ich im selben Buch meine Begegnung und blitzartige Liebe mit Boine, der im Buch Nino Vergili heißt, in Amalfi anstatt in Porto Maurizio habe stattfinden lassen. Fast 32 Jahre ist das her.

Auf der Straße sehe ich hier viele Gesichter, die mich an das von Boine erinnern, ausgemergelte, grob geschnittene Gesichter, etwas verloren blickende Augen. . . . Ligurien, wirklich merkwürdiges Land!

3. Dezember, morgens

Die Sonne versteckt sich, der Himmel ist dunkel. Aber zumindest (wieso benutze ich zum ersten Mal dieses Wort aus der „Vulgär"sprache?) schreckt es mich nicht mehr, daß sich das schlechte Wetter auf meine Stimme auswirken könnte! Der Vortrag war gestern Abend, in dem wunderschönen kleinen

Theater des Casinos, vor etwa 500 Personen, die in religiösem Schweigen und, wie es schien, sehr aufmerksam zugehört haben. Großer Beifall und hinterher viele Komplimente. Ich las vor einem Mikrophon, das meine Stimme auch für mein eigenes Ohr verstärkte, was mir ein ziemlich angenehmes Gefühl und eine Art Mut gab, obwohl ich zwischendurch dachte, daß meine Rede den meisten Hörern vollkommen anachronistisch vorkommen müsse: Besonders den etwa 40 „Genossen", die, im Saal verteilt, nicht nur aus brüderlicher Pflicht gekommen waren, sondern um mich zu verteidigen, falls es zu dem von den „Qualunquisten" angedrohten Angriff auf meine moralische Persönlichkeit kommen sollte. . . . Doch zur allgemeinen Erleichterung ist nichts passiert. . . . Heute ist mein letzter Tag hier. Abends werde ich endlich auf einen Sprung in die Spielsäle des Casinos gehen und einen Tausenderschein riskieren.

Rom, 11. Dezember, abends

Der Tausenderschein wurde geschluckt, bzw. unbarmherzig vom *Croupier* zusammengerecht. *Mectoub*. Am nächsten Morgen fuhr ich ab, von Laurano und seinem sehr jungen – und sehr schönen – Freund am Bahnhof verabschiedet. Der Freund, Sergio Ferrero, war mir am Tag zuvor vorgestellt worden, hatte mir einige vielversprechende Gedichte zu lesen gegeben und mir durch die Feinheit und Schärfe seines Urteils über Bücher und Personen einen sehr sympathischen Eindruck gemacht.

Abends kam ich in Mailand an, es war neblig, ich sah die Stadt erst am nächsten Morgen, mit ihren Ruinen und ihrem unerschöpflichen Lebens- und Arbeitswillen. An jeder Ecke Erinnerungen an ferne und nahe Zeiten, von der Kindheit bis vor 4 Jahren. Liebes Mailand. . . .

Als ich am nächsten Morgen hier in die Dachstube kam, war es, als betrete ich einen Keller, so feucht, ja sogar muffig war es. 3 Tage lang hatte ich entsetzliche Schmerzen in den Knochen. Heute morgen ist endlich ein Maurer, ein Genosse, gekommen, hat die Ofenrohre ausgewechselt und angebracht und mittags konnte Franco, der für ein paar Stunden hier war, meinen „Feuersalamander" anzünden, und kurz darauf wurde das ganze Zimmer endlich, endlich warm.

14. Dezember, morgens

Gestern habe ich mir noch einmal schier das Rückgrat gebrochen, um den Fußboden zu kehren und zu scheuern, die zerlumpten Teppiche zu klopfen etc. etc. Keiner will alle 14 Tage diese Arbeit tun, für 60 Lire in der Stunde, soviel wie ein Englischlehrer bekommt. Heute kann ich mich kaum auf den Beinen halten. Aber ich muß das Haus verlassen, um den ersten Wechsel des mir von der Unterstützungskasse für Schriftsteller gegebenen Darlehens zu bezahlen. Dann werde ich bei Signorelli zuhause essen und mich wieder ein wenig stärken. Weitere Einladungen zum Essen habe ich für die folgenden Tage. Anscheinend hat meine kurze Rede im Radio, die dann mit geringfügigen Veränderungen und Auslassungen von der „Unità" gedruckt worden war, die Herzen der Bourgeois gerührt. . . .

Weihnachtsvorabend

Allein, doch der Ofen brennt. Keine Blume, kein grüner Zweig, kein Besuch heute. Ich habe jedoch um 2 Uhr mit Alba und ihrem Mann in einer Trattoria im Zentrum zu Mittag gegessen. Alba, sehr liebevoll, hat mir ein Paar Wollhandschuhe geschenkt, die ich nötigst brauchte und mir nicht kaufen konnte. Andere Geschenke habe ich nicht erhalten, wenn ich das Sieneser Marzipan ausnehme, das Franco mir vor ein paar Tagen brachte, Franco, der wenige Stunden darauf wieder nach Fermo gefahren ist, wo er auf Wunsch seiner Angehörigen Weihnachten mit ihnen verbringen soll. Am 27. wird er von dort nach Bardonecchia weiterfahren, wo er mit einer Schülermannschaft und einer Gruppe Kollegen 14 Tage auf den Skipisten verbringen wird. Ich hoffe, daß ihm die Veränderung guttut, gesundheitlich ist er noch schwach, während seine Stimmung angeblich besser ist: Sein neues Lehrertum begeistert ihn, die Schüler beten ihn an, sagt er. Er hat sie *Si alla Terra* und einige Gedichte von Ungaretti lernen lassen.

Es scheint, als seien die Kinder für Dichtung sehr empfänglich.
Vorgestern abend konnte ich endlich ein Artikelchen für die „Unità" schreiben, nachdem es mir wohl einen Monat nicht gelungen war, ein Wort zu Papier zu bringen. Franco hat es sehr gut gefunden, ich wünschte, die Genossen, die Redakteure der Zeitung und die Leser, wären derselben Ansicht. Aber wer weiß.
Heute abend habe ich das gesamte Tagebuch des vergangenen Jahres, nicht des jetzt auslaufenden sondern des Jahres 1945, wiedergelesen. Im Geist meinen damaligen Stimmungszustand mit dem jetzigen verglichen.

27. Dezember, 16.30 Uhr

... Der willkommenste – und unerwartetste – Glückwunsch war eine Karte von Palmiro Togliatti, die ich heute morgen beim Heimkommen vorfand: „Ich wünsche alles Gute". Ich kannte seine Schrift nicht, sie ist ihm ähnlich.

29. Dezember 18 Uhr, Sonntag

Den ganzen Tag zu Hause, außer 10 Minuten heute morgen, um die „Unità" zu kaufen, die meinen letzten Sonntag geschriebenen kleinen Artikel enthielt, aber um ein Drittel verstümmelt, was mich ziemlich aufgebracht hat. Jetzt müßte ich meinen Diskurs da, wo sie ihn mir unterbrochen haben, wieder aufnehmen und noch einen Artikel daraus machen. Aber ich habe nicht genug Kraft dazu. ...
Die Kälte hält an. Ob Franco aus Fermo abgefahren ist, ob er heute auf den Skipisten von Bardonecchia ist?
Noch 2 Weihnachtsgeschenke bekommen: 2 Flaschen edlen Weins (habe sie nicht aufgemacht) von Angelo Signorelli, und ein Päckchen Tee, um das ein Tausend-Lire-Schein gewickelt war, von Maria Lloyd, die ich in ihrer Jugend kennengelernt hatte und die mir jetzt nach über 30 Jahren schreibt: „Ich bitte Dich, es zusammen mit dem Ausdruck meiner Sympathie anzunehmen, der damaligen, dünn wie ein Hauch – der jetzigen, tieferen und verständnisvolleren. Ich denke an Dich wie an Erde, in die man einen Samen fallen lassen kann und auch

wie an einen Baum, von dem man eine Blüte pflücken kann."
Doch heute abend bin ich traurig. Wenn ich eine Rose vor mir hätte, könnte ich vielleicht daraus Trost schöpfen. Aber sie kosten 300 Lire pro Stück, wie kann man eine solche Verrücktheit begehen? Umso mehr, als ich eine finanzielle Jahresbilanz gezogen habe und nicht weiß, wie ich die des neuen Jahres angehen soll.

1947

Rom, 19. Januar, Sonntagnachmittag

An Franco gedacht. Wenn auch er heiraten, Kinder haben, mit der Armut kämpfen sollte? . . .
Am Telefon von einer seiner Kolleginnen gehört, daß dieser Tage seine Mutter bei ihm ist. Ob sie ihm wenigstens ein paar Vorräte mitgebracht hat? Sie wird stolz sein, daß ihr Sohn endlich *Professor* ist! . . .

25. Januar, abends

Eisige Kälte, seit 3 Tagen. Trotzdem der Ofen geheizt ist, großes Unwohlsein, das ich ertrage und dabei aufstehe (wer sollte mich pflegen, wenn ich im Bett bliebe?). Franco, der mich kürzlich morgens anrief und fragte, wie es mir gehe, habe ich geantwortet: „Gut". Er hingegen sagte mir, daß es ihm weiter schlecht gehe. Vielleicht kommt er am Mittwoch. Hoffentlich hält diese neue Kältewelle nicht lange an. Das Licht ist abends schwach, wenn es nicht ganz ausfällt.

1. Februar, abends

Mein Herz ist also nicht ganz erkaltet, wenn es sich heute Nacht in langem Weinen lösen konnte, nachdem das wohl ein Jahr nicht mehr vorgekommen war?
Ein Jahr, in dem ich mein Leiden zurückhielt, mit zusammengebissenen Zähnen und geballten Fäusten.
Heute fühlte ich mich etwas erleichtert.

Aber niemand war heute Nacht da, an dessen Schulter ich mein Schluchzen hätte beruhigen können.
„Meine Tränen, von niemand getrocknet. . . .“
Wann war es, daß ich diesen Vers schrieb? Ich entsinne mich nicht mehr.

4. Februar, abends

Seit gestern regnet es verzweifelt. Ich bin den ganzen Tag nicht aus dem Haus gegangen, verbrauche die Dosenvorräte, aber die Zigaretten fehlen mir, in den letzten Wochen habe ich mir, den Ausweis benutzend, den mir Franco vor Weihnachten dagelassen hat, das Rauchen stärker angewöhnt. Ich habe von einer seiner Kolleginnen erfahren, daß er glaubt, ich habe ihm die Ration aufgehoben, oh weh. Was wird er sagen, wenn er herkommt? Freitag oder Samstag, nach dem, was er mir gestern am Telefon sagte? Ich muß mir das Rauchen abgewöhnen, aber es wird hart werden, vor allem an den langen einsamen Abenden ist es eine große Hilfe. . . .
Ich bin heute mit der Zusammenstellung des Gedichtbands fertig geworden. Es sind 221 Blätter, teils maschinegeschrieben, teils aus anderen Bänden ausgeschnitten, teils handgeschrieben. Und 193 Stücke, die chronologisch in 5 Gruppen unterteilt sind: *Momente: 1912-1920, Gedichte: 1921-27, Fragmente: verschiedene Epochen, Ja zur Erde: 1928-1934*, und die letzte, von der ich noch nicht weiß, ob ich sie *Am Rande des Abgrunds* oder *Höhepunkt des Lebens: 1936-42* nennen soll.
Während ich vor Wochen bei der ersten Durchsicht von der Sammlung in ihrer Gesamtheit sehr befriedigt war (mir ist, als hätte ich es hier im Tagebuch vermerkt), hatte ich heute nach vollendeter Mühe ein tiefes Gefühl der Unzufriedenheit, fast der Demütigung. . . . Ich schreibe diesen Eindruck der Tatsache zu, daß ich mir überlegt habe, daß in der Sammlung Liebe als Thema absolut überwiegt, *Hunger nach Liebe* würde Meister Petrarca sagen, während der ganzen 30 Jahre meines Gesangs, und daß ich mich nicht ohne ein Spur Bestürzung gefragt habe, welche Wirkung die Veröffentlichung wohl bei meinen kommunistischen Genossen zeitigen wird, die darin fast gar

keine soziale Andeutung finden werden, da ich meine Sorgen und Betrachtungen humanitärer Natur etc. immer für die Prosa aufgespart habe. Wenn einige derer, die mir in den letzten Monaten schreiben und meine Artikel in der „Unità" verfolgen (auch der von vorgestern hat große Beachtung gefunden und sogar Franco fand ihn „ganz rührend"!) dieses Buch mit *all* meinen Gedichten aufschlagen, werden sie dann nicht enttäuscht oder zumindest fassungslos sein? Was tun? Soll ich diese neuen Leser vorwarnen, indem ich der Sammlung z.B. den Titel gebe: *Pellegrina d'amore** und darunter *Poesie: 1912-1942?* Am Samstag werde ich Franco nach seiner Meinung fragen, vorausgesetzt daß er noch Lust hat, sich um das Geschick meines Werkes zu kümmern. . . . Der Titel könnte auch lauten: *Parabola d'amore e di poesia*** (ebenfalls mit den beiden Jahreszahlen im Untertitel).

23. Februar, Sonntagnachmittag

Vorgestern abend kam Franco, der dann gestern wieder abgefahren ist. Sein Intimleben bereitet ihm, wie soll ich sagen, Kopfzerbrechen, und ich werde es hier nicht wiedergeben. Gesundheitlich geht es ihm ganz gut.

24. Februar, abends

Als Franco mit mir lebte, geschah es uns nicht gerade jeden Tag, aber doch oft, daß wir unsere Zeit, unsere Kuren, unsere Besorgnisse mit selbstlosen Diskussionen, wie soll ich sagen? „durchlüfteten". . . . Trauert er ihnen nach? Oder hat er sie ganz vergessen?

25. Februar, abends

Nach vielen Jahren lese ich langsam die *Fahrt zum Leuchtturm* von Virginia Woolf wieder. Ab und zu ein Satz zwischen der zermürbenden Anhäufung zu subtiler Beobachtun-

---

* Pilgerin der Liebe, Gedichte: 1912-1942
** Parabel von Dichtung und Liebe

gen, ein wunderbarer Satz wie dieser: „Die fatale Sterilität des Mannes“. . . .

28. Februar, nachmittags

. . . Alberto Mondadori schrieb mir, daß er die *Gedichte* erhalten, sie mit großer Freude und Rührung gelesen und sofort bei der Druckerei in Verona in Satz gegeben hat. Aber wegen des Mangels an Elektrizität arbeiten die Firmen dort oben schon seit Wochen nur 2 Tage pro Woche, so daß ungewiß ist, wann ich die ersten Druckfahnen bekommen kann, und wann das Buch fertiggestellt werden kann. . . .

1. März, morgens

Nicht einmal der März bringt die Sonne zurück. Ich war früh losgegangen in der Absicht, in die Badeabteilung der Klinik zu gehen und mich, nach ich weiß nicht mehr wie vielen Wochen, in eine Wanne mit warmen Wasser zu legen (mein Badeofen ist wegen Gasmangels unbenützbar, wie übrigens in den meisten römischen Häusern), aber die Luft war so schneidend kalt, daß ich darauf verzichtet habe und wieder heimgegangen bin, nachdem ich 100 Gramm Ricotta-Käse gekauft habe, der mit einem letzten Nudelrest mein Mittagessen bilden wird (Fleisch esse ich, wenn ich eingeladen werde).

Sprach Giacomino gestern nicht von „kosmischer Kraft“? Doch diese endlose Reihe von Entbehrungen und sinnlosen Mühen ist wohl dabei, glaube ich, sie langsam aber sicher zu zersetzen, diese mythische Kraft!

Als ich gestern abend im Schrank zwischen den Papierbündeln herumstöberte, um eine bestimmte Handschrift zu suchen, habe ich ein Bündel alter Briefe hervorgezogen und so, auf dem Diwan ausgestreckt, wahllos zu lesen begonnen. . . . Einige waren alt, andere uralt. Gewisse von ganz vergessenen Personen unterzeichnet, gewisse von im Herzen lebendigen, wenn auch seit Jahrzehnten nicht mehr gesehenen Freunden. Und ich dachte mit Bestürzung, daß hier in der Dachstube *2 Koffer* voll mit ähnlichen Bündeln stehen. . . . Werde ich je den Mut aufbringen, und wird mir die Zeit bleiben, sie durchzusehen? Oder

ist es Schicksal, daß sie allesamt nach meinem Tod zerstört werden, da sicherlich niemand, bei Franco angefangen, genug Kraft, Geduld und Liebe haben wird, sich an ein solches Unterfangen zu wagen?
Diese rührende und zugleich kindische Sehnsucht, etwas von dem, was Leben war, ein Echo, ein paar Worte vor dem Abgrund, vor dem *Nichts* zu retten. Wenn nicht für Jahrhunderte, so doch für einige Jahrzehnte zu retten. Kindisch, aber gewiß auch rührend.

4. März

Gestern im Bus haben sie mir die Brieftasche mit 900 Lire und den Ausweisen (von Partei und Gewerkschaft) gestohlen. Wenig Aussicht, wenigstens letztere zurückzubekommen.

5. März

Ich hatte Cesarina Gualino angerufen wegen einer Angelegenheit, die mich nicht betrifft und ihr dann ohne jeden *arrière pensée* von dem Diebstahl erzählt, dem ich zum Opfer gefallen war. Eine halbe Stunde später kam ihr Chauffeur hier mit einem Päckchen an, das eine neue Brieftasche enthielt, und einem Kärtchen: „hier die wiedergefundene Brieftasche". Innen drin 1000 Lire. So habe ich 100 Lire gewonnen und darüber hinaus die Hoffnung, daß die verlorenen einem wirklich Bedürftigen in die Hände gefallen sind. . . .

22. März

Gestern war Franco hier und hat mir seine Verlobung mit einer Lehrerkollegin angekündigt. . . .

13. April, Sonntagabend

Heute morgen im Badezimmer von Elsa De Giorgi habe ich im vollen Licht mein erbarmungswürdiges Äußeres im Spiegel gesehen, mein nunmehr fast erdfarbenes, mit Sommersprossen übersätes Gesicht. . . . Unendliche Demütigung. Mein Spiegel hier hatte mir noch nie so vollständig meinen körperlichen

Verfall enthüllt, Ergebnis dieses furchtbaren Winters und dieser letzten Einsamkeit, bar jeder persönlichen Hoffnung. . . .

19. April, morgens

Aufstellung des Verlegers Tumminelli über den Verkauf des *Tagebuches* bis zum 31. Dezember vergangenen Jahres: 430 Exemplare! 430 Exemplare im ganzen Erscheinungsjahr!!! Unerhört! Schlußfolgerung: Ich *schulde* Tumminelli 16.962 Lire!!

25. April, nachmittags

Fausta Cialente sagte mir bei ihrem lieben Besuch gestern Abend: „Weißt Du, Laura Levi und ich haben dort unten in Ägypten so viel von Dir gesprochen, so oft. Und Laura sagt immer wieder, daß wir Sibilla so lieb haben müssen, die für uns alle gesprochen und gelebt hat, die uns ein großes Vorbild war und ist mit ihrem Mut, ihrer Aufrichtigkeit, ihrer lebensnotwendigen Liebe. . . ."

Fausta hat mir auch gesagt: „Wie oft habe ich *Una Donna* wieder aufgeschlagen, wieviel verdanke ich Dir, Sibilla, dafür, daß ich von Dir gelernt habe, mir um den Preis jedweden Leidens meine materielle, geistige und gefühlsmäßige Unabhängigkeit zu erkämpfen. . . ."

Sie war nur 2 Tage in Rom, heute morgen ist sie wieder nach Mailand gefahren, sie weiß noch nicht, ob sie sich entscheiden soll, sich dort niederzulassen, oder ob sie hierher zurückkommt. Wenn sie hier wäre, würde sie mir ihrerseits Mut machen. . . .

Gestern Nachricht von Franco, aber nicht an mich (mir hat er nach der Ansichtskarte mit „Frohe Ostern" kein Wort mehr geschickt), sondern durch einen Brief an Alba De Cèspedes, von dem Alba mir am Telefon erzählte und den sie als „äußerst merkwürdig" bezeichnete, und wonach er anscheinend vage die Absicht hat, auszuwandern. . . . Und die Hochzeit, die er mir angekündigt hatte? . . .

1. Mai, nachmittags

Von 10 bis 1/2 12 Uhr war ich bei der Kundgebung auf der Piazza del Popolo, um mir, stehend, unter der glühenden Sonne, die verschiedenen Reden der Führer der Arbeiterkammer anzuhören. Zum Schluß war mir so schlecht, daß ich, mich kaum noch vorwärtsschleppend, befürchtete, ich würde das kurze Stück von dem Platz hierher nicht mehr schaffen. Ich hätte zur Eröffnung einer Ausstellung der UdSSR gehen sollen und habe schweren Herzens darauf verzichtet. Hier habe ich eine Handvoll Reis gekocht und etwas Fleisch aus der Dose gegessen. Erster Mai. Mein Tagebuch aus der selben Zeit des letzten Jahres wieder gelesen. Auch damals schrieb ich, ich sei erschöpft. Dieses *Durchhalten*, seit Jahren, seit Jahren. . . .

7. Mai, nachmittags

Ich schrieb gerade die (wörtliche) Übersetzung des wunderbaren Gedichts von Paul Eluard, *Dit de la force de l'amour*, ab, die ich gestern abend aufgesetzt hatte, als plötzlich Franco ankam, den ich seit 6 oder 7 Wochen nicht mehr gesehen hatte. Dicker geworden und keineswegs schöner. Er ist gekommen, um mit dem Mann von Alba, einem Funktionär im Außenministerium, zu sprechen, in der Hoffnung, dieser könne ihm behilflich sein, eine Lehrerstelle außerhalb Italiens zu finden (sehr schwierig). Er sagte mir, er sei immer fester entschlossen, diesen Sommer nach Schulschluß zu heiraten. Er glaubt, ein immer vergeblich gewünschtes Gleichgewicht erreicht zu haben, *zum Mann und zum normalen Mann* geworden zu sein. Nach einer Stunde ist er wieder abgefahren, hat mir die Stirn zum „Segens"kuß geboten und wiederholt, daß er von mir erwartet, in seiner neuen Form, die er für „richtig" hält, akzeptiert zu werden. Keinerlei Sorge um meinen Zustand.

Das Ungeheuerliche (und zugleich jämmerliche) ist das, was ich hier wie auf einen Grabstein niederschreibe: daß er weder versteht noch *fühlt*, was er verloren hat, als er die Liebe verlor, die ich über 10 Jahre in meinem Herzen für ihn genährt habe. . . .

23. Mai, 11 Uhr morgens

Zur Post gegangen, um ein Paket aus den USA abzuholen, das Elena De Laurentis vor 6 Wochen in Chicago an mich aufgegeben hatte. Mit dem großen, schweren Paket unterm Arm heimgegangen. Ich muß alles allein machen: so ist es weniger bourgeois! Es enthielt 2 Dosen gemahlenen Kaffee und Schokolade, dann eine Tube Gesichtscreme, Lippenstift, Nagellack und, was ich am rührendsten fand, mehrere Päckchen Faden und Nadelbriefchen. . . . Ich nähe so selten, daß sie mir bis zum Ende meines Lebens reichen werden, und sollte ich auch noch 20 Jahre leben!

31. Mai, Samstagnachmittag

Franco hat mir die Druckfahnen meiner Gedichte mit einigen ganz richtigen Bemerkungen und folgenden Worten zurückgeschickt: „. . . eine noch strengere Auswahl wäre günstig gewesen, aber man sieht, daß es Dich zuviel kostet, Dich einiger Dinge zu berauben, die an Deine intimen Erfahrungen gebunden sind. . . . Insgesamt jedoch hatte ich einen ausgezeichneten Eindruck, ein Gefühl großer Wärme. Hie und da Diamanten, und diese Dinge werden auch die Zeit überdauern. Glückwünsche! Hals- und Beinbruch! Der Titel *Selva d'amore** erscheint mir fabelhaft.“

11. Juni, abends

Den ganzen Nachmittag (also gut 4 Stunden) habe ich mit dem Einatmen des Staubes zugebracht, den eine kleine Frau aufgewirbelt hat, die nach wer weiß wie vielen Monaten endlich gekommen ist, um die Spinnweben zu entfernen, den Fußboden zu kehren und zu putzen, die Teppiche zu klopfen und so weiter. Ich habe der Frau für ihre Arbeit 300 Lire und ein Paar alte Schuhe gegeben. Jetzt ist die Dachstube blitzblank. Aber wie lange?

---

* Wald der Liebe

19. Juni, abends

Um 11 ist Franco gepäckbeladen hier angekommen, hat seinen Koffer, der 2 Jahre hier gestanden hat, mit allen Büchern und Manuskripten, die er bei mir deponiert hatte, vollgepackt, dann hat er (nach wievielen Monaten?) mit mir gegessen und ist schließlich zum Bahnhof gegangen, um den Zug nach Neapel zu nehmen, wo er bis Mitte Juli bei seiner Schwester zu Gast bleibt. Er hat mir gesagt, daß seine Verlobte am Bahnhof auf ihn warte, jedoch heute abend in die Basilicata zu irgendwelchen Verwandten weiterfahre. Er hat auch gesagt, daß er im September heiraten wird: „Weil ich ein Kind will", hat er erklärt. Merkwürdigerweise ist diese Lust auf ein Kind ihm jetzt gekommen, nachdem er vor 3 Monaten seine Verlobte hat abtreiben lassen, aus Angst vor dem Skandal und davor, daß der Verlobten ihre Stelle als Lehrerin gekündigt werde. Die Götter mögen ihm vergeben. Er ist sehr unbeschwert, obwohl er nicht weiß, wie er seine finanzielle Situation bewältigen soll und noch weniger, ob er für das nächste Schuljahr wieder einen Lehrauftrag bekommen kann. Er hat mich gebeten, Sapegna und andere zu veranlassen, sich beim Schulreferat für ihn einzusetzen. Er hat mich „feurig" gefunden. Wirklich habe ich die ganzen 4 Stunden, die er hier war, gelächelt, bewundernswert ruhig, habe ihm nicht einmal angedeutet, wie sehr ich seit Herbst gelitten habe. Heute *litt ich nicht*. In plötzlicher und unvorhergesehener Erleuchtung meines Geistes habe ich unendlich Vieles verstanden, Dinge, die nicht gerade die sind, die er sich vorstellt, doch derentwegen ich mich endlich frei fühle. . . .

22. Juni, Sonntagabend

Junge Mondsichel am hellen Himmel über dem Flug der Schwalben. Worum soll ich sie bitten? Darum, mich meine Arbeitskraft wiederfinden zu lassen? Aber hörte sie mich denn, in den vergangenen Jahren und Monaten, als ich sie anflehte, die Liebe möge mir erhalten bleiben? . . .

27. Juni, nachmittags

Ein Briefchen von Franco erhalten, wo er schreibt:

Der Donnerstag war sehr lieb, außer am Schluß, als wir uns verabschiedeten. Wenn Du in einem Augenblick, mit einem Blick oder einer Geste oder einem Wort, mir die ganze Kraft, die ich mühsam anhäufe, und die Unbeschwertheit nehmen oder zunichte machen mußt, wie es eben am Donnerstag am Schluß bei der Türe geschehen ist, dann ist nichts mehr möglich zwischen uns, auch kein Gedanke. Es war entsetzlich. Und ich *muß* mich meiner Gesundheit wegen verteidigen. Doch ich hoffe, Du tust das nicht mehr.

Er spielt an auf meine Bemerkung ihm gegenüber, daß ich ständig gegen die Versuchung ankämpfe, Selbstmord zu begehen. Dabei habe ich sogar gelächelt. . . . In seiner Gewissenlosigkeit ist sein Egoismus so groß, daß man ihn schließlich *unschuldig* findet! . . .

6. Juli, Sonntagmorgen

Um 2 Uhr nachts heimgekommen, war ich um 7 schon wieder wach. Jetzt mache ich mich lustlos fertig, um zur Sitzung des UDI-Kongresses zu gehen. . . .

(Gestern abend), kurz bevor ich aufbrach, nahm mich Alba De Cèspedes beiseite und sagte mir, sie habe eine Karte von Franco erhalten, der sie zu seiner Hochzeit im September eingeladen hat. . . . Alba war indigniert.

Auch auf dem Kongreß, als ich gerade gehen wollte, hat mich jemand, ein junger Mann, den ich gelegentlich bei der Gesellschaft für Beziehungen mit der UdSSR getroffen habe, nachdem er mir gesagt hat, er habe dieser Tage mit tiefer Bewunderung mein *Tagebuch* wieder durchgeblättert, gefragt: „Und Franco?“, er kennt ihn nicht, außer durch meine Tagebuchseiten, „Naja, er heiratet. . . .“, habe ich gemurmelt. Und der junge Mann, verstört, hat seinerseits geflüstert: „Oh, das tut mir leid. . . .“ und ist entschwunden.

Tja. . . .

14. August, morgens (Riccione)

Mein 71. Geburtstag.
Jetzt stehe ich auf und gehe einen Augenblick an den Strand, bevor es zu heiß wird und vor Menschen wimmelt. Allein. . . .

Venedig, 21. August, abends

Schon fast 48 Stunden bin ich hier, habe kaum die Zeit gefunden, ein paar Dankesbriefe zu schreiben. . . .
Seit gestern weht ein erschöpfender Schirokko, ich begreife, warum die Venezianer so viel Kaffee trinken. Meine Gastgeberin, Violet Fenton . . . ist eine ausgezeichnete Frau, in Amerika geboren, aber seit fast einem halben Jahrhundert Venezianerin, intelligent, lebhaft und sanft, noch immer sehr schön mit ihren weißen Haaren und ihrem feinen Lächeln. Und ihr Haus ähnelt ihr: es ist in allen Einzelheiten ein Kunstwerk, lauter mit sicherem Geschmack ausgewählte Dinge, von den Möbeln bis zu den Bildern und Drucken, ein kleines Museum, das dich nicht erdrückt, sondern sogar harmonisch einhüllt. Auch das kleine, mir reservierte Appartement ist vollkommen. Wenn nur dieser Schirokko nicht wäre. Gestern sind wir fast den ganzen Tag zusammen herumgelaufen, Violet und ich, so habe ich nach 9 Jahren Venedig unverändert mit seinem jeder Stunde eigenen Zauber wiedergefunden.
Heute abend bin ich erschöpft. Und morgen ist die Eröffnung des Theaterfestivals, und übermorgen des Filmfestivals. . . .

22. August, morgens

Das Zimmermädchen kommt herein, öffnet die Fensterläden, dann bringt sie mir das tischähnliche Tablett mit Tee und Marmelade, ich frühstücke gemächlich im Bett zwischen großen Kissen. . . . Wie lange ist mir das nicht mehr passiert? Und umgekehrt, wie lange war mir dieses Ritual alltägliche Gewohnheit? Während all der Jahre, die ich in Pensionen oder Hotels lebte, von 1910 bis Ende 1926, von der Zeit, als ich Cena verließ bis zu meinem Einzug in die Dachstube. . . . Während ich mit Cena lebte, und vorher mit meinem Mann und noch früher im Hause meines Vaters, stand ich immer auf und bereitete mir das Frühstück selbst. Wie in diesen letzten 20 Jahren in der Dachstube (die kurzen Reiseunterbrechungen ausgenommen). Aber als ich *sur la branche* war, wurde mir dieses morgendliche Mahl, ob in großen oder kleinen, armen oder luxuriösen Hotels, vom Piccadilly in London bis zum Häuschen in Corsica, immer ans Bett serviert, wo ich dann noch ein bis zwei Stunden schreiben oder lesen konnte. . . . Jetzt stört es mich etwas, dieses „bedient" werden. . . . Doch denke ich, daß es auch in der kommunistischen Gesellschaft so sein wird, daß man jeder Frau meines Alters gewährt, sich morgens von jungen Mädchen, jungen Genossinnen das Frühstück bringen zu lassen. . . . Was mir in der Via Margutta nicht vergönnt ist. . . . Dummes Gerede, hören wir auf damit. . . .

Salsomaggiore, 5. September, abends

Hier im Hotel ist das Personal zu 80 % kommunistisch, beim Direktor angefangen. Deshalb lächeln mir Portier, Liftboy, Zimmermädchen lebhaft in stiller Komplizenschaft zu. Was mich für den Anblick der Gäste entschädigt, lauter vermögende Bourgeoises, Geschäftsleute, Landbesitzer usw., kein einziges interessantes und gescheites Gesicht dabei. Ich glaube, ich werde kein Wort mit ihnen wechseln.

An meinem Tischchen in dem riesigen Speisesaal fallen mir, während ich das Kristallblumensystem der Kronleuchter betrachte, die vielen, vielen großen Hotels meiner Vergangenheit wieder ein, Rom, Neapel, Palermo, London, Paris, Athen, Sorrent, Venedig, San Remo, wieviele, wieviele, alle ziemlich ähnlich. . . .

Hier in Salso war ich zum ersten Mal vor 25 Jahren: Im Juni 1922, einige Monate nach Endimiones Tod. Daran dachte ich gestern in dem kleinen Zug, der mich von Fidenza hier herauf brachte.

Damals wohnte ich im Hotel Detraz. Heute bin ich im Porro. Andere Male war ich Gast im Grand Hôtel des Thermes, immer wurde mir eine Vorzugsbehandlung zuteil. Das Dorf ist fast unverändert. Nachmittags habe ich bei einem kurzen Rundgang die 3 Buchhändler besucht, keiner hat das *Tagebuch*, einer hat

versprochen, es kommen zu lassen, alle drei haben mich, kaum auf der Schwelle des Ladens erschienen, wiedererkannt, und sie müssen doch in all den Jahren (7 oder 8?), die ich nicht mehr hier war, eine Menge Leute gesehen haben. . . .
Ein Briefchen von Franco aus Fermo erhalten, von Rom nach Venedig und von Venedig hierher nachgeschickt. Er sagt, er sei in Neapel krank gewesen, fragt mich, wo ich sei, wobei er mich „liebe Herumtreiberin" nennt, um zu wissen, wo er mir einen „langen Brief" hinschicken soll. Aber der „lange Brief" wird mich den Briefen nachtrauern lassen, die er mir vor 11 Jahren, genau im September, nach unserem ersten Sommer, hierher schickte, und die ich mit Tränen unaussprechlicher Zärtlichkeit las. . . .
Und war es nicht auch in Salso, wo ich, noch 10 Jahre vorher, 1926, *Amo dunque sono* schrieb? Was empfinde ich heute für den Luciano dieses Buches? Und wie wird das Buch sein, das ich, wenn ich die Kraft aufbringe, noch schreiben werde, um den Zustand meiner Seele auszudrücken, jetzt, wo sie keiner Täuschung mehr erliegen kann?

10. September, nachmittags

Ein Brief von Franco aus Fermo, den sie mir übergeben haben, als ich gerade den „Zerstäuber"raum betreten wollte, ich habe ihn in der Atmosphäre dichten künstlichen Nebels gelesen, in vollkommener Abgeschiedenheit. Und da steht doch in dem Brief, nach einigen Sätzen, in denen er mich beglückwünscht, daß ich mich entschlossen habe, zur Kur hierher zu kommen:

Eine Todesnachricht. Vor etwa 10 Tagen ist Dein Mann gestorben. Ich habe es zufällig von einem Freund von Walter gehört, der mir auch gesagt hat, daß Dein Sohn in der Republikanischen Partei (am Ort) ein großes Tier ist. Entschuldige meine Oberflächlichkeit bei dieser Mitteilung. Doch ich denke, Du hättest keine andere Art akzeptiert. Jetzt wirst Du also Deinen Teil des Erbes erhalten, nicht wahr? Der oben erwähnte Freund sagte mir, Walter habe Dir die Todesanzeige geschickt. Hast Du sie bekommen? Er fragte mich, ob Du, wie immer, finanziell in Schwierigkeiten seist. Ich habe es verneint und basta. Offensichtlich wiederholte er einen Satz, den er zufällig bei Walter zuhause aufgeschnappt hatte. Und da er eine Klatschbase ist, habe ich mich gar nicht darauf eingelassen, sondern lieber das Thema gewechselt. . . .

Leichte Verblüffung, im Nebel. Es ist 45 Jahre her, seit ich diesen Mann verließ, und ich habe ihn *niemals* wiedergesehen. Februar 1902. Er war genau 10 Jahre älter als ich. Manchmal dachte ich plötzlich auf der Straße – noch vor einigen Tagen, hier – daß ich ihn streifen könnte, ohne ihn zu erkennen. Ein Fremder.
Die von meinem Sohn geschickte Todesanzeige ist vielleicht in Rom angekommen und bei den Drucksachen liegengeblieben, die ich bis zu meiner Rückkehr aufzuheben gebeten hatte. Ich schreibe der Beauftragten, der kleinen Jolena, daß sie sie suchen und mir schicken soll.
Witwe. Komisches Wort in meinem Fall.
Was das Erbe betrifft, auch ein komisches Wort, doch heute halte ich mich nicht damit auf.

11. September, nachmittags

Francos Brief ist wirklich einer der außerordentlichsten, die ich je erhalten habe und es lohnt sich, ihn weiter abzuschreiben:

Vorhin habe ich in der „Unità“ von gestern Dein Bild gesehen, das erste in einer Reihe von Persönlichkeiten, die einer Preisjury angehören. Da ist Dein gewohntes schreckliches Lächeln, mit dem Du das Schicksal herausforderst. Was wirst Du denn tun, woran wirst Du arbeiten, wenn der Gedichtband erscheint, welche Pläne hast Du für den Winter, von all dem schreibst Du nichts in Deinem letzten Brief und ich würde gerne etwas darüber wissen. . . .

Und hier kommt das Beste:

Zum Schluß würde ich Dir gerne eine ganz besondere Mitteilung machen, doch ich fühle mich sehr eingeschüchtert und verzichte darauf. Aber ich überlasse es Dir, sie zu erraten. Zu Deiner Hilfe gebe ich Dir folgenden Hinweis. Es handelt sich um etwas, das schön und häßlich ist, lang und kurz, reich und arm, schlecht und gut, nützlich und schädlich, fruchtbar und unfruchtbar, weiß und schwarz, schwer und leicht, poetisch und prosaisch, aber um das Einzige, wonach ich effektiv ein Bedürfnis verspüre. Es gibt den Anfang eines Sonetts von Shakespeare, der mich in der letzten Zeit ständig verfolgte und über den ich viel nachgedacht habe. Hier ist er:

„Look in thy glass and tell the face thou viewest,
Now is the time that face should form another."

Ich habe die kleine Tochter meiner Schwester hier, die eine Revolution bei mir veranstaltet. Bis demnächst also. Und möge die Kur in Salso Dir guttun.

Ciao. Franco

Datum, 7. September

Was soll ich erraten? Es ist fast sicher, daß er von seiner Hochzeit sprechen möchte, doch warum so viele Umschweife, wenn er mir die Sache doch schon im Frühjahr angekündigt und im Juni bestätigt hat? Und um was sonst könnte es sich handeln? Komisch das mit dem „Bedürfnis", als müßte er eine Medizin einnehmen. Und ungeheuerlich diese Art Hochzeitsanzeige, genau in demselben Brief, in dem er mir meine Witwenschaft ankündigt. Ach mein armer, armer Franco! . . .

Aber ich kann kein Englisch, werde mir die beiden Verse von Shakespeare bei der ersten Gelegenheit übersetzen lassen müssen oder warten, bis ich den Brief Dienstag abend bei meiner Rückkehr nach Mailand Gabriele und Genni zu lesen geben kann. Ich sehe schon ihr betrübtes Lächeln vor mir.

13. September, morgens

Eine Angestellte der Thermen, die mir Verse von sich zum Lesen geschickt hat, hat mir die beiden Verse von Shakespeare übersetzt. Ihre waren selbstverständlich nicht von ebensolcher Qualität.

„Schau in den Spiegel und sag dem Antlitz, das Du erblickst, es ist an der Zeit, daß dieses Antlitz sich in ein anderes verwandle."

Mailand, 18. September, nachmittags

Heute morgen habe ich Walter geschrieben, nachdem ich gestern die Anzeige vom Tod seines Vaters am 22. August von Rom nachgeschickt bekommen habe....

Rom, 3. Oktober, nachmittags

Gestern morgen aus Siena abgereist, in meinem Herzen dem Frieden und dem Licht der Villa von Gaggiano nachtrauernd.
Hier mehr Staub und Spinnweben vorgefunden als jemals sonst.
Vorhin am Telefon von Mirella erfahren, daß sie Francos Hochzeitsanzeige, datiert *Capri*, 29. September, erhalten hat.
Wieder ein Dolchstich ins Herz. Ich hatte gehofft, er würde die Erinnerung an „unsere Insel" respektieren.
Aber noch einmal sage ich mir, daß er sich dessen gar nicht bewußt ist.
Fiat voluntas rerum.

7. Oktober, morgens

Anrufe von mehreren Freundinnen, Olga Signorelli, Annie Ravà, Alba De Cèspedes, Mirella Garofalo, alle indigniert über den von Franco für seine Hochzeit gewählten Ort. Mangel an Einfühlungsvermögen, sagen sie, schlechter Geschmack, Verantwortungslosigkeit ... ach! ...

29. Oktober, abends

Brief von Franco aus Civitavecchia. Schreibt, er sei in Rom vorbeigekommen und habe, „außer der Nachricht über meine Abwesenheit den Nachhall meines *Aufhebens* um seine Hochzeit in Capri" vernommen. Dann versucht er sich zugleich zu entschuldigen und zu rechtfertigen, spricht von tiefer Traurigkeit wegen meiner „Verständnislosigkeit" usw. usw. Bemerkenswert dieser Satz, im übrigen recht literarisch: „Doch es ist

sinnlos, mit Dir zu sprechen. Du bist auf der Höhe Deines Ruhmes als Künstlerin und als Frau, kannst nicht, kannst nicht verstehen. Eiche, Du kannst nicht die zarte Pflanze verstehen, die neben Dir lebte."
Ich habe ihm geantwortet, „Aufhebens" hätte nicht ich, sondern, wenn überhaupt, die Freunde darum gemacht. Und was das *Verstehen* angeht, so glaube ich, daß wohl er sich niemals bewußt war, welche Rückwirkungen seine Handlungen auf meine Seele haben. Mein Schlußsatz war: „Und dann Schweigen. Und Mut der zarten Pflanze und der Eiche."
Große Niedergeschlagenheit, auch wegen des Regens, der unbarmherzig anhält. Von wegen „Ruhm".

Ancona, 5. November, morgens

Meinen Sohn nach etwa 10 Jahren, die wir uns nicht wiedergesehen hatten, wiedergefunden, nicht so sehr gealtert als vielmehr verändert, vielleicht hauptsächlich wegen des Schnurrbarts, den er früher nicht trug. Er war sehr bewegt, als er mich gestern abend am Bahnhof umarmte. Er hat sehr gelitten wegen des Todes seines 18-jährigen Sohnes vor einem Jahr und kann ihn nicht vergessen, obwohl er versucht, nicht zu verzagen. Der andere Sohn ist 22 Jahre alt, bereitet eine Prüfung vor, wonach er das 4. Studienjahr der Medizin in Bologna beginnen kann; er ist nicht so hübsch wie der, der gestorben ist und der (nach den Worten meiner Schwiegertochter, die ihm eine liebevolle Stiefmutter war) sehr lebhaft gewesen sein soll. Dieser hingegen ist ruhig, etwas verschlossen und schüchtern wie der Vater. Vorhin hat er an die Zimmertür geklopft, um mir die Morgenzeitung zu bringen, und zum ersten Mal hat jemand zu mir gesagt: „Guten Morgen, Großmutter."
Großmutter . . .

13. November, abends (Rom)

Die politische Lage ist immer gespannter. Unruhen, Gewalttätigkeiten, Bomben, Tötungen auf der einen wie auf der anderen Seite, d.h. bei den Monarchisten und den Christdemokraten und, als Gegenschlag, von seiten des Volkes. Sowohl

in Oberitalien als auch in Sizilien und Apulien. Aber die Regierung will der Vernunft kein Gehör schenken und beschützt und verteidigt weiterhin die wiedererstarkenden Kräfte der Reaktion. Unmöglich, vorherzusehen, wie sich dies alles lösen soll. Die kommunistische Partei ist diesmal entschlossen, nicht nachzugeben. Ich beginne zu denken, daß es auch bis zum Barrikadenbau kommen kann. Das wäre ein gutes Ende für Sibilla, an einem Flintenschuß zu sterben für Gerechtigkeit und Freiheit. Ernsthaft.
Das Radio hat gemeldet, daß André Gide der Nobelpreis für Literatur verliehen worden ist. . . .

24. November, nachmittags

Als ich vor 21 Jahren dieses Studio mietete, das ich danach immer Dachstube genannt habe, zog der Maler, der es mir überließ (und mir das wenige darin befindliche Mobiliar verkaufte), so schweren Herzens aus, daß er mir bei einem Zusammentreffen auf der Straße einige Monate später erzählte, er sei krank gewesen vor Trauer, die Umgebung verlassen zu haben, die er so liebgewonnen hatte. Ich dachte damals, er übertreibe. Doch dann habe ich im Lauf der Jahre den äußerst merkwürdigen Zauber begriffen, dem er erlegen war und dem ich noch immer unterliege. Heute morgen kamen 2 Amerikaner, Mann und Frau, die gern für 6 Monate das gemietet hätten, was Franco immer als elende Hütte bezeichnet hat (was in gewisser Hinsicht auch stimmt). Eine Freundin hatte sie zu mir geschickt und mich am Telefon darauf hingewiesen, daß sie mir vielleicht auch 60 bis 70.000 Lire im Monat zahlen könnten. . . . Angesichts dieser Summe, die auch jetzt, wo die Lira so gering geschätzt ist, von gewisser Bedeutung ist, hatte ich mich soweit gehen lassen, den Gedanken einer Abtretung zu erwägen. . . . Ich hätte die 6 Monate an irgendeinem warmen Ort verbringen können, Amalfi, Sizilien, und dort das Buch schreiben können, von dem ich nicht sagen kann, daß ich daran denke, das ich aber gewiß in mir fühle wie etwas, das entstehen möchte. . . . Doch zugleich benimmt mir eine unsägliche Pein den Atem. . . . Wie hätte ich leben sollen mit dem

Gedanken an die Fremden, die sich hier drinnen eingenistet, und die in diesen 20 Jahren gewachsene Atmosphäre von Grund auf verändert hätten? Ich habe zwar keinen Eigentumssinn (habe ich 100 Mal versichert), bin aber doch mit dem ganzen Rest meiner emotionalen Kraft an diese paar armen Kubikmeter gebunden. . . . Hier findet meine untröstliche Traurigkeit ich weiß nicht welche melancholische Zärtlichkeit, und in gewissen Momenten auch eine Art Ruhe. . . . Könnte ich meine Einsamkeit anderswo ertragen? Und noch dazu Monate über Monate! Ich kann noch reisen, doch, aber nur wenn ich von Ort zu Ort fahre und bei befreundeten Herzen zu Gast bin, wie in diesem Sommer. Aber mich allein nach Korsika oder Sorrent oder Assisi zu flüchten wie einst, ich fürchte, das kann ich nicht, nicht mehr! . . .
Die beiden Amerikaner fanden die Dachstube nett, wenn auch etwas zu eng für sie beide, doch sie boten nur 20, höchstens 25.000 Lire. . . . So ist nichts daraus geworden und ich bin erleichtert, fast glücklich. . . .

1. Dezember, nachmittags

Strömender Regen. Ich habe den Ofen angezündet. Heute morgen – es regnete noch nicht – bin ich nach dem Einkaufen zum Palazzo Venezia gegangen, wo ich zur Eröffnung der Ausstellung über den Widerstand eingeladen war. . . .

4. Dezember, morgens

Mit einem neuen Vers im Ohr wachte ich beim Gesang des Regens auf: „Klarer und betrübter Blick. . . .“ Im Halbschlaf muß mein Unbewußtes an die „Klarheit“ gedacht haben (wenn ich das so nennen kann), mit der ich in den letzten Wochen Dinge und Vorkommnisse betrachte: eine sehr viel größere Klarheit als früher: vollkommen und unbarmherzig, unbarmherzig mehr mir selbst gegenüber als gegenüber den Personen und Werken, über die ich urteile, denn mir erwächst daraus eine noch tiefere Melancholie: „Klarer und betrübter Blick . . .“ könnte der Anfang eines Gedichts werden. Seit 5 Jahren habe ich keins mehr geschrieben. . . .

5. Dezember, abends

Welches tiefe Gefühl von Ordnung, Gesundheit, Sauberkeit, ja doch, von moralischer Sauberkeit, innerster Aufrichtigkeit und Harmonie, als ich hier in mein armes einsames Zimmer zurückkam, nachdem ich auf einem unglaublich vollen Empfang in der vor Lichtern und teuren Blumen strahlenden Wohnung einer Dame von Welt gewesen war. . . .

Dies ist mein Reichtum, dies meine Wahrheit, deshalb fühle ich trotz aller Entbehrungen und Schicksalshärten jedesmal, daß ich dieses Schicksal gegen kein anderes eintauschen möchte.

6. Dezember, 10 Uhr abends

Seit heute morgen um 8 Uhr ist das der erste Augenblick, in dem ich wieder mit mir allein bin und Ruhe habe. Heute morgen um 8 Uhr heftiges Klingeln: draußen stand Franco, den ich seit 6 Monaten nicht mehr gesehen hatte, und der unerwartet kam, um einige von ihm hiergelassene Gegenstände zu holen. Melancholische und eitle Gespräche. Um halb elf bin ich, nachdem er wieder gegangen war, zur „Unità" gegangen, um mir sagen zu lassen, daß ich erst nach dem 15. die monatliche Summe für Dezember erhalten werde (was November angeht, *nihil*!). Von dort aus Besuch in 2 Buchhandlungen, wie ausgestorben.

7. Dezember, Sonntagnachmittag

In einer Ausgabe von *Andando e stando* finde ich den Entwurf eines Vorworts für die Neuauflage des Buches, ein Vorwort, das ich mich dann doch nicht zu veröffentlichen entschloß: es trägt das Datum 27. August 1935, Lombardei: Ich kann mich nicht erinnern, wo in der Lombardei ich an jenem Tag war. Es ist „an die Herren Kritiker" gerichtet.

Jetzt fällt es mir wieder ein: Ich befand mich in Lecco und wartete dort auf den Besuch, den mir zwei bis drei Abende in der Woche der Mann abstattete, den ich damals liebte, den ich Virgilio nannte und von dem ich 2 Monate später, Ende Oktober, nach nur 8 Monaten peinigender Liebe brutal verlassen wurde.

Die Neuauflage des Buches erfolgte dann erst 7 Jahre später,

im Jahre 1942, was den Vorteil hatte, daß ich einige wichtige Dinge hinzufügen konnte, unter anderem die Seiten über *D'Annunzio fraterno* von 1938.
Jetzt ist das Buch erneut vergriffen und ich weiß nicht, ob Mondadori sein Versprechen halten wird, es bis 1948 wieder aufzulegen. Von allen Seiten wird mir bestätigt, daß die Situation der Verleger in ganz Italien immer schwieriger wird.

13. Dezember

Bitterste Ironie der Dinge.
Ironie – diesmal aber leicht und fast süß – fühlte ich auch gestern in meinem Gehirn herumschwirren, während ich neben Eliot am Tisch saß bei dem Essen, das der Pen Club für ihn gegeben hat. Der Dichter war müde nach dieser römischen Woche voller Konferenzen, Empfänge, Bankette. Er lächelte fein, wechselte mit mir und der Dame, die auf seiner anderen Seite saß, mehr oder weniger unbedeutende Worte. Von mir wußte er nur, daß ich Dichterin und Romanautorin bin. Gewiß wußte er nichts von meinem anderen Merkmal, nämlich, daß ich Kommunistin bin. Er ist Mystiker und Katholik. Heute morgen ging er zum Papst, der den Wunsch geäußert hatte, ihn kennenzulernen. Ich fühlte, daß es nutzlos gewesen wäre, ihm meinen Gedichtband zu verehren (auch weil er, trotz seiner Studien über Dante, nur mit größter Mühe italienisch liest). Diese Begegnungen spielen sich an der Oberfläche ab, sind fast ganz umsonst. Und außerdem hatten von den etwa 30 Schriftstellern und Schriftstellerinnen, die gestern abend zu Ehren des ausländischen Gastes zusammengekommen waren, vielleicht 2 (sogar sicher nur 2, Debenedetti und De Libero) mein Buch gelesen, die anderen kannten meinen Namen, hatten aber keinerlei Interesse für mein Werk, weder für das frühere noch für das jetzige. . . .
Seit 3 Tagen schneidende Kälte. Ich habe mir einen Doppelzentner Holz bringen lassen (1.100 Lire) und der Ofen ist dabei, ihn zu verschlingen, während ich ein Päckchen Chesterfield-Zigaretten verschlinge, das mir Sandro Contini gestern

abend bei einem kurzen Besuch mit seiner Frau hiergelassen hat. (Wie gut ich schreibe!!). . . .

17. Dezember, abends

Vergangene Nacht hat es sogar gefroren und sicher ist es jetzt noch unter Null. Der Ofen hat heute für genau 400 Lire Holz verbraucht. So sind die 2 Zentner zuende. Morgen werde ich den ganzen Tag außer Haus sein, um halb zehn gehe ich weg (brr) zum Französischen Konsulat und dann zur Botschaft, um mir das Visum in den Paß stempeln zu lassen, das ich hoffentlich bis Mittwoch den 23. erhalte. Ich habe beschlossen, an diesem Abend zu fahren, so komme ich am Weihnachtsabend in Montecarlo an. Maria Lloyd habe ich telegrafiert. Dort wird es warm sein und ich werde mich erholen.

Montecarlo, Weihnachten, mittags

Vom Balkon meines Zimmers sehe ich das Meer vor mir liegen, ganz ruhig unter einem grauverhangenen Himmel. Die Sonne zeigte sich nur eine Stunde, gestern, in Ventimiglia, während des lästigen Aufenthalts zur Zollkontrolle. Die mehr als 20-stündige Reise hat mich sehr ermüdet und die Erkältung verschlimmert, die dann gestern ihren dummen Höhepunkt erreicht hat. Was mich nicht gehindert hat, eine lange und angeregte Unterhaltung mit meiner Gastgeberin zu führen. Maria La Torre, verwitwete Lloyd, hat wirklich eine ganz einzigartige Individualität. An einem dieser Tage werde ich sie beschreiben. Sie hat mich empfangen, wie ich es mir besser nicht hätte erhoffen können, mit liebevollster Einfachheit. Ihre kleine Behausung ist sehr nett und gemütlich. Ich habe 10 Stunden geschlafen und mich heute morgen bis vor einer Stunde im Bett unter der Decke gerekelt, jetzt fühle ich mich etwas erleichert. Weihnachten. Maria sagt, für sie sei es ein Tag wie jeder andere.

28. Dezember, Sonntagmorgen

Strahlendes Licht. Die Sonne scheint glücklich in mein Zimmerchen. Der Husten ist jedoch noch nicht überwunden, trotz

des Rami-Hustensafts, den Maria mir andächtig verabreicht.
Gestern zum ersten Mal 2 Stunden im Spielcasino. Ich hatte nur einen 500-Franken-Schein dabei: ich habe ihn gewechselt und tropfenweise 380 Franken verloren, wobei ich mich vor mir selbst dafür schämte, daß ich mich an der Dummheit all dieser unbekannten Spieler mit ihren mehr oder weniger unedlen, und oft auch bestialischen Gesichtern beteiligte. Aber bei der Abreise aus Rom hatte ich mir vorgenommen, 1.000 Lire zu riskieren, einfach so, als lustige – und unschuldige – Herausforderung an das Schicksal. Ich werde also noch einmal in diese berüchtigten Säle zurückkehren, an einem der nächsten Tage, um den Rest der zu opfernden Summe zu verspielen. An Dostojewskij gedacht.

31. Dezember, morgens

Gabriele Mucchi hat mir geschrieben, daß sein Häuschen mich wieder einmal erwartet. Darüber hinaus erwarten mich 13.000 Lire, die von ihm während des Weihnachtsessens bei seiner Schwester unter den 18 Gästen für mich gesammelt wurden. Lieber Gabriele. Weitere 5000 Lire liegen bei ihm zu meiner Verfügung; sie wurden anonym an Orio Vergani geschickt, der im „Corriere della Sera" eine Pressenotiz folgenden Wortlauts veröffentlicht hat: „Es ist kein Märchen, daß die Dichter in Italien heute ein schwereres Leben haben denn je. Ein großer alter italienischer Dichter (das soll ich sein, arme Sibilla!) hat einem Freund geschrieben und seine Wintersorgen geschildert. Seine Wohnung, eine recht armselige römische Dachstube, ist kalt, und der Dichter hat kein Geld, um sich Holz für seinen Ofen zu kaufen. Aus Vaterlandsliebe verschweigt Don Marzio seinen Namen." „Don Marzio" ist Verganis Pseudonym in dieser Kolumne.
All das ist ziemlich rührend, und zugleich erscheint es mir wie ein gutes Vorzeichen für das neue Jahr, das morgen beginnt. Im praktischen Bereich, wohlgemerkt. Im innerlichen und geistigen, wer weiß. . . .
(Gestern abend war ich nochmal im Casino, zum 2. und letzten Mal, und habe mit zwei *en plain* 900 Franken gewon-

nen. Da ich vor ein paar Tagen 400 verloren hatte, beschränkt sich mein Gewinn am Spieltisch von Monte Carlo also auf einen 500-Franken-Schein, immerhin erstaunlich.)
Weiterhin erkältet und Husten. Wie soll ich mit der Eiseskälte in Mailand fertig werden? Bah!
Jetzt gehe ich und kaufe ein paar Mimosen, die ich Maria heute abend schenken will.

1948

Monte Carlo, 1. Januar, morgens

Freude des Augenblicks, als ich beim Hochziehen des Rolladens die eben aufgegangene Sonne und ihre gleißenden Reflexe auf dem Meer sehe. Freude für die Augen und, im Augenblick, sicher auch für das Herz. Tiefes Lebensgefühl und zugleich tiefe Distanz zum Leben. Für immer nunmehr, mein Herz. Bis zum Ende.

Allein mit Maria neben dem Mimosenstrauß und dem Radio habe ich um Mitternacht 12 Weintrauben gegessen, eine für jeden Monat des neuen Jahres. . . . Dann hat Maria mich umarmt und mir gedankt, daß ich hergekommen bin.

Jetzt wird sie mir wie an allen vorhergegangenen Vormittagen auf einem Tablett das Frühstück bringen, Tee, Brot, Honig, Obst; während ich noch immer im Bett liege, vorletzter Morgen geruhsamen Müßigganges.

später

Honig aus Korsika. Und Korsika liegt dort gegenüber; wenn Maria ein Fernrohr besäße, könnte ich es im Meer sehen.

Es war im Sommer 1912. Vor über 35 Jahren. Die Felsen hier hinter Monte Carlo haben dieselbe Farbe und dieselbe Form wie die, die mich auf dieser aromatischen Insel (und auch in Capri) umgaben. Ich schrieb die ersten Gedichte und die ersten Seiten von *Il Passaggio*. Ich sehnte mich dunkel nach Heiligkeit. . . . Wäre ich gar soweit, sie endlich zu erreichen? Das

Göttliche des Augenblicks erfassen, ohne noch anderes zu verlangen. . . .

Rom, 25. Januar, Sonntagnachmittag

Der Winter geht außerordentlich mild weiter. Spare Holz. Aber für ein Nachthemd, das ich mir aus einem alten Vorhangstoff habe machen lassen, mußte ich 750 Lire bezahlen (ich hatte keine Nachthemden mehr, außer einem ganz zerrissenen).
Ein Preis von 600.000 Lire in Aussicht, der Anfang März dem Werk eines „betagten" Schriftstellers verliehen werden soll. Orio Vergani, einer der Preisrichter, hat mir geschrieben, ich sei unter den Kandidaten. Debenedetti vertritt meine Sache bei dem Juryvorsitzenden Repaci, schreibt aber gleichzeitig, ich solle mir nicht allzuviel Hoffnung machen. Ein anderer zu fürchtender Kandidat ist Bontempelli (der jedoch viel weniger auf Hilfe angewiesen ist als ich, und schon alle möglichen Anerkennungen erhalten hat, während es für mich *das erste Mal* wäre. . . .) . . .

2. Februar, nachmittags

Den furchtbaren Kampf mit mir selbst wieder aufgenommen, mit der Trostlosigkeit am Grunde meines Seins und meines Lebens. Eiseskälte im Herzen trotz des wunderbaren Frühlings, der in der Luft liegt. Akzeptieren, meine Lage akzeptieren, werde ich je dahin kommen? Und diese totale Unfähigkeit zu arbeiten! Vielleicht, wenn ich wieder weinen könnte, wenn ich meinen Tränen wieder ungehemmt freien Lauf lassen könnte wie einst, als ich doch weniger unglücklich war als jetzt. . . .

8. Februar, Sonntagnachmittag

Den ganzen gestrigen Tag damit verbracht, den oberen Inhalt des Schranks zu ordnen: Alle Manuskripte der veröffentlichten Werke (*Una Donna, Il Passaggio, Il frustino*, verschiedene Prosastücke, Gedichte . . .) in meinen ältesten Koffer gepackt. Die vielen, vielen Bündel mit Briefen von mehr oder weniger illustren Persönlichkeiten durchgesehen, schon mehr oder weniger (die Bündel) nach Namen geordnet. Unermeßliche Mühe, oder vielmehr Müdigkeit, so viele Schriften wiederzusehen, in der Erinnerung so viele vergessene Augenblicke, so viele verlorene Freunde, Hoffnungen, Enttäuschungen, Städte, Landschaften, Gedanken wieder durchzugehen. . . . Die Liebesbriefe befinden sich in einem der großen Koffer, ich weiß nicht, ob ich an einem der nächsten Tage die Kraft aufbringen werde, sie wieder auszugraben. Und dann gibt es auch noch zentnerweise Post von „irgendwelchen" Leuten, vom Ende des letzten Jahrhunderts bis heute, alle etwas durcheinander, die man vielleicht zerstören müßte, um diese nutzlose Arbeit nicht den Testamentsvollstreckern zu überlassen. . . . Was für eine törichte Angewohnheit, die ganze Korrespondenz aufzuheben! . . .

12. Februar

Aus noch älteren Bündeln (von denen einige schon, wie sterbliche Gebeine, zu Staub zerfallen, sie sind etwa ein halbes Jahrhundert alt) kommen noch mehr Briefe zum Vorschein, von Frauen, die mein Schicksal nachdenklich gemacht hat. Einer, den ich vergessen hatte, von der großen Ellen Key, geschrieben, nachdem sie die Nachricht von meiner Trennung von Cena erhalten hatte. Er datiert vom Januar 1911: „Meine Sibilla! Nein, ich bin nicht verloren für Dich, aber Dein Schicksal schmerzt mich zutiefst. Und so kann es mein Herz nie verändern: die Mutterliebe ist trotzdem da. Aber Du, Liebe, Liebe, hast Dein Schicksal zum Schlimmsten gewendet. Ich kenne Deinen Freund nicht. Ich hoffe, daß er Dir eine Liebe entgegenbringt, die der von Cena ebenbürtig ist. . . ." Wehe. . . .

17. Februar, nachmittags

Ich schrieb hier, daß ich ein wenig ironisch lächeln mußte bei der Aussicht auf den „reichen" Preis, der endlich meine lange und vollkommene Armut unterbrechen, wenn nicht gar beenden sollte. . . . Nun gut, gestern habe ich erfahren, daß ich den Preis nicht bekommen werde. . . .

Inzwischen setze ich mein zermürbendes Werk der Briefexhumierung fort. Die Durchsicht der Briefe von Freunden und Unbekannten unterbrechend, bin ich zu den „Liebesbriefen"

übergegangen. Mehr als ich dachte haben mich die Briefe des 19-jährigen Jungen gerührt, den ich in Korsika kennenlernte, Joe, den ich nach diesem einzigen Monat der Nähe niemals wiedersah, der mir aber bis 1918 noch schrieb und wiederholte, ich sei in seiner Erinnerung stets leidenschaftlich lebendig. In ihrer absoluten Reinheit naive und liebe und süßeste Worte. . . . Ab 1918 habe ich nichts mehr gehört, weder von ihm noch von seiner Familie. Er war Soldat in jenem Krieg.
Ob er überlebt hat? Geheiratet hat? Er hatte Glück verdient, der kleine Joe. . . . Ich werde seine Briefe nicht verbrennen, wie ich es mit denen anderer gemacht habe, die zwar leidenschaftlich aber egoistisch waren. . . . Auch die von Endimione, die ich bangen Herzens wiedergelesen habe, werde ich nicht verbrennen. . . . Er war auch egoistisch, aber nur weil er sich verdammt fühlte. . . . Er hatte mir gleich in den ersten Tagen gesagt, daß er seit seiner Jugend herzkrank war. . . . Doch während der 18 Monate unserer Liebe wollte er sich nie schonen, intensivierte sogar wie wahnsinnig seine Tätigkeit als Sportler, Mann von Welt, Spieler. Dann, in den letzten 6 Monaten, wandte er sich ab, schloß sich in seinem Haus ein, ich durfte ihn nicht mehr sehen . . . er starb im Februar 1922, während ich gerade das Drama zuende schrieb, dem ich seinen Namen gegeben hatte. . . . Ich habe auch meine Briefe an ihn wiedergelesen, die mir von einem seiner Brüder zurückgegeben worden waren. Diese 2 Jahre dort unten in Neapel, mit dieser glühenden Liebe in der Brust, gestern und heute habe ich sie durch meine Briefe, die alle ein qualvoller Schrei sind, noch einmal erlebt. . . . Ich wußte, daß jene Zeit durch ein Zusammentreffen mehrerer Umstände meine feurigste war (ich war 44 oder 45 Jahre alt, es war die Sternstunde meiner Schönheit, wie die berühmte, von Bragaglia aufgenommene Fotographie von mir bezeugt), doch waren mir so viele Einzelheiten entfallen, die mich, jetzt sprunghaft ins Gedächtnis zurückkehrend, in eine Umgebung wie im Märchen versetzten, zwischen Meer, Felsen und Gärten, Sorrent, Ravello und selbst Neapel mit seinem ungestümen Leben, der Menschenmenge, seinen Theatern, seinen Kutschen, und ich weiß gekleidet, meine 4 bei Bem-

porad veröffentlichten Bücher, der Erfolg, die illustren Freunde, die Serao, Bracco, die Duse, und die Reise mit Endimione bis nach London, auf dem Rückweg über Brüssel und Brügge, dann bei dem guten Plan in Paris, dann wieder in Italien, Venedig, Florenz, Fiuggi, Hotels über Hotels, endlose Telegrammflut, und Endimione mit seinem Lächeln, Narziß nannte ich ihn, ich beweihräucherte ihn und gleichzeitig sprach ich zu ihm in einer Sprache, die ihn nicht erreichen konnte, und beharrte darauf mit einer Blindheit und Einbildungskraft, die mir heute wie ein Wunder und zugleich, ja, ungeheuerlich erscheint, ach, arme, arme Verliebte, zu der jetzt das Echo der eigenen, vergeblichen Stimme dringt. . . .

Auch dieses Bündel mit meinen eigenen Briefen werde ich nicht verbrennen. Wer wird sie lesen, wenn ich tot bin? Und wie wird man über mich urteilen?

Unsägliche Müdigkeit. Seit 2 Tagen ist das Wetter eisig geworden, nach mehreren frühlingshaften Wochen. Den Ofen geheizt. Heute abend werde ich mich gut einmummen und zu einer Versammlung meiner Zelle gehen. . . .

Nachdem ich mich mein ganzes Leben der Illusion hingegeben habe, Liebe für einzelne Individuen zu hegen, ist nun mein Glaube an den Kommunismus das einzig *Konkrete*, und der Händedruck der Arbeitergenossen ist mein höchster Trost. . . .

28. Februar, abends

Dieses *Graben* in Briefen ist eine *Arbeit* – und vielleicht war es Schicksal, daß ich sie in diesen Wochen verrichtete, in denen ich nichts schreibe – vielleicht ist es eine stille *Vorbereitung*.. . . .

Aus einem anderen Bündel kamen Briefe zum Vorschein, die ich in Korsika erhielt. Vor 36 Jahren! Unter anderen 4 oder 5 von meinem Vater, an die ich mich nicht erinnerte und die mir etwas offenbart haben, was ich nicht an ihm kannte. . . .

Und noch ein Bündel mit allem, was man mir vor der Premiere von *Endimione* in Turin geschrieben und telegrafiert hat. . . .

4. März, abends

Seit vielen Monaten steht hier auf meinem Tisch an Stelle des kleinen Bildes von Franco (des ersten, das er mir geschickt hatte, als ich ihn noch nicht kannte) das von Alessandrina Ravizza. „Mamma“ habe ich sie vor 40 Jahren in *Una Donna* genannt. . . .

9. März, morgens

Franco hat mir vor einigen Tagen geschrieben, daß er ein Kind erwartet, das im Zeichen des Löwen geboren wird, daß er nur noch für diese Erwartung lebt; er spricht von der „Fülle“ seines Lebens, vom „Einklang mit sich selbst“, vom Garten voller Blumen. . . . Möge wenigstens er glücklich leben!

nachmittags

Das Schlimme an der Einsamkeit ist, daß Dir nie eine Stimme sagt: „Ruh Dich einen Augenblick aus, leg Dich hin, mach die Augen zu . . .“ und niemand Dir seine Hand auf die Stirn legt. . . .

10. März, abends

Heute morgen überraschend Besuch von Franco, der kam, um einige hiergebliebene Dinge von sich zu holen. Er fand mich „ausgezeichnet“ und *en beauté* und hat mich nicht gefragt, wie es mir seelisch gehe, noch habe ich ihm davon gesprochen. Was ihn angeht, so ist er leicht gebeugt und nimmt nach und nach das typische Aussehen des „Professors“ an. . . .

27. März, morgens,
Tag vor Ostern,
sogenannter Heiliger Samstag

Düsterer Tag vor Ostern, einer der trostlosesten meines Lebens. . . . Gestern auf der Straße war ich versucht, mit geschlossenen Augen eine Kreuzung zu überqueren, um meinen Körper zermalmen zu lassen, so wie ich meine Seele zermalmt fühle. . . . Dann betrat ich, bevor ich wieder hier heraufstieg, den nahegelegenen Art-Club, um der Sekretärin, der sanften

Iolena Baldini, kurz zu danken, weil es mich so sehr gerührt hat, daß sie vor einigen Tagen morgens am Telefon in Tränen ausbrach, als sie hörte, daß mir der Fila-Preis nicht zugesprochen worden war. Iolena ist wie eine Lerche, erinnert mich an Teresa Tallone in ihrer Leichtigkeit und inneren Grazie. Sie hat darauf bestanden, daß ich hereinkomme, nur der Architekt Lapadula, ein Genosse, war da, sie haben mir mit Gewalt einen Vermouth aufgedrängt, haben liebevoll versucht, mich seelisch aufzuheitern, sahen, daß ich am Ende war. . . . Wirklich habe ich mich eine halbe Stunde lang besser gefühlt. Aber der Abend war dann wieder beklemmend. Heute morgen kam Iolena mit einem Strauße weißer Levkojen an. . . . So ist ein bißchen Leben in die Dachstube gekommen. Ich werde heute zu der nahegelegenen Piazza del Popolo gehen, um mir eine Rede von Togliatti anzuhören. Der Wahlkampf ist voll im Gange, in Zeitungen, Flugblättern, Kundgebungen. Wenn ich, anstatt zum Gedichteschreiben, zur Rednerin geboren worden wäre, hätte ich dieser Tage einen zwingenden Grund gehabt, aktiv zu sein. . . .

18. April, morgens

18. April! Ich werde erst um 2 Uhr wählen gehen, da ich mich für diese Stunde mit einem Fotograph verabredet habe, den eine Zeitung geschickt hat, um mich zu „verewigen", während ich meine Pflicht als Wählerin ausübe. Das Wetter, gestern abend regnerisch, ist heute ganz gut. Letzte Reden in den verschiedenen Parteizeitungen. (Die „Repubblica" hat gestern abend zusammen mit einem Bild von mir den kleinen Artikel veröffentlicht, den ich vor ein paar Tagen für „Milano Sera" geschrieben hatte.) Die Vorhersagen sind unsicher. Wie immer dieser Tag ausgehen mag, am besorgniserregendsten ist die wiederauflebende Tätigkeit der Faschisten, die in den letzten Wochen wieder schamlos in der politischen Szene aufgetreten sind, sogar vor ein paar Tagen wie zu Zeiten des Rassenkampfes eine unflätige und abscheuliche Expedition im Ghetto unternommen haben. . . . Es wird behauptet, daß De Gasperi, sollte er unterliegen, diese bis an die Zähne bewaffneten Fa-

schisten in der Zeit, in der er auf jeden Fall noch an der Macht bleiben würde (d.h. bis zur Ernennung des Präsidenten der Republik), bösartig zu einer Art neuem „Marsch auf Rom“ anstiften würde. . . . Hoffentlich wagt er das nicht, trotz seines Gesichts, das bezeugt, daß er zu allem fähig ist. . . .

abends

Die Photographen haben mich mit dem Taxi abgeholt und dann in der Sektion, wo ich wählen sollte, veranlaßt, daß mich alle vorlassen, ohne daß ich mich hätte anstellen müssen: gelegentlich doch noch Privilegien für die Intelligenz (?). . . .

19. April, abends

Wieder ein Brief, der mir, wohl auch, weil ich ihn nicht mehr erwartete, das Herz erzittern ließ. Schrieb ich hier im Tagebuch, daß ich vor 2 Monaten sämtliche Briefe des jungen Mannes, den ich im Sommer 1912 in Korsika kennengelernt und seitdem niemals mehr gesehen, wiedergefunden hatte? Ja, aber ich habe, glaube ich, nicht vermerkt, daß ich nach dem Wiederlesen ein Briefchen nach Tunis an die uralte Adresse seiner Familie geschickt und um Nachricht gebeten hatte. . . . Nun gut, folgendes habe ich heute abend erhalten:

„Liebe gnädige Frau,

Ihr Brief hat mir große Freude bereitet, denn ich hatte Ihre Schrift erkannt, bevor ich den Umschlag öffnete. Ich bin sehr glücklich, daß Sie sich an unsere Familie erinnern und seien Sie versichert, daß ich meinerseits niemals diejenige vergessen habe, die uns in Evisa auf den Ausflügen begleitete. Ich erinnere mich, Ihnen mehrere Briefe geschickt zu haben, die unbeantwortet geblieben sind.

Hier Nachrichten über die ganze Familie:

Mein Vater ist vor acht Jahren gestorben. Meiner Mutter und Onkel Paul, 76 und 81 Jahre alt, geht es gut. Meine Schwester ist Großmutter und wohnt in Paris mit ihren Kindern (ihrer Tochter, ihrem Schwiegersohn und ihren beiden Enkelinnen).

Was mich angeht, ich bin immer noch in Tunis. Ich habe einen 19-jährigen Sohn, der in Paris studiert.

Ich möchte mich entschuldigen, daß ich erst jetzt auf Ihren Brief antworte. Ich hatte ihn beiseite gelegt und konnte ihn nicht mehr finden, noch hatte ich Ihre Adresse.
Der Joseph, den Sie kannten, als er jung war und das Pferd liebte (ich erwähne das in Erinnerung an den berühmten Coco, der in Evisa mein Gefährte war) ist nun schon fast ein älterer Mann von 56 Jahren. Aber nie hat er die langen Spaziergänge in Evisa vergessen. Und ich wäre sehr, sehr glücklich, wieder von Ihnen zu hören. Es wäre mir eine große Freude, zu hören, daß Sie uns nicht vergessen haben. Schreiben Sie mir an die Apotheke und nochmals vielen Dank.

Joseph L."

Er war 19 Jahre alt wie heute sein Sohn, Und hatte die lebhaftesten, meergrünen Augen, die ich je gesehen habe. Ich fühle in mir eines dieser „verwunderten Wunder" – ich habe dafür diesen Ausdruck gefunden – wenn ich diese Realität betrachte, d.h. sehe, daß dieser Junge für mich stets unverändert bleibt, so wie auch ich in seiner Erinnerung unverändert bleibe, trotz der 36 Jahre, die seither vergangen sind und trotzdem wir beide voneinander wissen, daß wir noch leben. Unter der Bedingung, daß wir uns nicht wiedersehen.

20. April, abends

Die Nachrichten über die Stimmauszählungen in den diversen Provinzen sind heute abend etwas besser, aber die Stimmenmehrheit der Christdemokraten ist noch immer sehr groß. Die Endergebnisse morgen werden zeigen, ob die Front (die jedenfalls gleich danach kommt, mit sehr großem Vorsprung vor allen anderen Parteien) ein Recht geltend machen kann, einige Vertreter in der Regierung zu haben, oder ob sie ausgeschlossen bleibt.
Meine Seele ist voller Trauer über diesen Triumph des italienischen Klerikalismus, die auch nicht gemildert wurde durch die Stunden, die ich heute im Atelier von Renato Guttuso in der Villa Massimo verbrachte und wo auch andere junge Genossen, Antonello Trombadori, Afro Basaldella, Leoncillo waren, die

alle tapfer versicherten, man dürfe nicht den Mut verlieren, sondern müsse im Gegenteil mit noch festerem Willen den notwendigen neuen Kämpfen entgegengehen. . . .
Aus der Villa Massimo habe ich mir einen Strauß blühenden Weißdorn mitgebracht. Aber ich glaube, ich habe etwas Fieber, ich, die ich in meinem ganzen Leben fast nie Fieber gehabt habe.

22. April

Ich antworte dem Jungen aus Korsika:
Lieber Freund, Ihr Brief hat mich zutiefst gerührt. Ich bin glücklich, Sie am Leben zu wissen, und daß die Erinnerung an mich nicht durch die Jahrzehnte und die Lebensumstände in Ihnen ausgelöscht wurde, so wie auch die an Sie in mir nicht verlöscht ist. Ich möchte Ihnen sagen, daß Sie in meinem Herzen immer der Junge bleiben werden, den ich in jenem einem Sommer 1912 in Evisa kennenlernte. Da können Sie mir ruhig Ihr jetziges Alter mitteilen, und daß Sie Vater eines Jungen sind, der so alt ist wie Sie damals. Das alles ändert nichts, Sie bleiben der Joe, der so lieb zu mir war, der mir soviel zartfühlende Freundlichkeit bewies in einem Augenblick meines Lebens, der sehr traurig war und wo ich mich von allem losgelöst fühlte. . . . Lieber, guter Joe, es ist süß für mich, zu denken, daß ich meinerseits für Sie die bleibe, die ich war, mit meinem Gesicht und meiner Stimme von damals, und so bleiben werde durch all die Zeit, die Sie mich überleben werden, und ich wünsche Ihnen, daß sie lang und glücklich sein möge. Ist das nicht etwas Wunderbares und Tröstliches? Ich war versucht, Ihnen eine neuere Fotographie von mir zu schicken, doch nein, ich möchte, daß Sie das Bild von mir behalten, das Sie kannten. All diese Jahre waren für mich sehr erfüllt, mehr mit traurigen als mit heiteren Dingen. Ich habe viel gearbeitet, habe, nach jenem ersten Buch, das Sie gelesen haben, zehn weitere veröffentlicht, ich bin gereist, habe mit dem harten Schicksal gerungen und jetzt lebe ich allein in einer Art *atelier mansarde* in einem Künstler- und Handwerkerviertel. Ich bin Kommunistin, vielleicht erstaunt Sie das und vielleicht gefällt es Ihnen nicht,

nun gut, dann denken Sie einfach nicht daran. Wenn Sie mir nochmals schreiben, wird es mir eine Freude und ein Trost sein, wie damals in Sorrent, als ich Ihre Briefe erhielt.
Haben Sie mich lieb.

Sibilla Aleramo

28. April, abends

... Heute morgen unerwarteter Besuch von Franco. Er hat mir einen Strauß roter Nelken mitgebracht und war fast 2 Stunden hier, sprach von den Wahlergebnissen und den düsteren Aussichten, die sich für uns Intellektuelle daraus ergeben. Ich habe ihm keine Andeutung über meine Müdigkeit gemacht.
Mein körperlicher Zustand bessert sich nicht, aber ich habe nicht den Mut, Aspirin zu nehmen, was mich noch mehr entkräften würde....

Venedig, 10. Juni, am späten Vormittag

Aber wie soll ich weiterleben? Mein Geldvorrat reicht höchstens noch einen Monat, vielleicht weniger.... Ich habe einen langen Brief an Mondadori geschrieben, der pathetisch geworden ist, ohne daß ich es wollte, so daß am Ende mein Blick verschleiert war. Aber ich gebe die Hoffnung auf, daß er sich rühren läßt und sich entschließt, etwas zu tun, um mir zu Hilfe zu kommen, nämlich einige meiner Bücher wieder aufzulegen und mir sofort einen Vorschuß zu schicken....

30. Juni, abends

Den ganzen Nachmittag damit verbracht, mein Tagebuch der 3 Jahre 1945-46-47 durchzugehen. Absolut unmöglich, ein Urteil darüber abzugeben, bzw. mir vorzustellen, ob diese circa 1000 Seiten für andere außer für mich von Interesse sein könnten ... (jedenfalls werden sie unveröffentlicht bleiben, solange ich lebe). Beeindruckend die ständige Sorge wegen materieller Schwierigkeiten, Jahr um Jahr – und die täglich neu überwundene Müdigkeit....
Und die Sehnsucht, die immer enttäuschte, den Faden des Gesangs wiederfinden zu können....

14. Juli, nachmittags

Heute mittag wurde Togliatti, als er aus dem Montecitorio-Palast kam, von 4 Pistolenschüssen verletzt. Äußerst ernste Verletzungen am Pneumo thorax. Er ist sofort in die Poliklinik gebracht worden, von wo aus das Radio jede Stunde das Bulletin überträgt, das das ganze Land in Atem hält. Wenn er nur durchkommt! Ich habe ein paar Minuten, nachdem es geschehen war, von dem Verbrechen gehört, in der „Unità", wo ich gerade einen Artikel hingebracht hatte. Wie betäubt bin ich nach Hause gegangen. Jetzt gehe ich vielleicht mit Fausta Cialente in die Poliklinik, um mehr zu erfahren. Wehe, wenn Togliatti erliegt!

später

Niederlegung der Arbeit, die Straßenbahnen stehen still, ich kann nicht zu Fuß bis zur Poliklinik gehen, bin hier in angstvoller Erwartung. Auf der Via Margutta stehen hier und da Gruppen von Handwerkern, meine Genossen, und sprechen untereinander, während die Rolläden der Geschäfte alle heruntergelassen sind. . . .

nachher

Konnte mit Guttuso telefonieren, der mir sagte, er habe aus der Parteizentrale gehört, daß man hoffe, die Gefahr sei abgewendet, aber der Fall ist trotzdem noch immer sehr ernst.
Ich werde hinuntergehen, um nachzusehen, ob die Zeitungen vielleicht Extrablätter herausbringen. Wie es scheint, stehen auch die Züge in ganz Italien still.

22.10 Uhr

Für 10 Uhr war ein neues Ärztebulletin im Radio angekündigt, nach den beiden um 3 und 6 Uhr; es ist indes auf 11 Uhr verschoben worden: Verschlimmerung, Komplikationen? Angsterfülltes Warten hier in der Einsamkeit; Ich habe Whitman aufgeschlagen, wie einen höchsten Tröster. Wenn die Ereignisse – meine und die in der Welt – es mir gestatten, wenn ich je wieder ein Buch schreiben kann, so wird es, glaube ich, einzig und allein aus *Gesängen an das Leben* bestehen. . . .

Mitternacht

Das Bulletin der Professoren der Poliklinik hat eine leichte Besserung bestätigt. Hoffentlich. In den Nachrichten wurde dann angekündigt, daß die Gewerkschaften ab heute Nacht den Generalstreik für ganz Italien ausgerufen haben. Auch die Elektrizität wird abgestellt. Nur die Telefone werden noch funktionieren. Wie werde ich weitere Nachrichten erhalten, wenn keine Zeitungen herauskommen und das Radio schweigt? Aber im Moment bleibt mir nichts, als mich hinzulegen und den Schlaf zu suchen. Ich bin vollkommen erschöpft.

15. Juli, mittags

Das Radio schweigt. Es ist nur eine einzige Zeitung, „Lavoro", ein Extrablatt der Gewerkschaft, mit den Nachrichten der vergangenen Nacht herausgekommen. Togliattis Zustand stagniert, erst nach weiteren 12 Stunden werden die Ärzte ihn außer Gefahr erklären können. Generalstreik in ganz Italien. Für 10 Uhr war eine große Kundgebung auf der Piazza dell' Esedra angesagt, ich weiß nicht, wie sie verlaufen ist, als ich hinuntergegangen bin, um Lebensmittel zu kaufen, habe ich in der Via Babbuino singende Arbeiter mit roten Fahnen vorbeiziehen sehen: jeden Alters, alle großartig.
Stalin hat an Togliatti telegrafiert: „geliebter Genosse".
Aber in Kammer und Senat hat die Regierung De Gasperi schon seit gestern gezeigt, daß sie keinerlei Absicht hat, der Aufforderung des Volkes nachzugeben und entschlossen ist, die Macht zu behalten. Und leider wird sie darin von der Mehrheit – und nicht nur der parlamentarischen – unterstützt. Was wird geschehen, da doch das Volk sehr entschlossen zu sein scheint?

17 Uhr

Seit 1 Uhr geht das Radio wieder, das 4. medizinische Bulletin über Togliattis Gesundheitszustand ist zum Glück beruhigend. Die Kundgebung heute Morgen war überwältigend und ohne Zwischenfälle. Jetzt wird in der Kammer eine Tagesordnung von Pajetta gegen die Regierung diskutiert. . . .

2 Stunden damit verbracht, ein Leintuch mit einem großen Riß, in dem sich die ganze Nacht meine Füße verfangen hatten, sehr häßlich zu stopfen. Und die 3 anderen Leintücher, die mir noch bleiben, sind alle in dem gleichen, hoffnungslosen Zustand. . . .

16. Juli, nachmittags

Togliattis Zustand hat sich verschlechtert, Lungenentzündung, 40 Fieber. Ich bin wieder von Angst gepackt. . . .

19. Juli, nachmittags

Togliatti scheint nunmehr wirklich außer Gefahr, fieberfrei, obwohl die Ärzte es noch nicht offiziell erklärt haben. Für uns alle, von der großen Angst der vergangenen Tage erlöst, bleibt die Unsicherheit über den Zustand, in dem er sich während seiner Genesungszeit befinden wird, d.h. ob sie lange dauern und es ihm deshalb sehr lange nicht möglich sein wird, seinen Platz als Führer und Kämpfer wieder einzunehmen. . . . Bis jetzt vertritt ihn Pietro Secchia, der gestern in der „Unità" einen Artikel mit dem Titel *Unsere Pflicht* veröffentlicht hat, den die gegnerischen Zeitungen heute des faschistischen Stils bezichtigten. . . . Inzwischen gibt es in ganz Italien immer wieder tragische Konflikte zwischen Aufständischen, die sich in die Berge geflüchtet haben, und den sogenannten „Ordnungs"kräften.
Die Radiogebühren bezahlt, bleiben mir insgesamt noch 30.000 Lire. Wenn mir der Preis von Viareggio nicht zugesprochen wird, habe ich dann wohl die Kraft, weiterhin solche Trapezakte zu vollbringen? Ich fühle, wie sich mein Gehirn entleert . . . „alles ruhigen Herzens betrachten" wiederholt mir Lucrezio. Doch er tötete sich mit kaum 30 Jahren. . . .

30. Juli, nachmittags

In diesen 3 Tagen, die ich fast ganz hier in Einsamkeit verbrachte . . ., habe ich mit Ausdauer an dem Gedicht gearbeitet und jetzt „steht" es schon fast. Es sind etwa 40 Verse. Ich weiß nicht, ob die Müdigkeit, aus der sie auftauchten, sie beeinträchtigt, oder ob der Sieg über eben diese Müdigkeit aus ihnen hervorgeht. Jedenfalls bin ich froh über diesen Beweis, empfinde ihn irgendwie als guten Wunsch für das, was noch kommt. . . .

Viareggio, 16. August, morgens

Öde Bitterkeit im armen Herzen, nachdem ich gestern Abend bei der Preisvergabe im festlichen Garten den Radiosprecher ankündigen hörte, daß die beiden Gewinner, unter die der Preis aufgeteilt wird, Elsa Morante und Aldo Palazzeschi sind und für mich ein Preis der Poesie geschaffen worden war, der mit 300.000 Lire dotiert ist. Abgesehen von dem finanziellen Schaden . . . hatte ich ein unsägliches Gefühl der Demütigung, fast als hätten sie mich verspottet, geohrfeigt. Ich habe mich beherrscht und erst später, im Laufe des Abends, habe ich einigen mein herzzerreißendes Gefühl offenbart. . . .

12. September, Sonntagnachmittag

Besuch eines jungen Mädchens aus Savona, die mir vor einiger Zeit geschrieben hatte und mich um Auskünfte über Giovanni Cena bat, dessen Name ihr von einem Genueser Professor als Gegenstand für ihre Doktorarbeit vorgeschlagen worden war. Stille Bewegtheit, als ich ihr seine Werke und die Photographie in dem Hyazinthenfeld, das mein Vater in jenen ersten Jahren des Jahrhunderts in Monte Mario angelegt hatte, zeigte.
In einem weiteren halben Jahrhundert wird vielleicht ein anderes junges Mädchen um Auskünfte über Sibilla Aleramo nachsuchen – bei wem? Die von heute Morgen hat mir einen Strauß rote Nelken mitgebracht. Sie hat von mir nur, zusammen mit *Si alla Terra*, den Band *Aus meinem Tagebuch* gelesen. An einem bestimmten Punkt hat sie, als sie sah, daß ich allein lebe, schüchtern gefragt: „Und der junge Mann aus dem *Tagebuch*, ist er im Krieg gefallen?"
„Nein", habe ich geantwortet, „er hat geheiratet", und dann habe ich das Thema gewechselt. . . .

Aosta, 11. Oktober, mittags

Bis spät im Bett geblieben in dem Versuch, die in den vergan-

genen Tagen angestaute Müdigkeit und vor allem den Schock, den mein Organismus gestern Morgen wegen des Sprungs von Cogne nach Colonna (2400 Meter) erlitten hat, auszugleichen. Nach Cogne kam ich vorgestern Abend, wurde herumgeführt und dann beherbergt von einem guten und freundlichen Genossen, Mario Mariotti, einem Angestellten des großartigen Betriebs Cogne, dem daran lag, mir sein Tal und den Eingang zum Bergwerk, dem höchsten Europas, zu zeigen. Wunderbar der Tag, wegen des ganz klaren Himmels, und wunderbar die Aussicht auf den Gran Paradiso und den Kreis der Gipfel rundherum, vom weit entfernten Mont Blanc bis zum Grivola und kleineren, die alle ekstatisch in der Sonne gleißten. Das Bergwerk lag still, weil Sonntag war. Nur wenige Arbeiter spielten Boccia. Mariotti, der 12 Jahre dort oben wohnte (jetzt ist er hier nach Aosta versetzt worden), zeigte und erläuterte mir die ganze Anlage, ausgezeichnet. Von Cogne (1500) fuhren wir mit der Schwebebahn hinauf (12 Minuten). Die Arbeiter verdienen etwa 1800 Lire am Tag, aber sie arbeiten 8 Stunden hintereinander, zermürbende Arbeit, die nur Leute unter 40 aushalten. Man müßte die Arbeitszeit um mindestens 2 Stunden verkürzen. Das Bergwerk von Cogne ist jedoch nicht tödlich, bzw. keines von denen, die schädliche Säuren ausströmen, welche auch die robustesten Bergarbeiter in kaum 2 Jahren schwindsüchtig machen. . . .
Auf den großen Terrassen, wo ich lange stehenblieb (trotz der Höhe war die Sonne warm), habe ich einen Moment an Nietzsche gedacht, an die Gesänge, die er angesichts der weißen Gipfel seiner Seele entlockte. Einige Zeit in absoluter Einsamkeit dort oben leben zu können! . . .
Heute Nacht, als ich nicht einschlafen konnte, habe ich mich plötzlich gefragt: „Aber tue ich nicht gerade Dinge, die in meinem Alter Wahnsinn sind? Ist dies nicht vielleicht derselbe Dämon, von dem ich besessen war, als ich, blind in diesen oder jenen Mann verliebt, rastlos Täler und Höhen durcheilte? Werde ich denn wirklich nur im Tod Frieden finden? . . .

4. November, nachmittags

Ich habe Togliatti umarmt. Es war mittags, im Vorraum des Kinos Quattro Fontane, in der Erwartung, daß der Kinosaal für die ganz private Vorstellung des Films über den Tagesverlauf bei der „Unità“ in Rom am 26. September geöffnet würde. Erst war ich auf der Straße stehengeblieben, um mit einigen Arbeitergenossen und auch mit Funktionären der russischen und polnischen Botschaft zu sprechen. Als ich dann den Vorraum betrat, sah ich Togliatti unter den Parteiführern, Longo, Seccia. . . . Ich konnte nicht widerstehen, habe mich durchgedrängt, er hat mich entdeckt, ich habe ihm 2 Küsse auf die Wangen gedrückt und er war fast so gerührt wie ich, seine Augen waren, scheint mir, verschleiert, so wie meine verschleiert waren, während wir wirre Worte sprachen. Er ist sehr verändert, merklich gealtert, aber die Feinheit und Ausdruckstiefe des Gesichts sind dieselben. . . .

Am Schluß des Begleitbriefes zu meinem Gedicht über Polen hatte ich ihm letzte Woche geschrieben: „Ich hoffe, Dich an einem dieser Vormittage endlich wiedersehen zu können. Und wirst Du mir mit meinen 72 Jahren gestatten, Dich zu umarmen? . . .“ . . .

10. Dezember, abends

Jedes Mal, wenn ich hierher zurückkomme, ob nach langer oder kurzer Abwesenheit, scheint mir die Dachstube noch ärmlicher, noch lieb-vertrauter, noch mehr *meine* (mir, die ich stets gesagt habe, ich hätte keinen „Eigentumssinn“).

Ich war 3 Tage in Neapel, zu Gast in dem schönen Haus von Giuseppe Alberti und seinen Kindern, einem Jungen und 2 Mädchen, alle freundlich und nett, und hatte währenddessen keine Zeit, auch nur eine Zeile zu schreiben. Neapel war bezaubernd, und seine so lebensspendende Sonne! Capri war durch den Dunst nicht zu sehen: besser so. Eher begleiteten mich die Erinnerungen an weiter zurückliegende Jahre, an die Zeit mit Endimione. . . . Wieviel Trunkenheit und wieviel Schmerz, und jetzt, welch unaussprechliche Heiterkeit, zugleich wehmütig und froh. . . .

30. Dezember, nachmittags

In ganz Italien waren die Bauern verzweifelt, weil es seit etwa 2 Monaten nicht mehr geregnet hatte: vergangene Nacht nun hat sich der Himmel, vorher unerbittlich heiter (und eiskalt), endlich bewölkt und seit heute Morgen regnet es hartnäckig. Es ist etwas weniger kalt. Mein Ofen hat in 6 Tagen für 2.000 Lire Holz (4 Zentner) verbraucht. Ungefähr 10.000 Lire im Monat, und für den ganzen Winter wird die Ausgabe sich also auf 30. bis 40.000 Lire belaufen. Gestern Abend habe ich ein bißchen die „finanzielle" Bilanz des Jahres 1948 gezogen. Ich habe *400.000 Lire* ausgegeben, eine Riesensumme, vor allem, wenn ich all die Zeit einrechne, in der ich, auf Reisen zu meinen Konferenzen, stets zu Gast war. 50.000 hat die Kur in Salsomaggiore verschlungen. Für Mantel, Kleid und Wäsche zusammen nochmal 50.000. Ich beginne das neue Jahr mit einer Reserve von 250.000 Lire, die, wenn ich nicht nach und nach etwas verdiene, höchstens 7 oder 8 Monate reichen werden.

Und heute Abend kam ein Brief für mich, an den Mondadori-Verlag adressiert, am 20. Dezember von einer jungen Frau abgeschickt, die ich vor mehreren Jahren flüchtig kennengelernt hatte: sie schreibt mir über ihre tragische Situation, allein mit 3 Kindern, vom Ehemann verlassen, mittellos. Sie schreibt, sie habe, wie schon andere Male in trostlosen Augenblicken, *Il Passaggio* aufgeschlagen und so etwas Kraft geschöpft. . . .
Ich werde ihr noch heute Abend antworten.

Gleichzeitig kam eine Ansichtskarte von Franco: „Ein gutes '49! für Deine Kraft, für Deine Poesie."

Morgen Abend werde ich hier sein, allein.

Sylvester, in der Abenddämmerung

Vorhin habe ich trotz des Nieselregens dort hinter dem großen Fenster wieder die Stare über die Bäume des Pincio fliegen sehen. Sie müssen gerade erst zurückgekommen sein, meinem Herzen treu. . . .

1949

Rom, Neujahrsmorgen

Große Stille in der Dachstube. Um Mitternacht trank ich einen Schluck Likör und faßte dabei den Vorsatz: „arbeiten“; dann las ich bis 1 Uhr das Tagebuch von 1948 weiter; anschließend schlief ich, kaum zu Bett gegangen, ziemlich rasch und heiter ein. . . .

7. Januar, abends

Heute nun war auch bei mir einer der „3 Könige aus dem Morgenland“; der alte Freund Giovanni M., dem ich vor Wochen erzählt hatte, daß ich ohne Uhr bin, seit ich sie vor 4 Jahren aus der Not heraus verkaufen mußte (es war eine goldene Uhr, Erinnerung an Endimione, sein erstes Geschenk!), brachte mir heute eine: selbstverständlich nicht aus Gold, aber sehr hübsch. Giovanni war in Begleitung seiner Frau (seiner 2. Frau, einer Deutsch-Israelin). Sie weiß um die große Liebe, die Giovanni vor 30 Jahren für mich gehegt hat, eben bevor ich Endimione begegnete. Merkwürdige Rhythmen des Lebens. Wäre ich eine Romanautorin, so könnte ich aus der Begebenheit mit Giovanni, aus der Beschreibung seines einzigartigen Charakters, etwas sehr Interessantes machen. Aber ich bin keine. . . .

25. Januar, abends

„Dank für das Bildchen. Zu ernst, die Kleine, zu tief, die Augen. Wie sehr bist Du noch immer so!“

In meinem *Frustino* stammen diese Worte aus einem der Figur Mino Versili – der im Leben Giovanni Boine war – zugeschriebenen Brief. Ich glaube, ich habe das schon irgendwo im Tagebuch notiert. Und das Bildchen ist zu mir zurückgekommen, *nach 34 Jahren,* unerwartet, von einer Dame überbracht, die es vor den Flammen gerettet hat, die gewisse Nonnen in Imperia mit dem Bündel meiner Briefe an Boine nähren wollten. Die Dame sagte mir, die Briefe seien der Stadtbibliothek von Imperia, Boines Geburtsort (er starb 1917), übergeben worden. „Sehr schöne, sehr leidenschaftliche, sehr edle Briefe", erklärte die Dame, die sie gelesen hat. Was das Bildchen angeht, so stellt es mich *mit 4 Jahren* dar. Auf der Rückseite steht mit Bleistift in der Handschrift meines Vaters: „Rina, Juni 1889". Es war der einzige Abzug und schon öfter hatte ich bedauert, daß er nicht mehr da war. Jetzt betrachtete ich es mit merkwürdiger Zärtlichkeit, als sei es das Bild eines Töchterchens von mir. . . . Und Boine hatte recht: Die Augen in dem anbetungswürdigen Gesichtchen sind von rührender Ernsthaftigkeit. . . . Bin ich auch heute „noch immer so"? . . .

6. Februar, Sonntagabend

Die liebevolle Einladung von Adriano und Alfio angenommen, bin ich heute Morgen mit ihnen nach Ostia gefahren und habe den ganzen Nachmittag dort am Strand verbracht. Warm und sanft die Sonne, zartblau das Meer, ohne ein Segel. Gefühl der Ruhe, nach wer weiß wie langer Zeit. Selbstverständlich auch die Erinnerung an die letzten Male, die ich in Ostia gewesen war, mit Franco, der mich schon verraten hatte. Fast Frieden. . . .

22. Februar, abends

Beginnender Frühling am römischen Himmel. Heute Morgen überraschte ich mich, während ich eine Tiberbrücke überquerte, dabei, ein Gefühl zu haben, dem verwandt, das diese Luft und dieses Licht vor fast einem halben Jahrhundert, im Jahre 1902, in mir erweckten. . . . Wie ist das möglich? habe ich mich gefragt. Dann habe ich daraus geschlossen – doch vielleicht täusche ich mich –, daß es sich um eine ganz merkwürdige moralische Analogie handeln muß: Damals hatte ich mich gerade von der Knechtschaft der Ehe befreit: jetzt bin ich für immer frei, frei von der Liebe zu einem Einzelnen; und ich lebe, wie damals, *für eine Idee*. . . .

3. März, abends

Der Ofen brennt, aber ich friere trotzdem. Im Radio eine kurze Sendung aus der Reihe „Berühmte Prozesse“ gehört. Diese heute Abend war der „Contessa Lara“ gewidmet, der angloitalienischen Dichterin, die 1896 von einem Liebhaber, der sie ausbeutete, umgebracht wurde. Das Verbrechen erregte ungeheures Aufsehen. Ich lebte damals noch mit meinem Mann, der zu mir sagte: „Du wirst enden wie sie“. Nach mehr als einem halben Jahrhundert hat sich die Prophezeiung noch immer nicht bewahrheitet. . . .

10. März, nachmittags

Ich habe jedes meiner Bücher *gemocht*, wenn sie so nach und nach im Abstand von Jahren herauskamen: denn in jedem habe ich – ob vom künstlerischen Standpunkt aus mehr oder weniger gelungen – immer den Ausdruck der tiefen Wahrheit meiner Seele gefunden: dessen, was es meiner Seele möglich gemacht hat, soviel mühevolles und leidgeprüftes Leben zu überdauern. Und auch heute mag ich dieses neue Büchlein (*Il mondo è adolescente*), ich lese es wieder, ich blättere darin, spiegle mich darin mit einem irgendwie verschämten, zarten, kindlichen Lächeln. Keine Eitelkeit. Sogar Dankbarkeit, würde ich sagen, über das Wunder, durch das mir gewährt war, meine Menschlichkeit im Rahmen meiner Kräfte demütig aber mit leidenschaftlicher Liebe auszudrücken. . . .

Paris, den 20. April, Hotel des Deux Mondes, 7.30 Uhr früh

Gegenüber dem Fenster sehe ich eine Mauer, und ein bißchen Himmel, der heute morgen grau ist. Gestern war dafür einer der bezaubernsten Frühlingstage, den ich jemals erlebte. Die Pappeln entlang der *Quais* der Seine, mit ihren frischen Blätt-

chen, die zu Tausenden in der Sonne zitterten, über den Schachteln der *bouquinistes*. Vor jedem anderen Blick auf Paris wollte ich diesen langen Fluß wiedersehen, vom linken Ufer aus, wo ich den Herbst und den Winter 1922-1923 verbrachte. Das *Hôtel du Quai Voltaire* existiert noch, wo ich damals wohnte, Endimione, zweimal gestorben, er mit seinem schönen Gesicht, den die Götter liebten, und das Drama, das ich darüber schrieb und das dann im März 1922 hier im Theater dell'Oeuvre aufgeführt wurde und das heute keiner mehr kennt. Ich bin von fünf bis sieben ein Stück der *avenue de l'Opéra*, wo ich wohne, zu Fuß gegangen, die über die Plätze des Louvre zur Seine führt, dann weiter zum Pont S. Michel, von wo aus ich den Anfang des *Boul Miche* betrachtete, eine andere noch weiter zurückliegende Erinnerung, der Winter 1913-1914, der erste, den ich in dieser Stadt verlebte und den ich, etwas verkürzt, in *D'Annunzio fraterno*, beschrieben habe. Von dort kehrte ich durch die rue de Rivoli zu Fuß zurück. Ich war mittags angekommen, nach 27 Stunden Reise, in einem entsetzlich überfüllten Waggon.
Heute nacht habe ich geschlafen. Endlich! Jetzt will ich frühstücken und dann gehe ich mit Bontempelli, der auch hier wohnt, zur Eröffnung des Kongresses, Richtung l'Etoile. . . .
Ich bin zum fünften Mal in Paris.

24. April, Sonntag, 7 Uhr früh

Heute ist mein vorletzter Tag hier und ich habe gar nichts über diesen Aufenthalt notiert. Er war ziemlich chaotisch und (was ich ahnte) ermüdend. Der Sitz des Kongresses liegt weit weg, man muß zweimal täglich bis dorthin fahren. Viele Menschen, Ansprachen, Begegnungen. Taxi, Bus, U-Bahn. Abscheuliches Essen. Klares Wetter. Paris hatte mir nie so gefallen, seine schöne Lage und seine weiten Flächen. Die Straßen sind „volkstümlicher" als früher, ich sah keine eleganten Leute, nur in einigen Auslagen von Faubourg St. Honoré gab es vornehme, richtig anachronistische Kleidungsstücke. Ich habe noch nicht einmal ein Taschentuch gekauft. Vierfünftel der zehntausend Francs nehme ich wieder mit nach Italien. Ich bekam ein

einziges Geschenk, zwei von Alberto Tallone veröffentlichte Bücher, „Le selve“ von Lorenzo de‘ Medici, und die Gedichte von Nerval, beides wertvolle Exemplare. Alberto, oder Madino wie ich ihn nannte als seine Schwester Teresa noch lebte, hat heute graue Haare, aber immer noch diese lebendigen Augen, den liebenswürdigen und jugendlichen Ausdruck, den wiegenden Gang wie seine Schwester. Ich verbrachte gestern morgen eine angenehme Stunde in seinem Studio, in einem Handwerkerviertel. Heute holt er mich um ein Uhr ab und lädt mich zum Essen in ein italienisches Restaurant ein, so wie es Plan vor dreißig Jahren tat. . . .
Ich war einmal zum Mittagessen und einmal zum Abendessen bei Gino Antonini, in Neuilly, mit Bontempelli. Auch dort, Bücher und Erinnerungen.
Ich besuchte, begleitet von Eluard, das Studio von Picasso. Seine Malerei mag ich nicht, obgleich ich in ihm schon das große Genie anerkenne. Er hat ein eindrucksvolles und schlaues Gesicht, sympathisch. Eluard, von ganz anderer Art, ist sehr fein, sehr französisch, aber undurchdringlich. . . .

8. Mai, Sonntagnachmittag

Gewitter. Hoffentlich schädigt es nicht die Ernte. Und hoffentlich dauert es nicht bis Mittwoch, wenn ich in Terni meinen Vortrag halten soll. Unter großer Mühe habe ich in den letzten Tagen zweidrittel davon geschrieben. Heute bleibe ich zu Haus um ihn zuende zu bringen, aber diese Blitze und Donner verstärken meine Atemnot. Ich habe die Wintersachen in den Koffer zurückgelegt und die alten Sommerkleider hervorgeholt. Vorgestern brachten mir Adriano und Alfio einen neuen Kleiderstoff, hellgrün, als Geschenk, ich wollte es nicht annehmen, aber die beiden sind so glücklich wenn sie mich beschenken können, da hatte ich nicht den Mut, abzulehnen. Ich bringe den Stoff morgen zur Schneiderin, vielleicht näht sie es mir bis Sonnabend, für die Reise nach Ascoli Piceno, San Benedetto del Tronto, Ancona und dann Florenz, Livorno, vielleicht La Spezia. . . .

Der Geschäftsführer der „Unità“ hat mein „Gehalt“ auf zwanzigtausend erhöht.
Maeterlinck ist gestorben. Ich möchte wenigstens im Tagebuch an ihn erinnern, aber mir fehlt die Kraft dazu. Ich habe den Band *Theater* aufgeschlagen, er trägt ein mit Bleistift von mir geschriebenes Datum, als ich ihn gekauft hatte und zum ersten Mal las: „Rom, Herbst 1901“. Wenige Monate bevor ich das eheliche Haus verließ (in jenem Oktober besuchte ich hier meine Schwester Jolanda und meinen Vater, und traf mich mit Damiani. . . .) Dann steht da eine Widmung, mit Tinte, von Maeterlinck, um die ich ihn dreiunddreißig Jahre später bat, im Oktober 1934, als er hier an einem Theaterkongreß teilnahm und wir ein paar anregende Stunden zusammen verbrachten. Die Widmung heißt: „à la grande Sibilla Aleramo avec toute mon admiration.“ Er starb mit 86 Jahren. Er war ein wahrer Dichter. Ich schätzte von ihm vor allen Dingen die Einleitungen zu Novalis und zu Emerson. . . .

Im Zug zwischen San Benedetto und Ancona, 17. Mai

Ich bin seit dem Krieg diese Strecke nicht mehr gefahren. Civitanova ist sehr zerstört, vor allem die Gegend um den Bahnhof, wo mein Vater vor über 60 Jahren die Glasfabrik errichtete, die nun zerstört ist (so scheint es mir jedenfalls vom Zugfenster aus).
Ich habe das Gefühl, als seien hier und dort auf diesem Weg (und auf der ganzen Welt?) Spuren von mir zurückgeblieben. . . .
Hinter den Hügeln vor kurzem Fermo: meine letzte Illusion, Franco. . . . Und jetzt Civitanova, die erste und tragischste Illusion. Vor fünfzig Jahren. Und die Landschaft hat sich überhaupt nicht verändert: weder die Farbe des Meeres, noch das Rot des blühenden Klees.
Ich denke an das, was man Schicksal nennt: wieviel „Zufälliges“ steckt unabwendbar in jeder menschlichen Existenz, wieviel „Willen“ und wieviel „Kreativität“. Ich frage mich, ob die Zukunft diese Proportionen verändern kann, ob sie

das, was an Fatalem von Geburt an in jedem steckt, auf ein Minimum reduzieren kann. . . .

6. Juni, Montagmorgen

Alles was mir begegnet, an was ich denke, ist nun *à fonds perdu*? An einem bestimmten Lebensabschnitt, wenn also Zeit und Kräfte nicht mehr vorwärtsweisen, ist es das Los des Menschen, auch das des Dichters, den Sinn des Lebens nur noch für sich selbst, für die eigene, intime Vervollkommnung zu behalten? Nicht mehr *schöpfen*, einfach sein?

Rom, 9. Juni, nachmittags

Seit zwei Tagen bin ich zurück und lebe im Staub (kein Wunder nach Wochen auf blitzblanken Fußböden im Hause Longhi). Ich versuche, den Stoß Zeitungen, den ich bei meiner Rückkehr vorfand, etwas zu ordnen, die eiligeren Briefe zu beantworten und summarisch einige für die Kolloquien zu katalogisieren. Ein Sekretär wäre Gold wert. Unterdessen quält mich mein Ischias in der Hüfte. Ich gehe dennoch so aufrecht wie möglich und man macht mir sogar Komplimente für mein gutes Aussehen. . . .

11. Juni, nachmittags

Allein. Ich fühle mich *allein*, weil ich mit niemandem über das, was ich lese (Zeitungen, Zeitschriften), täglich diskutieren kann. Man trifft sich zu Versammlungen, Konferenzen usw. aber es gibt nie Gelegenheit über das zu sprechen, was am meisten drängt, die heutige Lage, die verschiedenen Auseinandersetzungen, die großen und die kleinen Kämpfe, die die Partei durchführt, und die das Volk führt und auch ein jeder von uns in seinem Bereich. Ich deutete vor Monaten gegenüber Togliatti an, daß wir Intellektuellen uns öfter treffen müßten. Er schien überzeugt davon – aber weiter tat sich nichts.

Nun, Einsamkeit mal Einsamkeit, ich müßte weit weg leben, konzentriert an einem Buch schreiben, in einem Buch den Kern der verschiedenen Betrachtungen zusammenfassen. . . . Ob das jemals etwas wird? . . .

Villa di Gaggiano, Gegend von Siena, 31. Juli

Ich spreche darüber mit niemandem, aber seit einigen Monaten, nach der so anstrengenden Reise nach Paris, und dann gleich danach die Fahrt in die Marken, haben meine Muskeln, meine Gelenke beängstigend nachgelassen. *Das bin nicht mehr ich*, wie ich mich bewege, Treppen steige, wie ich aufstehe, mich setze (auch wegen dem nicht so schlimmen, aber lästigen Ischias). Und das ist ein ewig demütigendes und schmerzliches Gefühl. . . . Ich werde zwar in zwei Wochen dreiundsiebzig Jahre alt. Aber weil ich bis jetzt so beweglich war, entsetzt es mich, daß meine Kräfte so unerwartet nachlassen, und wie gesagt, das trübt mir fast den Sinn. . . . Vielleicht übertreibe ich. Aber hier in Gaggiano habe ich ständig die Mutter von Maria vor mir, eine Frau voller Gebrechen und Klagen, dick, sie geht nur mühsam, sieht kaum etwas und kann nicht mehr lesen. Dabei ist sie nur drei Jahre älter als ich. Der Gedanke, daß ich so herunterkommen könnte, entsetzt mich zutiefst.

Castel S.Angelo di Visso, 12. August, vormittags

Regen (auch hier oben ist er so nötig – wir sind hier auf 800 m Höhe – wenn auch nicht so nötig wie bei Siena). Ich bin spät aufgestanden, gebe der Trägheit nach. Noch im Bett dachte ich an meinen bevorstehenden Geburtstag und ergötzte mich in Gedanken an vergangene Zeiten. Ergötzte mich – sozusagen. In meiner Vergangenheit gab es keine Farce, aber viel Tragödie. Ich verweilte in der Zeit meiner Liebe zu Endimione und war sehr erstaunt, als ich mich erinnerte, daß wir uns vor 30 Jahren begegneten (Weihnachten 1919, Neapel), ich war damals schon 43 Jahre alt: und zwei Jahre später das bekannte Foto von mir im Profil von Bragaglia. Damals hatte meine Schönheit wirklich ihren Höhepunkt erreicht.

Ich denke in diesen Tagen häufig an Endimione, weil ich letzte Woche in Rom eines abends Adriano und Alfio das Drama vorlas, das seinen Namen trägt. Die beiden Freunde waren sehr beeindruckt und wie mir schien, auch etwas verwirrt.

14. August, mittags

Dreiundsiebzig Jahre. Rumenia brachte mir heute morgen einen großen Rosenstrauß von Adriano und einen wunderschönen Dahlienstrauß ins Zimmer, außerdem überreichte sie mir ein Bündel Gedichte von Adriano, einen Brief von ihm und einen von Alfio. Nach so vielen Monaten, die wir uns kennen, konnte ich endlich einige Auszüge aus der Lyrik des Freundes lesen, der sich immer geweigert hatte, ich weiß nicht, ob aus Scheu oder aus Ehrfurcht. Gedichte von seltener Zartheit, in sorgfältigem Stil. Ich freue mich, daß ich sie gerade heute bekam. Heute nachmittag will ich ihm antworten. Die Briefe der beiden Freunde sind sehr lieb. Von meinem Sohn kam auch ein kurzer Brief, mit recht lakonischen Glückwünschen, weiter eine Karte von meiner Schwester Jolanda. Vielleicht schrieb noch jemand, die Post kommt hier mit großer Verspätung an.
Seit heute nacht regnet es ununterbrochen. Im Eßzimmer unten brennt der Kamin. Rumenia und ihr Mann sind sehr aufmerksam und darauf bedacht, mir den Tag so angenehm wie möglich zu machen. Sie merken, daß er mein Herz belastet. Die Kinder sind sehr sympathisch und höflich. Sogar die Hausangestellte, ein schönes robustes Mädchen aus der toskanischen Maremma, setzt alles daran, mich zum Lächeln zu bringen. Gleich gibt es hausgemachte Bandnudeln und Forelle aus dem Fluß Nera. . . . Was wünschst du mehr, Sibilla? Diese ganze Gastfreundschaft ist die reine Verehrung für deine Dichtung, also etwas sehr Wertvolles. . . . Erinnere dich an die Traurigkeit vor einem Jahr, in Viareggio. . . . Besser nicht, denk nicht an die Vergangenheit, schau nach vorn in die kurze oder lange Zeit, die dir noch zum Weitergeben bleibt. . . .

17. August, nachmittags

Heute morgen kam für ein paar Stunden die Sonne durch, nach fast einer Woche. Ich lag im Liegestuhl auf der Wiese neben dem Haus, allein, und hörte in mir die noch gestaltlose Bewegung von etwas, das sehnlichst Stimme, Gedicht werden will.

. . .

19. Oktober, abends

Togliatti empfing mich nicht gestern, sondern heute früh. Er hörte mich besonders freundlich und verständnisvoll wie immer an und erklärte daraufhin, für die Partei sei es durchaus nützlich, wenn ich mich für einige Monate in die Einsamkeit zurückziehen würde, um ein Buch in Lyrik oder Prosa über meine derzeitigen Gefühle zu schreiben. Er versprach, mir von der Direktion die nötigen finanziellen Mittel zu beschaffen, damit ich dieses Projekt verwirklichen kann. Ich rufe ihn gleich nach meiner Rückkehr aus Piemont, in acht bis zehn Tagen, an und entscheide gleich danach den Ort, an den ich mich zurückziehen will. Togliatti ist einverstanden, zusammen mit Bianchi Bandinelli der Testamentsvollstrecker meiner unveröffentlichten Manuskripte, der ganzen Papiere, der Sammlung von Briefen usw. zu sein, die ich nach meinem Tod hinterlasse. Für dieses Testament will ich auch endlich nach meiner Rückkehr aus Turin alles Notwendige veranlassen. Ich kam aus dem Arbeitszimmer von Togliatti zutiefst bewegt und erleichtert heraus.

. . .

6. November, Sonntagnachmittag

Um 10 Uhr bei Regen weggegangen, ins Theater Quattro Fontane, um Celeste Negarvilles Gedächtnisrede zum 32. Jahrestag der Russischen Revolution zu hören. Großartige Rede, wurde lang applaudiert. Ich habe Negarville von Herzen gratuliert. Auf dem Rückweg regnete es nicht mehr. Es ist kalt, aber ich lasse den Ofen doch aus, weil ich um sieben wieder ausgehe, zur Sektion Colonna, ich will Guttuso hören, der vierzehn Tage in Moskau war, der Glückliche!

Als Negarville heute morgen die fabelhaften Etappen der Sowjets in diesen dreißig Jahren zurückverfolgte, hing ich ab und zu in Gedanken meinem Leben in jener Zeit nach. . . . wo war ich denn im Herbst 1917? Da war die Niederlage von Caporetto, in Italien. Damals wohnte ich in einem kleinen Gasthaus, am Comer See, in Urio. Dort bekam ich die Nachricht von Cenas Tod. Zwei Monate vorher hatte ich Campana zum letzten Mal hinter den Gittern seines Gefängnisses von Novara gesehen. . . .

Kurz vor Weihnachten verbrachte ich ein paar Tage an der Riviera, mit den Gonzales, dann fuhr ich für einige Wochen nach Capri, allein, und schließlich lernte ich in Rom, am 21. März, Giovanni M. kennen, den ich fast zwei Jahre lang leidenschaftlich liebte. Was wußte ich denn, was auf der Welt passierte? Nichts erinnere ich und das ist fürchterlich. . . . Wie stellte ich mir denn das Neue in Rußland vor? Ja, ich glaube, daß ich bei der konfusen Nachricht von dieser Revolution da hinten, in dem Land, das ich wegen seiner Schriftsteller immer verehrt hatte, ich glaube, mir kam damals die blitzartige Erleuchtung, daß damit eine neue Epoche für die Menschheit begonnen hatte, daß dort die Zukunft und die Wahrheit lagen. Ja, das empfand ich in der geheimen Tiefe meines Geistes. Aber warum sprach ich mit niemandem darüber, warum schrieb ich kein einziges Wort auf? Meine Seele war noch tief verwundet von dem tragischen Erlebnis mit Campana, das genau mit den Kriegsereignissen zusammenfiel, nach den anderen qualvollen Erlebnissen eines ganzen Jahrzehnts, der Trennung von Cena, den absurden und katastrophal geendeten Leidenschaften für Papini, für Gerace, für Boccioni, für Boine. . . . Und jetzt M. mit diesem jungen athletischen Körper, mit seiner fröhlichen Verrücktheit, weit entfernt von der Campanas; mit seiner elementaren Liebe riß er mich in einen mir vollkommen neuen Lebensstrudel, in dem ich zappelte, halb wohlgefällig halb beschämt. Vage beschämt. Trotzdem schrieb ich im Herbst 1918 die letzten Kapitel für *Passaggio*, der dann im Frühjahr 1919 erschien, die größte Enttäuschung in meinem Leben als Dichterin, ein totaler Mißerfolg. . . . Ich dachte nicht an Rußland, nein, daran dachte ich nicht, vielleicht hörte ich in meiner Umgebung auch nichts darüber. Und dann, im Januar 1920, nahm mich die Liebe zu Endimione gefangen, auch diese anders als alle anderen, vielleicht tiefer, und zwei Jahre lang war ich nur noch ein Häufchen Bewunderung und Leiden, bis er starb. Von ihm oder von anderen hatte ich in Neapel sicher über den Faschismus sprechen hören, der im Entstehen war, aber ich weiß gar nicht mehr, wie ich darauf reagierte. Ein Jahr nach dem Tode von Endimione ging ich nach Paris, dort war ich beim Marsch auf Rom.

Im Frühjahr kehrte ich zurück und begann mich für das zu interessieren, was passierte, aber ohne tiefe Überzeugung. Ich unterschrieb das Manifest von Croce. Eine Nacht verbrachte ich im Gefängnis, nach dem Attentat von Zaniboni. Ich glaube, auch nicht vom Tod Lenins gehört zu haben, ich erinnere nichts. Heute entsetzt mich diese Lücke in meinem Gedächtnis, schlimmer noch die Tatsache, daß ich so lange abseits und abwesend, auf meine persönlichen Ereignisse konzentriert, lebte, es ekelt mich fast an. . . . Wie war das möglich? Soll ich deshalb nachsichtiger mit denen sein, die heute so unsensibel sind und meine Beharrlichkeit nicht teilen? Zum Beispiel gegenüber meiner Enkelin Elena, die mir schrieb, sie fühle sich nicht als Kommunistin? Elena will morgen nach Rom kommen. . . . Ob ich ihrer Seele etwas Gutes tun kann, ihre Seele ein wenig erhellen und dann wegen meiner Vergangenheit weniger Schuldgefühle haben werde?

18. November, abends

. . . Aus einem Umschlag mit der Aufschrift „unveröffentlichte Aufsätze“ entnehme ich kurze Antworten auf Umfragen und schreibe sie hier noch einmal auf.
Diese ist vom 20. April 1932 für die „Gazetta del popolo“ aus Turin. Die Zeitung wollte wissen, „wie sie (die Autoren) schreiben“.

Lange Zeit schrieb ich am Schreibtisch sitzend mit der Feder, die ich ins Tintenfaß eintauchte. Seit einiger Zeit nun schreibe ich die erste Fassung immer mit dem Bleistift, dabei kann ich auf dem Sofa liegen. Dann schreibe ich es mit Tinte ab, oft mehrmals. Die Drucker haben meine Schrift immer gelobt. Ich habe keine Methode und keine äußerliche Disziplin. Ich schreibe unregelmäßig, oft mit langen Unterbrechungen, zu jeder Tages- und Nachtzeit (am liebsten jedoch nachmittags oder spät abends) und an jedem Ort und in jedem Klima; ich bin dabei von qualvoller Langsamkeit, korrigiere Satz für Satz, und gehe nicht eher weiter, ehe ich nicht ganz sicher bin, die passendste Form gefunden zu haben, die der Idee und dem inneren Rhythmus entsprechendste. Es gibt selbstverständlich einen Unterschied zwischen Dichtung und Prosa. Darüber müßte man lange sprechen. Ob es nun um Romane, um Theater, um kritische Schriften oder um Dichtung geht, immer sind Leidenschaft zusammen mit Meditation in besonderem Einklang: wenn sich das nicht bewahrheitet, entsteht nichts Gutes und Vitales.

Dieser Gedanke wäre es wert, weiterentwickelt zu werden. Auf jeden Fall kann ich heute für die praktische Seite hinzufügen, daß ich seit drei Jahren mit einem Füller schreibe, den mir die liebe Elena De Laurentiis aus Chicago schickte, und daß ich nie eine Schreibmaschine benutzte, verabscheuungswürdig, aber nützlich. . . .

7. Dezember, Sant'Ambrogio, Namenstag meines Vaters, abends

Heute kam in „Vie Nuove" meine Antwort auf die Frage „wie wurde ich Kommunistin?" heraus, in der ich unter anderem an die Person meines Vaters erinnere. Mit einem Foto von mir als Zwanzigjähriger, das nie veröffentlicht wurde, ich bin wunderschön auf allen. Dann ein anderes auch von mir, ich sitze auf einer Wiese in der römischen Kampagna, als ich mich 1905 um die Schulen des Agro kümmerte. Der Aufsatz ist ganz gut, ich hoffe, er gefiel dem Direktor Longo und auch Togliatti, den ich heute morgen kurz im Parteigebäude traf und der mich fragte: „Wann fährst du, um dich auszuruhen?" Ich habe geantwortet: „Freitagvormittag".
Heute ist Mittwoch, ich war bei Fausta zum Mittagessen, zusammen mit Maria Michi, der kommunistischen Schauspielerin, die seit kurzem mit dem jungen Herzog von Torlonia verheiratet ist. Sie ist sympathisch.

Amalfi, 9. Dezember, Hotel Santa Caterina, 16 Uhr

Vor dem Fenster steht ein Mimosenstrauch, mit seinen feinen Blättern, die im Wind schaukeln. Dahinter das offene Meer, heute bewegt unter dem hohen, bewölkten Himmel. Ich war um 8 Uhr bei Regen in Rom abgefahren, fand am Bahnhof in Neapel das Auto vom Parteiverband vor, der Regen hat mich und den Chauffeur auf dem ganzen Weg begleitet, Pompeji, Cava dei Tirreni, Majori, Minori, und schließlich am äußersten Ende von Amalfi dieses Hotel, sehr gemütlich, ruhig, wie mir scheint, und soweit ich weiß (ich kam um ein Uhr an) sehr gut geführt. Vera und Edoardo Cacciatori hatten der Besitzerin geschrieben und mich empfohlen, die übrigens erklärte, sie kenne und bewundere mich schon lang. Deshalb hat sie den Pensionspreis von täglich zweitausendsechshundert auf zweitausendeinhundert herabgesetzt, alles inbegriffen. Ich habe kurz ausgerechnet, daß ich, Extras und Verschiedenes (Zeitungen, Briefmarken, Zigaretten) hinzugerechnet, wenigstens fünfundsiebzigtausend im Monat ausgeben werde. Wie das gehen soll, das wissen die Götter, vorausgesetzt, daß es sie gibt. Das Wichtigste ist jetzt, daß ich arbeiten kann. Inzwischen habe ich mich in meinem Zimmerchen eingerichtet. Heute abend und morgen früh will ich Briefe über Briefe schreiben und meine neue Anschrift angeben. Das graue Wetter stört mich nicht, dann schätze ich die Sonne mehr, wenn sie zurückkommt und bin auch ausgeruhter. Auf der Reise war ich hin- und hergerissen zwischen vielen Erinnerungen und dem Gespräch mit dem Fahrer, einem sehr intelligenten Arbeiter und gutem Genossen aus Neapel. Ich mußte aber doch innerlich lachen, als ich hörte, kurz bevor wir in Amalfi ankamen, daß die Leute hier „dumm" seien. Ich hatte nämlich vor Tagen in der bewundernswerten Reisebeschreibung von Lawrence geblättert, wo er erzählt, daß Leute aus Sardinien, in einem sardischen Dorf, über die Bewohner sagten: „sie sind dumm, was wollen Sie, die sind dumm. . . ." Lawrence schwankte zwischen Empörung und Belustigung, und stellte eine Art Resignation gegenüber diesem unabänderlichen Mißgeschick fest. . . . Verehrter Lorenz!

Ich brachte zwei Koffer mit, einen voller Bücher und Papier, beschriebenem und unbeschriebenem. Entsetzlich schwer. Als ich in Rom am Bahnhof zu dem Gepäckträger, einem schönen ernsthaften und feinen jungen Mann sagte, als er die Koffer ins

Netz hob: „sie sind schwer, das sind Bücher“, antwortete er: „sonst haben nur die Priester solche“; da sagte ich: „ich gehöre aber nicht zu denen“, und er sofort: „das weiß ich, ich kenne Sie, ich hatte nur nie die Ehre, Ihnen zu begegnen“. Er hatte gehört, als der gute Alfio mich vom Zugfenster aus Sibilla rief, er war vorausgegangen und hatte mir einen Platz belegt. Neulich hat doch der Donini im Parteihaus zu mir gesagt: „die Genossen lieben dich“ . . .?

12. Dezember, abends

Eine unerwartete Welle von Traurigkeit überkommt mich (wie idiotisch, oder ist es was anderes?), wenn ich an Weihnachten denke, wie ich alleine an meinem Tisch essen muß, während alle anderen Gäste in Begleitung sind. Bürgerliche Hilflosigkeit, und das in meinem Alter?! Und mußt du wirklich deshalb weinen, Sibilla, wo deine Augen so lange keine Tränen bildeten? . . .

23. Dezember, morgens

Während ich, noch im Bett, auf das Frühstück warte, lese ich die drei Gedichte, die ich in diesen zwei Wochen schrieb, ich finde sie abscheulich. . . . Weshalb bin ich denn dann hierher gekommen? Und warum mache ich mir da noch Illusionen? . . .

Weihnachten

. . . Ich stehe auf und öffne das Fenster. Auf der linken Seite, etwa 500 m vom Hotel entfernt, liegt Amalfi: bei dieser klaren Luft, an den Felsen geschmiegt, sieht es aus wie eine Weihnachtskrippe. . . .

Seit gestern, wenn ich an die Weihnachtstage in meiner Kindheit denke, frage ich mich, warum mein Vater, als Nichtgläubiger, soviel Freude daran hatte, jedes Jahr selbst eine wunderschöne Krippe aufzubauen, und die Freude von uns Kindern war doppelt groß. Vielleicht bewegte ihn die Erinnerung an seine eigene Kindheit? Es ist aber auch wahr, daß er die Christusfigur, die Humanität von Christus, hoch achtete, was er mir bald vermittelte. Und als ich ungefähr fünfzehn war, gab er mir „La vita di Jesù“ von Renan zu lesen.

1950

13. Januar, nachmittags

Adriano hat mir gestern ein Exemplar, seines, des *Frustino* mitgebracht. Ich wollte es wieder lesen, weil es teilweise zwischen Amalfi und Capri spielt. In Wirklichkeit spielte sich die im Buch angedeutete Geschichte nicht hier unten ab, sondern in Ligurien, zwischen Porto Maurizio, Genua und Lecco, und in Mailand, in den ersten Monaten des Jahres 1915. Die Hauptfigur ist (oder habe ich das schon an anderer Stelle im Tagebuch erzählt) Giovanni Boine (er starb zwei Jahre darauf), und die anderen zwei, bzw. drei männlichen Personen waren Michele Cascella (Donato), Clemente Rebora (Orengo), der schon vor vielen Jahren Mönch wurde, und Giulio Parise (der Namenlose, den ich nach Paris versetzt habe und der Hauptperson in *Amo dunque sono* ist). Aus dem Grund ist der landschaftliche Rahmen etwas zu kurz gekommen, obgleich ich ihn aus den Jahren 1918-1922 schon kannte.

Ich habe das ganze Bändchen gestern abend wieder gelesen. Ganz selten hat mich die Lektüre eines meiner Werke nach langer Zeit derartig beeindruckt. In gewisser Beziehung finde ich den *Frustino* eines meiner bedeutendsten Werke, es entdeckt bestimmte Seiten meiner Biografie, obwohl ich da im Gewand der Caris di Rosia erscheine. Ich verstehe gar nicht, warum ich in den zwanzig Jahren, nachdem das Buch erschienen war, es als eines meiner schlechteren beurteilte und es kaum liebte. Es hat vor allem erzählerische Qualität und Dialoge, die es in den

anderen Romanen nicht gibt (in *Una Donna* und in *Passaggio* kein einziger Dialog; in *Endimione* ist alles ein halb lyrischer, halb mythischer Plan.) Dann gibt es viele Momente, viele Zwischenpassagen von exzellentem Stil, die vielleicht den *Passaggio* wenigstens hier und da übertreffen. Und endlich die einzigartige Spiritualität, Entdeckerin meiner geheimsten Seele, alles augenblickliche Erleuchtung, Strahlen, wahre Hingabe an das Unterbewußtsein, die mich jetzt treffen, als würden sie aus uralten Träumen wieder auferstehen. . . .
Soviele Entwürfe – wer hat das je gemerkt? Eigentlich niemand, als das Buch erschien. Es wurde nicht neu gedruckt, als die erste Auflage vergriffen war.
Wer wird es entdecken, wenn ich tot bin? Welchen Platz wird es in meinem „Gesamtwerk" einnehmen (ich lache nicht)? Wer wird in zwanzig, fünfzig, hundert Jahren über die Frau richten, die sich auf diesen Seiten und auf vielen meiner anderen so aufgeopfert hat?

14. Januar, frühmorgens

Ich wache auf und denke wieder an *Frustino*. Ich schrieb das Buch zwischen 1929 und 1932: also 15-18 Jahre später als die Geschichte war, die ich erzähle. Und trotzdem pulsiert es in fast allen Seiten wie unter dem Druck der Erinnerung. Ich muß sagen, daß ich in mir die Atmosphäre des rührenden Abenteuers wiederbelebt hatte, als ich ein Bündel Briefe von Boine in die Hand nahm und sie dann nach und nach in das Manuskript einflocht. Auch im *Passaggio* hatte ich schon gegen 1917 auf einer einzigen Seite die Nacht wiedererlebt, als die Geliebte von Boine ins Hotel geschneit kam, wo er mit mir war, ihn mit sich fort nahm und mich wie versteinert zurückließ. Noch vorher, im April 1915, gleich nach der Trennung, als ich mich nach Assisi zurückgezogen hatte, schrieb ich aus einem Guß dieses Gedicht, das eines meiner schönsten geblieben ist:

Tagsüber bin ich so tapfer
Ich verstehe, ich gehorche und weine nicht.
Fast lerne ich stolz zu sein, fast so wie ein Mann.

Aber beim leisesten Erzittern der himmlischen Geigen
Entschwindet aller Rückhalt des Tages.
Du hauchst mir weit zu: „Abend, mein süßer Abend."
Es ist, als hätte ich die Müdigkeit der ganzen Erde in meinen Händen.
Ich bin nur noch Blick, verlorener und leerer Blick.

Ich war neununddreißig Jahre alt, wie jung, wie unglaublich jung war ich!
Die Wörter „Abend, süßer, mein Abend" schlossen den letzten Brief von Boine.
Italien trat gleich in den Krieg ein.
1916 begegnete ich Dino Campana.
Weshalb habe ich nie diese andere, weit tragischere Geschichte aufgeschrieben?
Würde ich, wenn ich sie endlich aufschriebe, die Tränen jener Zeit wiederfinden?
Tränen befreien wirklich!
Vielleicht, um die Lebendigkeit der Erinnerung von mir aus nicht abreißen zu lassen, habe ich meine märchenhaften Monate mit dem verrückten Dichter nie erzählt.
Beim Wiederlesen des *Frustino* habe ich jetzt die Qualen nicht wiederempfunden, unter denen ich es schrieb. Qual, Schmerz, alles wird bestimmt, ja, nach dem Ausdrücken ist alles verbraucht, alles an andere weitergegeben. . . .

6. Februar, zwölf Uhr mittags

Der junge Friseur war hier, meine Haare sind jetzt sehr dünn geworden, Mittwoch vormittag kommt der amalfitanische *figaro* wieder und will sie ein bißchen in Wellen legen. Der ganze Haaransatz um das Gesicht herum ist weiß, ich ließ sie auch seit zwei Monaten nicht mehr färben. Ich werde sie wohl auch nach meiner Rückkehr nach Rom so lassen! . . . Aber wie verändert sehe ich aus. . . .

6. April, sogenannter Gründonnerstag, abends

Ich habe gestern und heute die fünf Hefte meines unveröffent-

lichten Tagebuches, von 1945-1949, wiedergelesen. Es sind etwa tausendzweihundert große Seiten. Wieviel Leben, wieviel! Keine Literatur, keine, oder nur ganz wenig Kunst. Dafür ein unaufhaltsamer Lebensstrom. Und der feste Willen, standzuhalten, weiter, weiter. . . . Viele wichtige Anmerkungen, auch über das Leben drumrum. Wirklich, wenn diese Seiten bei der Revolution verbrannt würden, wäre es schade darum. Aber ich kann sie doch nicht zum Drucken geben, solange ich noch lebe. Ich habe sie wieder gelesen, weil ich dachte, ich könnte sie vielleicht jetzt schon einem Verleger geben, der garantiert, daß er sie nach meinem Tod veröffentlicht, mir jetzt aber eine Summe als Entgelt gibt, damit ich für die nächsten ein oder zwei Jahre der finanziellen Schwierigkeiten enthoben wäre, in denen ich mich befinde. Welchem Verleger? Ich glaube, nicht mal Einaudi, Kommunist, würde diese Verpflichtung auf sich nehmen. Ich muß darüber mit Togliatti sprechen, wenn er mich endlich empfangen kann, aber wann? Jetzt ist Ostern, das Parlament ist geschlossen, vielleicht macht er eine Zeitlang Ferien, wer hätte es nötiger? Ich muß mich in Geduld fassen.
Mein Sohn schrieb mir, er bedankte sich für das alte, von mir geschriebene Blatt, das ich ihm schickte, und sagt, daß ich ihm kein schöneres Geschenk machen konnte und daß er beim Lesen weinte. . . . Er kommt in zehn Tagen mit seiner Frau nach Rom, nur für einen Tag. . . .

Florenz, 2. Juni, morgens

Ich schreibe auf einem großen Bett in einem großen Zimmer in dem Haus, in dem Raffaello Franchi die letzten zehn Monate seines Lebens verbrachte. Ich bin Gast seiner Witwe, die er Gioia nannte und die ihn zehn Jahre lang glücklich gemacht hat. Alte Erinnerungen tauchen in mir auf an Zeiten, als ich den kaum sechzehnjährigen Raffaello kennenlernte, und mit ihm einige Monate lebte, zuerst hier in seinem Florenz, dann in Mailand, Herbst 1915 – Frühjahr 1916. Gioia sagt – und das wußte ich – daß er mir nie verübelt hat, daß ich ihn verließ, ihn für den ich (so Gioia) eine fast übermenschliche Erscheinung gewesen war, als ich Dino Campana kennenlernte und mich verzweifelt in ihn verliebte. Gioia behauptet, daß Raffaello die Erinnerung an mich immer als das Höchste und Reinste seines Lebens in seinem Herzen hielt. Jetzt habe ich, habe ich einfach keine Kraft, um über ihn zu sprechen. . . . Ich höre der unglücklichen Frau zu, die ihn beweint, und die stundenlang schluchzend von ihm spricht.

13. Juli, vormittags

Ja, Endimione ist für mich der Höhepunkt in der Liebe gewesen, im Sinne von „Verzückung". Es war weniger Liebe, als „Verliebtheit". Dieses Wort hatte ich in *Passaggio* gewählt, um den Zustand zu beschreiben, in den ich dem knabenhaften Mädchen gegenüber geriet, das mich mit irrsinniger Gewalt von Giovanni Cena forttrug. Meine Beziehung zu Endimione war viel realer, viel absoluter. Mit Dino Campana waren Anziehung und Verschmelzung vielleicht unendlich viel tiefer und tragischer gewesen, in den kurzen Wochen unseres Zusammenseins in Mugello im Sommer 1916, aber deshalb auch gleich verbraucht, ausgebrannt. Bei Endimione verliebte ich mich ausschließlich in seine Schönheit und seine Grazie; sie waren wahrlich außergewöhnlich und bildeten, von mir aus betrachtet, eine mythische Atmosphäre um ihn, wie auch aus den in Frascati nach der ersten Nacht geschriebenen Seiten hervorgeht. („Endimione" hatte ihn die Frau genannt, die er liebte und die nach Amerika auswanderte und nie zurückkehrte. Mit „Endimione" war das Telegramm unterzeichnet, in dem er mir nach Frascati seine Ankunft mitteilte.) Diese erste Nacht war für mich – und ist es auch heute noch – die Erinnerung an einen ins Leben übertragenen, wunderbaren Traum: Wunder, Traum, Zauber, geheimnisvolle Schöpfung. Keine einzige Nacht in meinem Leben ist auch im geringsten mit dieser zu vergleichen. Und ich war schon dreiundvierzig Jahre alt, viele Männer hatten mich geliebt und ich sie, auch begabtere und mutigere Männer als Endimione es war. Vielleicht stellte Endimione gerade deshalb etwas Neues dar: sein einfacher, elementarer Charme, unumstößlich und mächtig. In den zwei Jahren, die der Begegnung folgten und die durch seinen Tod beendet wurden, hatte ich ihm gegenüber niemals den Wunsch, ihn in meine Vorstellung umzuwandeln, ein Wunsch, der mir bei mehr oder weniger allen Männern aufkam. Ich akzeptierte ihn so wie er war, obgleich ich seinetwegen aus Eifersucht litt, und was noch schlimmer war, ich weinte um sein krankes, verurteiltes Herz, ich weinte, weil ich in meinem Unterbewußtsein den sich unweigerlich nähernden Tod spürte, an den ich immer noch nicht glauben wollte. . . .

Rom, 29. August, nachmittags

Mein halber Tag gestern wurde leise getrübt beim Gedanken an den Tod Paveses. Ich habe mehrmals, glaube ich, über meine Verehrung und Freundschaft geschrieben, die ich für ihn empfand, seit ich ihn vor vier Jahren kennenlernte, bevor er in das Turiner Büro von Einaudi zurückkehrte. Ich schlief auch heute nacht kaum, weil ich an ihn denken mußte. Die Zeitungen brachten heute die Worte, die er hinterlassen hat, bevor er Gift nahm: „Verzeihung, ich bitte alle um Verzeihung, einverstanden? Klatscht nicht." „Er schrieb es auf die weiße Seite seines Buches, das er bevorzugte, *Dialoghi con Leucò*. Warum, warum wollte er weggehen? Sicher, er hatte so etwas Verschwiegenes an sich, etwas Uneingestandenes, Quälendes. Ich glaubte, er sei stark, ein Einzelgänger, der tapfer sein Schicksal akzeptiert. . . . Ich lese den letzten Brief, den ich am 2. August, vor nicht ganz einem Monat, von ihm bekam. Seine Schrift ist „unruhiger" als sonst. Aber er schließt: „Über alles das (Gespräch über Thomas Mann) können wir gelegentlich wieder sprechen. Herzlichst Dein." Er hatte also noch nicht im Sinn, wegzugehen? Als ich ihn das letzte Mal sah, es war am Abend, nachdem ich hier in Rom den Literaturpreis Strega bekommen hatte, schien er zufrieden. Ich erzählte ihm von meinem Plan, Einaudi den Kauf meines unveröffentlichen Tagebuches vorzuschlagen; es interessierte ihn und er versprach, mit Einaudi herzukommen, um sich das Manuskript anzusehen; und weil ich ihm schließlich sagte: „Ich kann verstehen, wenn Einaudi einwenden wird, daß ich ja noch zwanzig Jahre leben könnte, was aber gar nicht in meinem Sinne steht. . . ."

unterbrach er mich: „Warum? man muß das Leben lieben.“ Wieso hat er es jetzt freiwillig und plötzlich verlassen?

29. Oktober, Sonntag vormittag

Ich nahm gestern an einem Essen teil, das von dem Preisträger des Chianciano-Preises, Lino Curci, für die Jury, verschiedene Journalisten und einige „Persönlichkeiten“ gegeben wurde. Curci hatte mich drei Tage lang mit Telefonaten verfolgt, so daß ich schließlich zusagen mußte. Aber kaum war ich in dem Hotel angekommen, in dem zum Bankett eingeladen war, entdeckte ich zu meiner unangenehmen Überraschung unter den Gästen Vincenzo Cardarelli, dem ich seit Jahren nicht begegnet war (seit Ostern 1943 oder 44? es steht im Tagebuch). Gott sei Dank saßen wir bei Tisch weit voneinander entfernt, so haben wir uns keines Blickes gewürdigt, nur ab und zu schief rübergeblinzelt. Entsetzlich alt geworden, scheint zwanzig Jahre älter als ich, dabei ist er zehn Jahre jünger. Die Stimme ist unverkennbar. Seine finanzielle Lage ist jetzt sehr gut, er leitet (nominell) die „Fiera letteraria“ (Literarische Messe), und ist immer noch genauso mißtrauisch und schöntuerisch, ein seltsamer Fall!

9. November, nachmittags

Habe die Korrekturfahnen von *Una Donna* zur Post gebracht. Nur die Korrekturen der Druckfehler, versteht sich. Es hatte keinen Sinn, auch nur ein Wort in einem Text zu verändern, der die Kleinigkeit von sechsundvierzig Jahre alt ist (ich schrieb das Buch, bzw. die Fassung 1904, dann begann die Odyssee der Bemühungen bei den verschiedenen Verlegern, bis Sten aus Turin es dann am 3. November 1906 herausbrachte.) Diese nochmalige sorgfältige Lektüre war eine *tour de force* und gleichzeitig zutiefst melancholisch.

1951

Rom, 2. Januar, morgens

Was erinnere ich am meisten aus dem Jahr, das gerade zu Ende ging? Was war am schönsten? Silberne Schleier umhüllen schon alles. Die ersten beiden Monate in Amalfi. Der Monat September in der Tschechoslowakei. Die beiden Tage in Triest. Das Abendessen bei Togliatti zu Hause. Meine Dichterlesung für die Bergarbeiter des Valdarno, für die Wollarbeiter von Prato. . . . Mein Besuch bei der ILVA in Bolzaneto. . . .
ILVA. . . . Ich wollte ein Gedicht darüber schreiben. . . . Sie haben immer noch nicht gewonnen, die seit sechs Monaten Streikenden. . . .

25. Januar, morgens

Ich habe mich gestern abend getäuscht, als ich dachte, es ginge mir besser; ich wachte heute vor dem Morgengrauen auf, mit diesem Gefühl von Trostlosigkeit und Verlassenheit, das mich seit Jahren schon ab und zu so stark überkommt, und auf die Versuchung hindeutet, ich müßte mich aus dem Fenster stürzen, Versuchung, der meine Mutter vor längst vergangenen Zeiten folgte.
Jedes Mal, auch heute morgen, habe ich widerstanden. Ich würde sagen, jedes Mal *weiß ich*, daß ich widerstehen werde. Deshalb ist dieser Kampf aber nicht weniger grausam, immer. Ich bin noch erschöpfter, wenn vor allen Dingen wie heute, der Grund der Verzweiflung gerade die extreme Müdigkeit ist. . . .

Nicht mehr aus Liebe und auch nicht mehr wegen der Einsamkeit. Jetzt ist es die Bestürzung, überhaupt keine Kraft zum Arbeiten mehr zu haben. . . . Es ist fast ein Jahr her, seit ich aus Amalfi zurückkehrte, daß ich keine Verszeile mehr geschrieben habe. . . . Warum lebe ich noch? Hat sich Pavese nicht umgebracht, der ein Mann war, und noch dazu jung?
In Amalfi schrieb ich, daß ich die Angst jedes Mal aus Liebe zu den Genossen besiegen würde. . . .
„Geliebte Genossen, es geht vorwärts. . . .“
Vielleicht, wenn ich noch weinen könnte. . . .

20. Februar, morgens

André Gide ist achtzigjährig gestorben. Ich hatte von ihm 1911-12 in Florenz die ersten Werke gelesen, *Les nourritures terrestres* und einige andere, die mir Vannicola gegeben hatte (der Ästhet, Geiger und kranke Schriftsteller, der ein paar Jahre später, glaube ich, in Capri starb), vor allem beeindruckte mich sehr stark *Le retour de l'enfant prodigue*. Die nachfolgenden Romane ließen mich alle kalt. Im *Journal** finden sich interessante Anmerkungen, dieses große Buch bleibt auf jeden Fall ein wichtiges Zeitdokument. Ich sah Gide ein einziges Mal, in Florenz, im Frühjahr 1913, im „Loch“ von Lapi, er wurde mir von Papini vorgestellt. Er kam mit Valéry Larbaud, wie ich flüchtig in *Gioie d'occasione* beschrieben habe. Mir gefiel er nicht.

26. Februar, Montag vormittag

Immer noch Regen und wieder dieses hartnäckige Niesen. Armer menschlicher Körper. Drei wunderschöne rote Rosen verlieren ihre Blätter auf dem Schreibtisch, die mir eine junge, unbekannte Dichterin nun schon vor Tagen brachte.
Heute morgen beim Aufwachen stellte ich mit Staunen fest, daß ich mich im Traum gerade umbringen wollte. Tatsächlich war ich heute nacht mit dem Gedanken an Selbstmord eingeschlafen.

---

* Journal 1939-42 von A. Gide, bei Gallimard 1946 erschienen (A.d.Ü.)

Wenn ich die Kraft und die Möglichkeit zu arbeiten nicht wiederfinde. . . .

nachmittags

Mich verfolgt der Gedanke an den Selbstmord Paveses. Damals, im letzten Sommer, schrieb ich, die einzige Freiheit, die die Kommunisten *nicht* hätten, sei die, sich selbst umzubringen. Pavese fühlte das nicht.
Ich reagiere auf die tiefe Trostlosigkeit (die mich wiederholt überfällt), weil ich an den Verlust denke, den mein Selbstmord in all den Genossen hervorrufen würde, die mich gern haben, insbesondere die von der Basis, die einfacheren, die gütigeren, die treueren. . . .
Aber keiner, keiner kann sich vorstellen, was mich das fast täglich kostet, fast jeden Abend, wenn ich automatisch mein Lager bereite (immer dieselben Bewegungen), was es mich kostet, in meiner gleichsam körperhaften Einsamkeit, jetzt wo der Körper täglich schwächer wird. . . .
Wer kann sich die ganze Größe meiner Leiden vorstellen?
Und unterdessen ist das Leben der Menschheit auf der Welt immer mehr in Gefahr. . . .

19. März, nachmittags

Ich lese *Le deuxième sexe* von Simone de Beauvoir. Zwei Riesenbände. Der erste ist ein historischer Exkurs, der mir nichts Neues brachte, die Angaben und Argumente kannte und studierte ich schon vor mehr als fünfzig Jahren. Der zweite interessiert mich hingegen, weil er, vielleicht ein wenig zu genau und zu ausführlich, die Bedingungen der Frau vom psychoanalytischen Standpunkt aus seit ihrer Kindheit analysiert, mit zahlreichen Belegstellen von Literaten und Wissenschaftlern. Mich interessiert vor allen Dingen der Vergleich in Gedanken mit meinem Leben, besonders mit der Periode der Pubertät, die wie durch ein Wunder frei von jeglichen Störungen war, bis zu der fatalen und unglückseligen Beziehung mit jenem, der zu meinem Ehemann werden sollte.

29. März, vormittags

Das Buch von der Beauvoir schließt folgendermaßen:

Die Beschränkungen, welche die Erziehung und das Herkommen der Frau auferlegen, begrenzen ihren Zugriff auf das Universum. Wenn der Kampf um den Platz auf dieser Welt zu hart ist, kann man sich unmöglich von ihr lösen, Man muß eben in einer souveränen Einsamkeit aus ihr auftauchen, wenn man versuchen will, sie von neuem zu erfassen. In Angst und Stolz ihre Verlassenheit und ihre Transzendenz zu erlernen, das fehlt der Frau zunächst noch.*

Dann zitiert sie die Vorhersage von Rimbaud, die ich auch entweder hier im Tagebuch oder an anderer Stelle mehrmals zitiert habe:

Dichter werden sein! Wenn endlich die unendliche Hörigkeit der Frau zerbrochen sein wird, wenn sie für sich und durch sich leben wird, wenn der – bisher so grauenhafte – Mann sie endlich entlassen hat, wird auch sie zum Dichter werden! Die Frau wird das Unbekannte finden! Wird ihre Ideenwelt von unserer verschieden sein? Sie wird seltsame, unergründliche, abstoßende, entzückende Dinge finden, wir werden sie entgegennehmen, sie begreifen.**

27. April, nachmittags

Ich habe den *Seneca* von meinem Marchesi zu Ende gelesen. Nach dem ersten Teil über das Leben hatte ich vor Tagen unterbrochen. Der zweite untersucht die Werke, mit ausführlichen Inhaltsangaben und meisterhaften Übersetzungen, er hat mich mit Bewunderung erfüllt. Nun weiß ich, daß Seneca wirklich ein großer Kopf und ein großer Schriftsteller war. Sein Stoizismus (unter manchem Einfluß der Epikureer) läuft darauf hinaus, das Leben mutig zu akzeptieren, verstanden vor allen Dingen als Pflicht sich selbst gegenüber, gegenüber un-

* Im Manuskript auf französisch. Simone de Beauvoir, Das andere Geschlecht, Rowohlt Verlag, Reinbek bei Hamburg, 1968, S. 664

** Brief an Pierre Demeny, 15. Mai 1871, in Simone de Beauvoir, ebd. S. 667

serer „Tugend“, unserer „Sittlichkeit“, ohne Anerkennung oder Belohnung zu erwarten, jenseits aller irdischen und überirdischen Anhänglichkeit und Verlockung. Seneca spricht niemals das Wort *Kosmos* aus, das man heute für das nimmt was er *Gott* nannte, aber mit der *Natur* unter einen Begriff brachte. Das ist im wesentlichen die Doktrin (oder die Moral), die mein Vater von meinem Großvater gelernt hatte und die er mir in meiner Jugend weitervermittelte. Er befolgte sie nicht ausnahmslos, er gab seinem sinnlichen Temperament zu sehr nach. Jedenfalls sagte ich gerade von ihm, er sei stoisch, ich entsinne mich nur nicht, in welchem meiner Bücher (nicht in *Una Donna*). Was mich betrifft und einen großen Teil meines Lebens, nach der Trennung von Cena bis zu der von Franco vor sechs Jahren, kann ich sagen, daß ich einen heroischen Kampf geführt habe, zwischen dem immer gegenwärtigen Bewußtsein der Pflicht meinem höheren Schicksal gegenüber, was mir alle Männer, die ich geliebt habe, bestätigten, und dem Bedürfnis nach nicht sinnlicher, sondern leidenschaftlicher Liebe, das ich zum Teil von meiner Mutter habe, das zum Teil aber von der immerwährenden Sehnsucht nach meinem Sohn herkommt. ... Da ich mich jetzt von diesem Bedürfnis nach Liebe zu einem einzelnen Mann mit unendlicher Erleichterung befreit habe, sollte ich, ich weiß und ich möchte es auch, alles das, was ich nur bruchstückhaft ausgedrückt habe, in einem Band zusammenfassen, eben meine Auffassung über die Zukunft der Menschheit, die sich endlich weise, ganz weise, wenn nicht sogar glücklich anbahnt. ... Ist es nicht zu spät? Wieviel Kraft habe ich noch?
Immerhin weine ich nicht, ich bin heiter, im reinen *mit mir selbst*, ganz gleich was kommt.

Sorrent, 18. Juni, 11.30 Uhr

Ich habe den Preis für die Droschke vom Hotelinhaber festsetzen lassen. Fünfhundert Lire für Hin- und Rückfahrt zur Kapspitze haben wir vereinbart. Eine Stunde voller Erinnerungen, während ich die Straße, die sich in den neununddreißig Jahren, seit ich sie zum ersten Mal ging, nicht verändert hat, rauf- und runterstieg. Es war im Oktober 1912. Ich blieb dort in der Pension Piccola Minerva, heute ist sie die Privatwohnung von einem, der gegenüber ein großes Hotel mit anderem Namen gebaut hat. Dort blieb ich, wie gesagt, bis zum Juni 1913, bis Elena Lazarevskaja und ihr Mann mich abholten, mich eine Woche in das Hotel Cocumella, auf der anderen Seite des Ortes, einluden, und mich dann in einem Motorboot nach Casamicciola begleiteten, wo ich meine erste Thermalkur machte, die mir der Arzt in Sorrent nach einem grausamen Anfall verordnet hatte. Er diagnostizierte „Neuro-Arthritis". Ich versuchte die Arthritis zu heilen (statt dessen habe ich die Heilung bis vor einigen Wochen nur ständig verzögert, o weh!) sowie meine Liebe zu Vincenzo Gerace.... Von der Liebe genas ich im Herbst wegen einer anderen, unterschiedlichen aber genauso „unmöglichen" Liebe zu Boccioni....

Während ich zum Kap stieg, überfielen mich die Gedanken Schritt für Schritt.... Ich war nochmal hier gewesen, einen Abend und eine Nacht, nicht im Piccolo, sondern im Grande Minerva, am 15. August 1921, mit Endimione, am nächsten Tag fuhren wir weiter nach Ravello. Und dann nochmal an Ostern 1928, ich wollte Gorkij in der Villa Serracapriola, gegenüber vom Minerva (das heute anders heißt) besuchen....

Jetzt habe ich, abgesehen von den Begebenheiten und den Zeitpunkten, heute gemerkt und mir selbst bestätigt, daß Sorrent wirklich der Ort ist, an dem mein Verstand am intensivsten gelebt hat (danach kommt vielleicht Evisa in Corsica): besonders die letzten Monate des Jahres 1912, als ich die ersten Kapitel für *Passaggio* schrieb.... An keinem anderen Ort hat sich, glaube ich, in mir ein so starkes lyrisches Feuer entwickelt, aus einer Reihe intimer Situationen heraus, die in dieser zauberhaften Landschaft den unvergleichlichen Ansporn zur Dichtung gaben.... Im darauffolgenden Frühjahr (1913) schrieb ich die ersten lyrischen Gedichte (nach dem im Sommer 1912 in Corsika entstandenen)....

24. Juni, San Giovanni, Sonntagmorgen

Gestern abend dachte ich an Sorrent und da kam mir der Gedanke, aus dem Berg unveröffentlichter Manuskripte (so viele!) im Schrank das Bündel mit dem Datum *1912-1913, Gerace*, herauszusuchen. Es sind Briefe, die ich in jenem Winter und Frühjahr an ihn schrieb: dabei dachte ich insbesondere an einen wirklich unvergeßlichen, es sind sicher hundertzwanzig, hundertfünfzig Blätter, die ich vom dritten bis zum zehnten Mai schrieb, ich weiß nicht mehr, ob ich sie gar nicht abschickte oder ob er sie mir auf meinen Wunsch hin zurückgab. Ich las ihn wieder und war gleichzeitig erstaunt und bestürzt über die Lebensintensität, die diese Blätter ausstrahlen. Ich war siebenunddreißig Jahre alt. *Der Unglücklichste ist der Glücklichste*, sagt Kierkegaard. Ich glaube, ich war niemals gleichzeitig so unglücklich und so glücklich wie in den Monaten „strahlender Verzückung". Ich möchte diese Seiten jemandem zum Lesen geben. Aber wem? Ich bin so allein, geistig so allein, ohne jemand, den ich um Rat fragen könnte, mit dem ich über meinen seelischen Zustand sprechen kann. . . . Und diese ganzen Manuskripte da drin, wer kann sie ordnen, wer kann das zu Rettende retten? . . .

Rom, 24. Juni, abends

Ich hatte diese ganzen Blätter nach Neapel geschickt, bekam sie dann von Gerace zurück, ich traf ihn noch ein paar Mal, bevor ich Sorrent endgültig verließ. In der Mappe sind noch andere Briefe von mir, unter anderem ein langer an die Mutter von Gerace, ich besuchte sie in Rom, sie war sehr lieb und verständnisvoll zu mir. Der letzte Brief in der Sammlung ist aus Paris vom Jahr darauf, ich schickte ihn nie ab. Viele Jahre später traf ich Gerace, ein oder zweimal, in Rom auf der Straße, er hatte geheiratet, aber nicht das Mädchen aus der Sorrenter Zeit. Er ist schon lange gestorben, ebenso seine Witwe. Ich glaube, er hinterließ einen Sohn. Als Schriftsteller und als Dichter ist er fast ganz vergessen. Von den Männern, die ich liebte, ist er wohl derjenige, an den ich am seltensten denke, wie eigenartig. Vielleicht hat sich alles in dem großen Feuer in jenem Jahr damals verzehrt.

Abano, 18. Juli, morgens,
wieder im Bett nach dem Fangobad,
warte ich auf die Masseuse.

Klarer Himmel, nach drei Tagen ununterbrochenem schlechten Wetter. Ich bin nun am zehnten Tag meiner Kur angekommen und bin übermorgen, Freitag, damit fertig, am Sonnabend fahre ich nach Venedig. Ich kann überhaupt nichts über das Resultat sagen, angeblich soll es mir in ein bis zwei Monaten besser gehen. Es ist gleichzeitig traurig und lustig zu sehen, wie alle „Patienten" ausnahmslos diesen Zustand akzeptieren, und weil es sicher ist, daß sie im nächsten und in den folgenden Jahren die Kur wiederholen müssen, treffen sie Verabredungen für den nächsten Sommer, resigniert und fast fröhlich. Die Kur ist wirklich nicht wie die in Montecatini oder Fiuggi, durchaus auszuhalten, nein, hier ist sie mehr oder weniger eine Tortur. Menschliche Anpassungsfähigkeit!

Unter den wenigen Gästen in diesem Hotel habe ich ein gewisses Ansehen erworben, ohne es zu wollen (dabei fällt mir ein, was Dino Campana im Sommer 1916 sagte: „du erzielst das größte Resultat mit der kleinsten Anstrengung", wobei er genau auf die Sympathie anspielte, die ich bei den Leuten, denen ich begegne, erwecke.)

Venedig, 21. Juli, nachmittags

Um zehn kam ich an, der gute Alberto Magrini holte mich mit der jungen Dienstmagd am Piazzale Roma ab, sie begleitete mich dann hierher in die Wohnung gegenüber der Kirche Santissimi Giovanni e Paolo, und steht mir die vier Tage meines Aufenthaltes hier zur Verfügung. Alberto kam zum Essen, dann fuhr er nach Sambughé, wo er das Wochenende mit seiner Familie verbringen will. Montag kommt er zurück. Vielleicht kommt seine Frau Dirce auf einen Sprung her, um mich zwei kurze Stunden lang wiederzusehen, dann muß sie sofort wieder aufs Land, die Enkel und die alten Eltern versorgen. Kurz, ich bin absolute Herrin dieser so sehr venezianischen Wohnung. Ich schlafe in dem Riesenschlafzimmer von Alberto und Dirce. Besser gesagt, ich hoffe, daß ich schlafen kann, was

mir in Abano so selten passierte, wegen der Kur. Heute bleibe ich zu Haus, ich fühle mich nicht danach, die fortgesetzten Brücken auf mich zu nehmen, auch nicht, die steile Treppe in diesem Haus noch mal zu gehen. Ich will in den Büchern der Bibliothek blättern und mich auf den Roman von Simenon stürzen, den ich auf dem Nachttisch fand (vorausgesetzt, es wird keine Manie!). In Abano las ich den ganzen ersten Band der *Vierzig Jahre* (drei weitere sollen noch erscheinen).
Heute morgen im Reisebus auf der Autobahn versuchte ich mich zu erinnern, wie oft ich schon in Venedig gewesen bin. Zum ersten Mal mit meinem Mann und mit meinem damals fast dreijährigen Sohn, also 1898, wenige Monate nach meinem Selbstmordversuch. In *Una Donna* beschreibe ich diese Reise. In jenen Tagen in Venedig wurde von mir die erstaunlichste aller Fotographien gemacht, das Bild einer fast übermenschlichen, transzendentalen Reinheit. . . .
Dann, dann weiß ich nichts Genaues. Mir fielen plötzlich die verschiedensten Erinnerungen ein: Sommer 1920 mit Endimione, der gerade mit seiner ganzen Fechtmannschaft nach Antwerpen zur Olympiade abfuhr. Viel früher, vielleicht 1905, war ich mit Cena hier, ich muß noch eine kleine Momentaufnahme aus Chioggia haben, mit langem Rock. Verworrene Erinnerung. Von 1920 - 1930 bin ich, glaube ich, nicht hier gewesen. Vorhin fand ich einen Band meiner *Gedichte* im Regal neben mir, mit einer Widmung für die Magrinis, als Dank für ihre Gastfreundschaft im Mai 1932 (??). Dagegen kann ich mich ziemlich genau an den August 1933 erinnern, an meinem Geburtstag, den ich allein in einem großen Hotel am Canale Grande verbrachte, ich weinte verzweifelt, weil Emanuelli mich verlassen hatte. . . . Und schließlich die letzten Jahre, zu Gast bei Violet Ravà, die ich vielleicht morgen sehe.
Dieses Durcheinander der Erinnerungen feststellen zu müssen, macht mir Sorgen und es demütigt mich ein bißchen.

Rom, 16. August, 12 Uhr mittags

Als ich hier im Stadtviertel einkaufen ging, weil die Genossin Maria in Urlaub fuhr (sie ist in Pontebba bei ihrer Mutter und kommt erst in einem Monat wieder) und ich wieder alles selbst tun muß, hielt mich der gute Genosse Barbier Benedetto auf der Schwelle seines Ladens auf, er küßte mir die Hand mit seiner gewohnten Herzlichkeit, und als ich ihm für seine Glückwünsche dankte, in der Hoffnung, daß sie mir Kraft zum Weiterleben geben, rief er: „aber sicher, sicher bis zur *Konsolidierung*!", gemeint war natürlich der Aufstieg des Sozialismus.

Ancona, 18. September, morgens

Zwei intime Stunden, oder sogar vertrauliches Sich-gehen-lassen gestern abend mit meinem Sohn. Er und seine Frau waren mit mir zu Hause geblieben (mein Enkel hatte Nachtwache im Krankenhaus: habe ich nie erzählt, daß er im letzten Jahr sein Staatsexamen in Medizin machte?) und ich las ihnen nach dem kurzen Vortrag über die Tschechoslowakei meine neuesten Gedichte vor. Walters Augen glänzten feucht hinter seinen Brillengläsern, als er *Menschliche Leute* (Umana Gente) hörte, das letzte bis jetzt. Auch die *Drei Erinnerungen aus Polen* (Tre ricordi di Polonia), sowie *Es gibt Zeiten, Genossen...* (Vi son giorni, compagni...) haben ihn tief beeindruckt. Das war für mich eine so zarte Entdeckung. Später, im Bett, brauchte ich lange, um einzuschlafen.
Heute scheint wieder die Sonne.

21. September, morgens

Ich war gestern tief beeindruckt von dem zerstörten Stadtviertel auf dem Hügel am Fuß des Doms, durch das ich im Auto meines Sohnes fuhr. Ancona hat siebzig Prozent seiner Bevölkerung durch Bombenangriffe verloren. Walter behauptet, es sei nach Cassino die am meisten zerstörte Stadt. Vor dem Ausblick aufs Meer, in einem strahlenden Licht, kamen mir diese armseligen Häuserreste zu meinen Füßen, die einmal den Armen gehörten, wie eine unheilvolle Halluzination vor. Und man lebt in der Erwartung eines neuen Krieges!
Nach Hause zurückgekehrt, sprach ich lange mit meiner Schwiegertochter, dann mit meinem Sohn, als er aus dem Büro kam. Er erinnert sich bis in kleinste Einzelheiten an die frühe-

sten Jahre seiner Kindheit, als er mit mir lebte und als wir eins waren. Seine Erinnerungen reichen bis zum zwei- oder dreijährigen zurück, das ist ein halbes Jahrhundert oder mehr. Jedes Mal, wenn er mit seiner etwas rauhen Männerstimme die Vergangenheit ins Gedächtnis ruft, gibt es mir ein stechendes Gefühl im Herz. . . .
Morgen mittag um zwei fahre ich nach Bologna weiter.

Rom, 14. Oktober, Sonntag vormittag

Drei Tage verbrachte ich in der Dachstube, während der Genosse Aldo das Badezimmerchen in ein blendendweißes Schmuckstück verwandelte; ein anderer Arbeiter putzte das Ofenrohr, und der Kohlenhändler stapelte vier Zentner trockenes Holz in den vier Ecken (fünftausend Lire).

15. Oktober, morgens

Gestern nachmittag machte ich einen langen Besuch bei Fausta Cialente und ihrer Mutter in ihrer schönen Wohnung hinter Ponte Milvio. Fausta war gerade von einer Reise in die süditalienischen Städte zurückgekehrt, die vom letzten Krieg am meisten getroffen waren, und erzählte mir von ihren Eindrücken, sie wird eine Artikelserie darüber in der „Unità" veröffentlichen. Abgesehen von dem großen Elend war sie von dem Anblick Neapels entsetzt, wo wieder betrunkene amerikanische Soldaten und Prostituierte aus allen Ländern umherstrolchen. . . . Die amerikanische Flotte liegt in dem schönen Hafen, weh uns, weh uns!

Nachmittags

Habe den großen Band von siebenhundert Seiten, *Das ruhmreiche Spanien* (Gloriosa Spagna) von Constancia De la Mora zuende gelesen (in drei Tagen), sie stammt aus einer der ältesten spanischen Adelsfamilien, befreite sich noch jung von ihrer feudalen Umgebung und wurde eine mutige Partisanin in dem schrecklichen heroischen Krieg 1936-39 für die Republik, der leider mit dem Sieg des Faschisten Franco endete, der heute noch an der Macht ist. Das Buch wurde Ende 1939 in Ameri-

ka publiziert. Die Autorin ist 1949 in Amerika gestorben. Eine einzigartige Frau, ihr Buch ist doppelt interessant, wegen ihrer persönlichen Geschichte und wegen der vielen Einzelheiten, die sie im Krieg erlebte. Es hätte einen Artikel von mir verdient, aber die Autorin kann ihn nicht mehr lesen.
Mich quält der Gedanke, daß ich in jener Zeit kaum oder überhaupt nicht an den Nachrichten (abgesehen davon, daß sie spärlich und falsch waren) interessiert war, die in Italien über die Ereignisse in Spanien zirkulierten, wohin Mussolini und Hitler soviele Kanonen, Flugzeuge und Soldaten zur Unterstützung Francos schickten. Auch die internationalen Brigaden waren da, darunter viele unserer Kommunisten – nur wußte ich damals nichts davon, ich war zu zerstreut und gleichzeitig zu vertieft in meine persönlichen Angelegenheiten, es waren die ersten Jahre meiner Liebe zu einem anderen Franco, leider!

1. November, Allerheiligen

Gestern hat Guttuso eine Zeichnung von meinem Kopf angefertigt, die als Titelblatt für *Aiutatemi a dire* veröffentlicht werden soll. Sie ist schön, aber ich erkenne mich nicht darauf.

3. November

Fünfundvierzigster Jahrestag der Veröffentlichung meines ersten Buches *Una Donna*. Habe in Stille und Einsamkeit daran gedacht.

4. November, Sonntagabend

Ich habe hier vier Rosen, die mir Maria Michi gestern mitbrachte. Einen ganzen Monat lang hatte ich keine Blumen, seit ich aus Mailand zurück bin. Inzwischen machte ich viele Einkäufe, eine wollene Jacke, ein Paar Mocassins, einige Wischtücher (fünf Stück zweitausend Lire). Zehntausend Lire die Rechnung für das Kostüm, das mir die Genossen aus Prato schenkten (ist wunderschön geworden, der Schneider ist auch ein Genosse). . . .

25. November, Sonntag nachmittag

... Diese ganze Vergangenheit erdrückt mich. Ich würde mich so gern von dieser Unmenge Briefe befreien, aber wohin damit, wem kann ich sie anvertrauen? der Partei? Das ist wahrscheinlich der am wenigsten gesicherte Ort, o weh. Ich habe jedenfalls überhaupt nicht mehr die Kraft, alles zu ordnen, Monate würden damit hingehen, keine andere Arbeit ist so aufreibend und so schädlich für jemanden wie mich mit dieser Müdigkeit. ...

18. Dezember, morgens

Mein guter Freund Adriano lachte gestern, als ich ihm erzählte, daß der Genosse Pajetta, Leiter der Presse- und Propaganda-Kommission, mich am Nachmittag gefragt hatte, ob ich nicht eine Vortragsreise durch Süditalien und Sizilien machen wollte, um auch den Buchverkauf zu fördern, und daß ich ja gesagt hatte. Adriano lachte und sagte: „Eines Tages wirst du dich auch noch nach Kapstadt schicken lassen." Sowie sich mir eine Gelegenheit bietet, zu reisen und irgendwie nützlich sein zu können, scheint mir tatsächlich, daß alle meine Leiden an Wichtigkeit verlieren, fast ganz verschwinden (kaum zurück in meiner Dachstube, können sie auch verschlimmert wieder auftreten). Es stimmt auch, daß in diesem Fall die Vorstellung Sizilien besonders verführerisch ist. Dreißig Jahre war ich nicht mehr dort, und ich muß sagen, jeden Herbst liebäugelte ich damit, dafür Opfer aufzubringen. Am liebsten möchte ich Agrigent und Syrakus sehen, wo ich noch nicht war. Wird die Propagandareise mir andererseits denn Gelegenheit bieten, auch anhalten zu können, um zu betrachten? Es wird sich alles zeigen. Ich fahre jedenfalls nicht vor dem 15. Januar ab, wenn mein Buch erschienen und im Handel ist.

Gestern ging ich vom Parteigebäude aus weiter zur „Unità", wo ich endlich mit dem Direktor sprechen konnte. Ingrao war sehr liebevoll mit mir und versprach, er wolle das bevorstehende Erscheinen meines Buches in angemessener Weise ankündigen lassen, dann ließ er mich in seinem Auto wieder nach Hause begleiten.

Im Parteigebäude hatte ich Nilde Jotti getroffen, als sie gerade weggehen wollte: sie gab mir die Telefonnummer von ihrer und Togliattis Wohnung. Ich werde sie nicht mißbrauchen, hoffe nur, daß ich damit endlich eine Verabredung treffen kann. Ich möchte über so viele Dinge mit ihm sprechen. Seit dem Fest in Bologna habe ich ihn nicht mehr gesehen.

31. Dezember, abends

Heute nachmittag ist endlich der Ofen repariert und gereinigt worden. Ich war wirklich am Erfrieren (letzte Nacht konnte ich nicht schlafen, weil der Raum so kalt war). Jetzt ist es dafür angenehm warm. Die liebe Genossin Maria hat die Dachstube perfekt saubergemacht. So konnte ich Freund Virgilio Cervoni und seine Frau empfangen, sie brachten mir wunderschöne rote Rosen, einen großen Panettone und zwei Flaschen Sekt, von denen ich nicht weiß, wann und mit wem ich die trinken soll. Jetzt bin ich allein, aber um zehn holen mich Velso und Dora Mucci mit dem Auto ab, wir fahren zum Verlagshaus Einaudi und erwarten zusammen mit anderen Genossen Mitternacht, dann bringen sie mich zurück, hoffentlich kann ich schlafen. Ich sah am Himmel die Mondsichel, bevor es Abend wurde und sprach in Gedanken den Wunsch aus: Friede und Arbeit, für das gesamte Jahr 1952, für mich und alle anderen. Heißt das zuviel verlangen? Mit dieser Frage schließe ich das Tagebuch von 1951.

1952

Rom, 1. Januar, morgens

Klarer Himmel, römische Sonne. Um neun aufgewacht, denn gestern abend kam ich erst gegen eins zurück und konnte nicht gleich einschlafen. Beim Verlag Einaudi waren viel mehr Leute als ich dachte, großenteils unbekannte und mir gleichgültige. Um Mitternacht trank ich ein Glas Sekt, dabei saß ich zwischen zwei jungen Dichtern, dem Venezianer Pasolini und Bassani aus Ferrara. Sehr höflich beide und ehrerbietig, aber ich weiß gar nicht, was sie von mir, ich meine von meiner Dichtung halten.

19. Januar, am Nachmittag

Seit zwei Tagen sprießen die Triebe der Hyazinthenzwiebeln aus ihren Gläsern hervor: sie wachsen zusehends, das ist immer wunderbar! Vielleicht blühen sie in einem Monat. Das ist mein ganzer Garten. Wo sind die großen Anlagen von meinem Vater geblieben? Macht nichts, das Gefühl für Verbundenheit mit der Natur ist das gleiche.

27. Januar, Sonntagmorgen

Gestern verbrachte ich drei angenehme Stunden bei Togliattis: ich war ein einziges Mal dort gewesen, im Mai 1950: vor fast zwei Jahren. Damals wohnte Secchia im oberen Stockwerk, er ist jetzt ausgezogen. Togliatti wohnt jetzt allein dort, mit Nilde Jotti und der kleinen Marisa, die er adoptiert hat. Das untere

Stockwerk ist Studio, Bibliothek und Eßzimmer. Es ist beeindruckend, wie sehr sich seine Büchersammlung vergrößert hat, eine der wichtigsten Privatsammlungen, die ich kenne, Klassiker, Moderne, Literatur, Politik, Wissenschaft, italienische und ausländische Gesamtwerke.

Togliatti machte einen etwas müden Eindruck (ich sah ihn seit unserem Treffen in Bologna im letzten September nicht mehr) trotzdem hat er den ganzen Abend lang mit gewohnter Lebhaftigkeit und Scharfsinn zugehört und gesprochen. Marcella Ferrara war auch eingeladen, sie ist Sekretärin in der Redaktion von „Rinascita“ (ihr Mann Maurizio ist Chefredakteur bei der „Unità“ und muß jede Nacht bis drei Uhr dort arbeiten). Togliatti war mir gegenüber, noch stärker als bei früheren Treffen, ausgesprochen herzlich, ich möchte fast sagen zärtlich, wenn dieses Wort nicht zu übertrieben klingt. Nein, das Besondere am Verhalten Togliattis zu mir ist gerade die extreme Einfachheit, durchdrungen von zarter, mehr unausgesprochener als ausgesprochener, aber konstanter Liebenswürdigkeit, von der ich mich umhüllt und beschützt fühle. Und genauso ist seine Stimme im vertrauten Kreis: überzeugend, fast leise. Ganz anders, als wenn er in der Öffentlichkeit spricht, mit dieser Kraft, die sogar seine Gegner bemerken und von der sie überwältigt sind. Ich sah ihn gestern abend so zufrieden wie in Urlaubsstunden, im heiteren Gespräch über dies und jenes, was mir neuen Mut gab, und zwar nicht die Worte, sondern das liebe Lächeln in seinem Blick.

Er versprach mir, einmal zu mir in die Dachstube zu kommen – ob er je kann? Er sagte, daß er es sich wirklich wünscht.

23. September, morgens

Gestern abend holte ich das große Paket Artikel von Rina Pierangeli Faccio (das bin ich) hervor, geschrieben zwischen 1892 und 1904. Wenigstens die, die nicht verloren gingen. Die Abgeordnete Nilde Jotti, Gefährtin von Togliatti, bat mich um die Nummern von „Italia femminile“ (die ich in Mailand im November und Dezember 1899 leitete) für eine Ausstellung, die sie anläßlich des nächsten Kongresses über die feministische

Presse vorbereitet. Ich blätterte diese komische und gleichzeitig rührende Sammlung durch. Den ersten Artikel unterschrieb ich mit Reseda, vor genau sechzig Jahren, im Juli 1892, „Ordine“, „Corriere delle Marche“, Ancona, es ist nicht gerade ein Artikel, sondern eine kleine Korrespondenz aus Porto Civitanova (der unglückliche Ort!) über die Badesaison. Ich war damals schon verlobt (sechzehn Jahre alt). Den zweiten schrieb ich ein Jahr darauf, ich war schon seit Januar verheiratet, es ist auch eine Korrespondenz über die Sommersaison. Dann kamen nach und nach ernsthaftere Artikel, ein paar Novellen, alle in Zeitschriften der Marken, dann zwei oder drei Jahre später mit meinem dreifachen Namen, dem meines Mannes und meinem Mädchennamen, der Aufstieg zur „Gazzetta Letteraria“ (Turin), zur „Vita Internationale“ (Mailand) und vielen anderen Zeitschriften, was für die unbekannte Autodidaktin einen überraschenden Erfolg bedeutete – und auch war, ohne irgendeine Unterstützung, nur auf Grund der Ernsthaftigkeit und der Leidenschaft, die aus jeder Schrift sprachen, und wegen der stilistischen Reinheit (eine Tatsache, die mich heute, nach so langer Zeit! selbst verwundert).

1892-1902-1904: zehn Jahre und länger, dann veröffentlichte ich *Una Donna* und nahm den Namen an, der mir geblieben ist.

Wieviel Arbeit auch in diesen zehn Jahren! Wieviel unbewußte Vorbereitung auf ein beschwerlicheres Schicksal! Wieviele Schauder in der Poesie, auch unbewußte, hier und da, von Zeit zu Zeit, und wieviel Zuversicht seither in die Zukunft der Welt! Ich verstehe, warum Cena in einem Sonett, das er mir widmete, als ich mit ihm lebte, schrieb,

„In ihr pulsiert die Zukunft der Menschheit“.

26. September

Ich ging heute zum Kürschner, er sollte mir meinen Fuchs in Kragen und Muff umarbeiten (der Fuchs wurde auf dreißigtausend Lire geschätzt, dabei habe ich 2750 Rubel dafür bezahlt, das sind in italienischer Währung 137.000 Lire). Zu Hause fand ich einen Zettel von der Genossin Maria vor, die in meiner Abwesenheit dagewesen war: „Einer Ihrer großen Verehrer war hier, Oberschullehrer, er kommt um halb drei zurück, um Sie zu sehen und mit Ihnen zu sprechen". Der „Verehrer" kam tatsächlich, ein Mann in den Sechzigern, bescheiden und scheu, er lebt und unterrichtet in Isernia (Campobasso) und pflegt dort seine Liebe zur Dichtung, er schreibt selbst keine Gedichte, sondern liest die von anderen. Ihm gefällt *Selva d'amore*, er verehrt Hölderlin, Schiller, Rilke, Goethe. . . . Nicht Kommunist, aber auch kein Gegner, er ist freier Denker, ein Vertreter jener Humanisten, die verstreut hier und da auf der Halbinsel leben, isoliert, ignoriert, aber die in der Schule den Funken bewahren, armes geliebtes Italien.

24. Oktober, Nachmittag

Heute morgen habe ich das gemacht, was Molière tat, der seine Komödien der Magd vorlas: ich las meiner Genossin Maria Messina, die mir bei der Hausarbeit hilft, *Rußland großes Land* (Russia alto paese) vor. Sie hat geweint.
Zwei Zeilen, die ich gestern der letzten Fassung hinzufügte, finde ich nicht schlecht:
„Und in den Sommernächten entzünden deine Dichter Freudenfeuer, dort, in den silbernen Birkenwäldern, die den Feind flüchten sahen."
Ich habe das Manuskript dem Sekretär von Togliatti mit einem Brief gebracht, in dem ich den großen Genossen bitte, es zu lesen und mir zu sagen, ob es zu unwürdig ist oder ob es in der „Unità" für den 7. November veröffentlicht werden kann.

Ancona, 24. November, Montagmorgen 9.30 Uhr

Ich liege noch im Bett, weil die Wohnung meines Sohnes erst viel später ein wenig geheizt wird. Es ist eiskalt, und wie ich mir dachte, kälter als in Rom, und grau. Am Sonnabendnachmittag bin ich angekommen, ich mußte mich gleich daranmachen und den Vortrag abschreiben, wozu ich in den letzten Tagen in Rom keine Zeit mehr hatte. Ich war mit der Abschrift, mit der Hand wie üblich, und mit klaren großen Buchstaben,

damit ich ohne Brille lesen kann, erst gestern um eins fertig. Ich war ganz und gar nicht zufrieden mit dem Text, aber besser konnte er in den Tagen voller lästiger Verpflichtungen in Rom einfach nicht werden. Und trotzdem hatte ich gestern spät nachmittags im Kulturzentrum „Tommasi" einen der größten Erfolge meiner „Karriere" als Rednerin. Sogar mein Sohn war da, er stand versteckt zwischen den Menschen hinten im Saal. Bei den beiden anderen Malen, die ich hier las, fehlte er, vielleicht aus Scheu, wer weiß!
Ich glaube, daß meine Erfolge als Rednerin hauptsächlich meiner Stimme zu verdanken sind, ihrer Ausdruckskraft und der Wärme, die sie ausstrahlt. Davon habe ich bis vor wenigen Jahren nichts geahnt. Wie merkwürdig!
Die Begeisterung erreichte gestern natürlich ihren Höhepunkt, als ich, nach einer kurzen Einleitung (dreiviertel Stunden), *Großes Land* (Alto Paese) las. Daran hatte ich nicht gezweifelt, auch wenn ich dieses (vorläufig?) letzte meiner Gedichte zum ersten Mal öffentlich vortrug.
Ancona war eine Art Generalprobe. Alle waren „ergriffen", Intellektuelle und Arbeiter, Frauen aus dem Volk und bürgerliche Damen. Letztere hatten vorher für mich einen Empfang in den Räumen der Buchhandlung gegeben, die zum Zentrum gehört. Der Veranstalter und Vorsitzende des Zentrums, Professor Patrignani, strahlte vor Freude über den Erfolg.
Mein Sohn war scheinbar auch sehr zufrieden. Nun sind es neunzehn Jahre, seit wir uns wiedertrafen, und gestern abend habe ich zum ersten Mal tief gespürt, daß er nah daran ist, „sich zu lösen", daß er nicht nur mit einem Blick, sondern, wie soll ich sagen, mit einem unerwarteten Kuß, oder mit irgendeiner verräterischen Bewegung, seine Zärtlichkeit für mich zeigt, die er schon so lange fest in seinem Herzen trägt. . . . Ich wäre glücklicher für ihn als für mich, wenn das Leben eines Tages dieses Wunder zuließe. . . .
Wer weiß!
Unterdessen fahre ich morgen vormittag zurück nach Rom.

Rom, 29. November, morgens

Wieviele Verstorbene in diesem Monat! Zuerst und am meisten von allen trauerte ich um Paul Eluard. Ich lernte ihn kennen, als er im Frühjahr 1946 zu einer Dichterlesung kam (bei der Gelegenheit sprach ich zum ersten Mal mit Togliatti: ich weiß nicht, ob ich es im Tagebuch vermerkt habe: ich war erst seit wenigen Monaten Parteimitglied geworden). Dann sah ich Eluard im Frühjahr 1949 in Paris wieder, wir aßen zusammen und gingen dann in Picassos Studio. Er war traurig und ein bißchen zerstreut. Man sagte mir, er würde trinken, weil er seine Frau vor kurzem verloren hatte, die er vergötterte. Vor zwei oder drei Jahren hatte er eine ganz junge Frau geheiratet, die ihm seine Lebensfreude wiedergegeben hatte, wie man in seinen letzten Gedichten spürte. . . . Er war erst siebenundfünfzig Jahre alt.

Ein weiterer berühmter Verstorbener, Benedetto Croce: aber der war kein Dichter und verstand auch nicht viel von Dichtungen: das sage ich nicht, weil er in seinen unzähligen kritischen Essays niemals ein Wort über mich verloren hat, sondern weil er damals, neben anderen, Giovanni Pascoli verrissen hat. . . .

Croce lernte ich im Frühling 1913 kennen, als ich am Kap von Sorrent wohnte: ich wurde zwei Mal zum Essen in sein Haus in Neapel eingeladen, durch Vincenzo Gerace, der zu den ständigen Besuchern des Hauses Croce gehörte, und der mich Sonntags in Sorrent besuchte. Croces Haus war damals schon eine enorme Bibliothek (ich hörte jetzt, daß die Sammlung auf achtzigtausend Bände angestiegen ist). Zwischen all dieses bedruckte Papier brachte die junge Geliebte Croces, Donna Nella, eine wunderschöne Frau aus dem Volk, ohne irgendwelche Kultur, dafür aber üppig und fröhlich, eine heitere Note – oder wenn man so sagen kann, eine unbekümmerte Note. Böse Zungen erzählten, daß sich Donna Nella mit den Schülern des Maestro sehr amüsieren würde. Aber er, ob er es nun wußte oder nicht , hing auf jeden Fall sehr an ihr. In der Unterhaltung bei Tisch war Croce sehr „spaßig“, wie die Neapolitaner sagen: voller teils bissiger, teils gepfefferter Anekdoten: das

war eine Art, die mich nie sonderlich angezogen hatte. Zu mir war er sehr höflich: Gerace berichtete mir die Definition, die er damals für mich gefunden hatte: „Pilgerin der Liebe" (ich war in Gerace sehr verliebt, wenn er mich nicht in Sorrent besuchte, eilte ich nach Neapel); eines meiner ersten Gedichte: Tod, hast du mich gehört? (Morte, m'hai sentita?) stammt aus jener Zeit.
Tod, Tod, Tod. Die Zeitungen brachten gestern abend die Todesnachricht von Elena von Savoyen. Sie war drei Jahre älter als ich. Ich berichtete vor einiger Zeit im Tagebuch über meine Beziehung zu ihr.

31. Dezember, 22.30 Uhr

... Ich habe meine finanzielle Abrechnung gemacht: achthundertfünfzigtausend Lire ausgegeben – hunderttausend mehr als im letzten Jahr, trotz der achtundvierzig Tage, die ich als Gast in Rußland verbrachte! Ich besitze hundertausend Lire, die beim Credito italiano liegen, fünfundvierzig Pfund in Gold und zwei goldene Armbänder die ich in dem „großen Land" erworben habe. ...
Nun zur moralischen Abrechnung. Es war ein wesentliches Jahr. Im Februar schrieb ich den Vortrag *Erfahrungen einer Schriftstellerin*, ich las ihn zum ersten Mal am 8. März in Turin, dann wiederholte ich ihn in Mailand, zwischen April und Mai in fünf Städten Siziliens, dann hier in Rom, in Anwesenheit von Togliatti, dann weiter in Venedig, Rovigo und Ferrara. Am 29. Juli fuhr ich nach Rußland ab, kam am 14. September zurück. Das Kurzepos *Großes Land* (Alto paese) schrieb ich in Ancona in den ersten Oktobertagen, am 24. Oktober korrigierte ich es in Rom. Dann schrieb ich den Vortrag über meine Reise nach Rußland, den ich am 23. November in Ancona las und jetzt in den letzten Tagen hier in Rom noch für den Druck erweiterte.
Die Reise nach Rußland und das Kurzepos, das sich daraus ergab, sind mit Abstand die wichtigsten Ereignisse nicht nur diesen Jahres, sondern auch vorheriger Jahre zusammengenommen. Als ebenso bedeutend kann ich nur für das Jahr 1946

meinen Parteieintritt notieren (6. Januar 1946) und die Gedichte, die ich zwischen Amalfi und Rom von 1949-51 (Aiutatemi a dire) schrieb.
Alle haben mir in diesen Tagen zum Neujahr gratuliert und darauf beharrt, mir ein neues, schöpferisches Jahr vorauszusagen. Sicher, ich möchte die Energie haben (trotz der Arthritis, die mich plagt und bei jeder Kur rebelliert), um etwas Lebendigeres und Größeres zu schaffen als bisher: nicht für mich, sondern für die Genossen, aus Liebe zu ihnen, zu ihrer Unterstützung. . . .
Bei diesem Gedanken trinke ich einen Schluck sardischen Wein.
Es ist Mitternacht.

1953

25. Januar, abends

Heute Nachmittag las ich, ich weiß nicht, was mich dazu bewog, den Band über meinen Lebenslauf (von Geburt an bis 1940, also bis zum Anfang dieses Tagebuchs). Das war eine ziemlich deprimierende Lektüre, vor allen Dingen der zweite Teil (im ganzen sind es über hundertfünfzig Seiten dieses Formats). Diese ganzen unglücklichen Lieben, angefangen mit der zu Campana, und dann das ewige Thema – finanzielle Schwierigkeiten, wie oft mußte ich bei Freunden um Hilfe suchen (Gott sei Dank waren sie immer uneigennützig, ich meine die Freunde und nicht meine Geliebten) und leider auch bei Mussolini und der Königin Elena (aber auch hier meinerseits ohne die *geringste* Unterwürfigkeit), das hat mich tief betroffen und sogar ein wenig beschämt. Wenn ich diese zwanzig, dreißig, vierzig Jahre mit den letzten zehn Jahren seit dem Krieg, vor allen Dingen mit den letzten sieben, nachdem ich Parteimitglied geworden bin, vergleiche, sollte ich stolz sein: stolz auf mein Alter, das sich einzig und allein aus der Begeisterung für die Idee speist, und das Tag und Nacht den Mut zum Vorwärtsgehen daraus schöpft, daß es sich für notwenig hält, trotz der enormen Müdigkeit, notwendig für den Kampf an der Seite der Genossen. . . . Wenn mein langes Irren mich dahin geführt hat, dann war nicht alles umsonst. . . .

28. Mai, Vormittag

Eine angenehme Stunde gestern der Vortrag von Cocteau über Picasso. Verstand, Fantasie, Anmut, in höchstem Grad miteinander verschmolzen, und das Ganze von einem fast unmerklichen *humour* überhaucht. Ich hatte Cocteau weder je gehört noch gesehen, ich hatte ihn nur, unglücklicherweise, zweimal zitiert, einmal in bezug auf Anna de Noailles, und ein anderes Mal zitierte ich zwei oder drei Sätze aus seinem Buch über Opium. Gestern war er vor mir, nur zwei Meter entfernt, weil ich mich mitten in der ersten Reihe wiederfand, neben keinem Geringeren als dem französischen Botschafter und dessen Frau, (auf der anderen Seite Lionello Venturi, Leiter der Picasso-Ausstellung). Ich war anfangs etwas verlegen wegen diesem unvorhergesehenen Platz (ich gehöre zum Ausstellungskomitee), aber dann war ich ganz gefangen von dem Redner, der vom Redner gar nichts an sich hat, wohl aber einen angenehmen Plauderton. Er bewegt sich auf dem leeren Podium gemächlich hin und her, wobei er die Themen seiner Rede berührt, ohne jemals langatmig zu werden, bisweilen mit dem Lächeln eines wohlerzogenen Lausbuben, dann plötzlich voller Ernst – ernsthaft waren auch manche Bemerkungen, die er, ausgehend von der Kunst Picassos, über die ganze Kunst, Poesie und das ganze Leben machte. Ich weiß nicht, ob das Publikum gleiches Wohlgefallen empfand wie ich. Am Schluß des Vortrags ging ich hinter die Bühne, drückte ihm die Hand und dankte ihm schweigend. Cocteau fährt heute wieder ab, ich begnüge mich mit der Erinnerung an diese Stunde, die jetzt zu den schönsten Begegnungen gehört. . . .

19. Juli, Sonntagnachmittag, 36 Grad

Seit gestern abend bin ich in die Lektüre eines Heftes zur Erinnerung an Paul Eluard vertieft – *Europe*, Juli-August 1953. Gleich nach dem Tod des Dichters bat man mich um ein *souvenir* für dieses Heft, das war im vergangenen Dezember, und ich dachte, es sei wohl ohne meine wenigen Zeilen erschienen. Statt dessen kam es gestern endlich an, sehr vielfältig, auch mit Fotografien, und sehr ergreifend. Meine Worte sind auch drin und nehmen sich gar nicht so schlecht aus. Ich will es Emilio Cecchi zeigen, den ich seit Monaten nicht besuchte. Eluard war ein bedeutender Dichter und ein großartiger Genosse: ich bin mal gespannt, ob die italienischen Kritiker sich nun mit ihm beschäftigen werden oder ob sie ihn weiterhin ignorieren: ich meine die nicht-kommunistischen Kritiker. . . .

4. November

Gestern hat mich Nilde Jotti angerufen und gesagt, sie komme mich heute abend *mit Togliatti* besuchen. Seit über sieben Jahren warte ich auf diesen Besuch, ich wage noch nicht, daran zu glauben. Bis heute achtzehn Uhr muß ich bangen, dabei lese ich gerade das Buch *Gespräche mit Togliatti* (Conversando con T.) von Marcella und Maurizio Ferrara zuende.

22 Uhr, abends

Togliatti war eineinhalb Stunden bei mir, von sechs Uhr dreißig bis acht; Nilde und die Adoptivtochter Marisa begleiteten ihn. Er blätterte in Büchern, sah sich Bilder und Fotografien an, teils im Stehen, teils in meinem kleinen Sessel sitzend, er trank Tee und einen Schluck von dem Likör „Fiori di Sardegna", er öffnete den Koffer mit dem Manuskript des ganzen Tagebuchs, er sprach über unendlich viele Sachen, heiter, herzlich, ich hatte das Gefühl, als sei er schon oft bei mir gewesen, ich war glücklich, und gleichzeitig fühlte ich mich wohl, überhaupt nicht gestört, spontan, *jung*. Beim Fortgehen sagte er noch einmal, er sei sehr froh, daß er mich nun in meiner Höhle gesehen habe. Wir haben uns umarmt. Ich habe gemerkt, daß er mich gern hat, so wie ein Mann wie er, mit der enormen Summe gelebten Lebens und der enormen Verantwortung für das, was noch vor ihm liegt, gern haben kann.

25. November, abends

Heute um drei war ich mit den zweiten Korrekturfahnen von *Gioie d'occasione* fertig, die ich gestern, auch um drei, endlich bekommen hatte. Es war sehr anstrengend, aber ich wollte sie heute abend abschicken. Hoffentlich hält der Verleger Wort

und veröffentlicht den Band noch vor Weihnachten, ich bezweifle aber, daß er es schafft.
Es ist ein „großer" Band, wie Emilio Cecchi toskanisch sagen würde, wobei er das Wort in geistigem Sinne versteht. Dieses Durchlesen in einem Zug hat mich aufgeregt und gleichzeitig melancholisch gestimmt. Mein ganzes Leben! Über vierzig Jahre. Und wer liest das jetzt! Wer, vor allen Dingen, erkennt seinen Wert in der Form und in seinem Inhalt? Das neue Publikum ist sicher ein wenig wie die „Nachkommen". . . . Aber weil ich noch lebe, wird es sich vielleicht unbehaglich fühlen und gespalten zwischen Bewunderung und dem Bedenken, sie könnten einen Fehler machen. Und die – wenigen ehrlichen – Kritiker teilen die Verlegenheit und schweigen, ich wette darauf.

19. Dezember, vormittags

Weder gestern noch heute nacht habe ich geschlafen. Eben hörte ich die liebevolle Stimme von Concetto Marchesi am Telefon, er redete mir zu, Schlafmittel zu nehmen, was ich aber absolut nicht will. Marchesi sagte mir, daß auch er *unglücklich* ist, weil er eine plötzlich aufgetretene Nervosität nicht überwinden kann.
Man müßte singen können! Für sich selbst und für alle. Ich habe die ersten drei Zeilen eines Gedichts geschrieben, mit dem ich schon seit Monaten liebäugele, ob ich es fortsetzen kann? . . .

1954

4. Februar, abends

Langer und sehr lieber Besuch von der jungen Maria Antonietta Macciocchi, Direktorin von „Noi Donne", sie möchte einen Artikel über meine „Persönlichkeit" für die „Unità" schreiben und wollte von meinen ersten Anfängen und unendlich vielen anderen Dingen hören. Hoffentlich wird das was Lebendiges und Interessantes für mein neues Publikum. Sie will *Gioie d' occasione* lesen, das sie nicht kennt, und das vielleicht eine Entdeckung für sie selbst und für viele andere Jugendliche sein kann. Sie nahm viele Fotografien mit. Sie ist eine intelligente, eifrige und ehrliche kleine Frau.

10. Februar, abends

Verbrachte die letzten drei Tage damit, die Seiten *Aus meinem Tagebuch* (1940-44) zu lesen, die aus dem Band rausgelassen wurden. Es ist fast nochmal so viel wie die veröffentlichten. Der Name Franco wird tausende Male wiederholt. Über die Größe meiner – zum Glück letzten – Liebesillusion bin ich einfach entsetzt. Was wohl Franco empfindet, wenn er an die zehn Jahre denkt, die ich ihm widmete?

7. März, Sonntag

Heute erschien in der „Unità" auf der dritten Seite über vier Spalten der Artikel von Antonietta Macciocchi: *Sibilla, eine Kämpferin für die Frauenemanzipation*, sehr sehr lieb und herzlich, mit zwei großen Fotografien, auf der einen stehe ich Arm in Arm mit einer jungen Frau aus Triest, bei dem Vortrag, den ich im letzten Herbst in der adriatischen Stadt hielt, das andere ist eine verlockende Zeichnung von meinem Kopf, die Michele Cascella 1914 auf Ischia machte und die bis heute unveröffentlicht blieb.

22. März, nachmittags

Habe weitere Bündel Briefe durchgeblättert, von Freunden, von Bekannten und von Unbekannten aus verschiedenen Perioden. Manche sind wertvolle Originale, andere weit weniger. Welch ein Gewicht auf meinen Schultern und auf meiner Seele. Seit langer Zeit wollte ich mich an diese Arbeit machen, aber ich traute mich nicht, ich wollte nicht daran ersticken, und genau das ist jetzt geschehen. Ich höre auf. Aber wer wird sich jemals die Mühe machen, diese entsetzliche Menge an Papier durchzusehen? Ich war nicht in der Lage, mir in den letzten Jahren meines Lebens einen Eckermann heranzuziehen, wie es Goethe getan hat. Jemanden, der treu mit Hilfe so vieler Dokumente meinen Lebenslauf vorbereitete, für *später*. . . . Später wird sich niemand mehr finden, der die Fähigkeit und die Lust hat, so viele Schriftstücke zu sichten und oftmals zu interpretieren. Außerdem ist vielleicht auch niemand dazu in der Lage, trotz bester Vorsätze und größter Treue. Inzwischen veralten die Briefe täglich mehr, selbst ich sitze vor vielen wie vor unlösbaren Rätseln. . . . Tiefe Traurigkeit, auch wenn sie dann und wann von leisem, eitlem Stolz durchdrungen wird. Kopf hoch, jetzt geht's zur Versammlung junger Kommunistinnen, das ist meine gegenwärtige *Wahrheit*.

26. September, Sonntagabend, 21.30 Uhr

Zurück vom Pressefest der „Unità“ im Park Villa Glori (waren sicher fünfzigtausend Menschen, großartiger Erfolg). Ich konnte wegen der großen Menge nicht zum Podium vordringen, wo Togliatti seine gewaltige Rede hielt. So blieb ich am Stand des Verlegers Editori Riuniti, schrieb Autogramme in einige Exem-

plare meiner Bücher, dann eine unerwartete Begegnung mit Feltrinelli, der mich in seinem Auto wieder hierher begleitete. Er kommt morgen um elf, um meine Dachstube anzuschauen und zu hören, was ich zu sagen habe (ich hatte ihm vor Wochen geschrieben, daß ich hoffte, ihn Mitte Oktober in Mailand zu sehen, weil ich eben über einige Dinge mit ihm sprechen wollte). Sollte er wirklich kommen – ich glaube aber, er ist ein ernsthafter Mann, der Wort hält, trotz seiner Milliarden und seiner nur achtundzwanzig Jahre (fünfzig weniger als ich!) – habe ich dann auch den Mut, ihm den Kauf meines Tagebuchs vorzuschlagen, was Togliatti mir geraten hat?
Das Essen heute mit Marchesi in der Trattoria war auf liebenswürdige Weise sympathisch. Ob es mir Glück gebracht hat?

27. September, nachmittags

Feltrinelli hat Wort gehalten: er rief mich höflich an, daß er etwas später kommen würde, kam dann gegen zwölf und blieb bis zwei, fand meine Dachstube „sympathisch", dann habe ich ihm die Jahrgänge des Tagebuchs von 45 bis heute gezeigt, er sagte, er wolle mein Angebot bedenken, es ihm zu überlassen gegen eine Bezahlung, die zu vereinbaren wäre, und mit der Absprache, daß es *nach meinem Tod* veröffentlicht wird, zusammen mit dem vollständigen Text der Jahre 1940-44, die bei Tuminelli teilweise publiziert wurden. Wer weiß, was er entscheidet, jedenfalls wird er mir, nehme ich an, irgendetwas vorschlagen, wenn ich in der zweiten Oktoberhälfte in Mailand bin, oder schon vorher.
Bevor ich den Koffer schloß, in dem die verschiedenen unveröffentlichten Jahrgänge verstaut sind, konnte ich der wenig zuträglichen Versuchung nicht wiederstehen, den Band mit meinem Lebenslauf wieder zu lesen (dem für die Testamentsvollstrecker eine Anmerkung vorausgeht, die besagt, daß diese Daten *niemals* veröffentlicht werden sollen, sondern daß sie einem eventuellen, zukünftigen Biograph als „eigenhändiges Dokument" zum Nachschlagen dienen können).
Ich sagte „wenig zuträglichen Versuchung", weil mich diese

nochmalige Lektüre erschöpft und überdies unsäglich bestürzt hat.

Der erste Teil des Manuskripts, daß heißt von der Geburt bis hin zum Jahre 1915 ungefähr, ist sehr wichtig (ich glaube auch stilistisch) und erklärt den Inhalt von *Una Donna*, sowie die drei folgenden Jahre nach meinem Weggang aus dem ehelichen Hause, unter dem Aspekt tiefer, menschlicher Reinheit, die mein Leben bis zum ersten Weltkrieg kennzeichnet. Danach, von ungefähr 1915 bis 1945-46, dreißig Jahre lang, werde ich auf tragische Weise in einen Strudel fortgerissen, der wirklich etwas Fürchterliches an sich hat, in einen Reigen von Liebesversuchen, die alle verheerend ausgehen, mit kurzen Glücksmomenten und dann wieder langen schmerzlichen Zeiten, von denen ich nicht weiß, wie ich sie immer wieder ertragen und überwinden konnte. Ich glaube, daß in dieser wiederholten Überwindung der Freispruch meiner selbst vor meinem heutigen Bewußtsein liegt. Vielleicht ahnte ich in meinem Unterbewußtsein, daß ich am Ende dieser schrecklichen Geschichte (daß heißt bis etwa 1946, nach der endgültigen Trennung von meiner letzten Liebe, Franco) meine jugendliche Seele wiederentdecken würde, die mich heute aufrecht hält und mir diese unglaubliche Zuversicht und das Vertrauen gibt, heute, wo ich für keinen einzelnen Mann lebe, keinen einzelnen Mann liebe, sondern die gesamte gegenwärtige und zukünftige Menschheit. Meine Seele ist heute *unbescholten* und erlöst mich von einem langen Irrweg, das erkläre ich demutsvoll, aber um so entschiedener. Ja, vielleicht war das alles notwendig, damit ich einen so ungetrübten und freien Lebensabend erreichen konnte. Aber niemandem, niemanden, weder Mann noch Frau, wage ich mich als Beispiel hinzustellen, weil ich tatsächlich nicht weiß, ob jemand in der Lage wäre, den Preis zu zahlen. . . . Oder besser gesagt, ich konnte den Preis zahlen, weil es mir vorbestimmt war, Dichterin zu werden – inzwischen ein seltenes Schicksal auf Erden, aber irgend jemand sagte, eines Tages werde es vielleicht allen zuteil, von Jugend auf.

Rom, 25. Oktober, 8.30 Uhr

Eine Sekunde später wäre ich samt dem ganzen Haus in die Luft gegangen. Ich war im Bad und hatte nicht bemerkt, daß ich den Gashahn nicht geschlossen hatte, das warme Wasser lief schon ein, und wegen einem uralten Schaden am Badeofen darf der Hahn nicht eher angedreht werden, als bis das Gas ausgeschaltet ist. Ich konnte gerade noch rechtzeitig aus dem Wasser springen. Meine Unachtsamkeit hat mich bestürzt. Wenn ich daran denke, daß ich gerade, als ich ins Wasser stieg, wieder mal überlegte, daß es doch unvorsichtig sei, in meinem Alter so allein zu leben. . . .

Inzwischen ist die Dachstube von einem unerträglichen Geruch durchdrungen, und die Badewanne ist völlig schwarz. . . .

Gleich kommt die Aufwartefrau und bringt alles wieder in Ordnung (der Badeofen ist sicher nicht mehr zu reparieren!).

31. Dezember, Nachmittag

Gestern abend besuchte mich jemand, den ich seit zwei Jahren nicht gesehen hatte, der Luciano aus *Amo dunque sono*.

Zwei harmonische Stunden, keinerlei Wehruf nach vergangenen Zeiten, nach dem Traum, der vielleicht mein bedeutendster war, sondern wohltuende Freude uns wiederzusehen und lächeln zu können mit dem reinen Lächeln als ursprünglichstem Ausdruck unserer Seelen.

1955

Rom, den 4. Januar, abends

Heute Nachmittag kam ich, wer weiß warum, auf die Idee, nach Jahren mein *Amo dunque sono* wieder in die Hand zu nehmen und zu lesen. Ich wollte nachsehen, welche Seiten ich, verleitet von Franco, aus der letzten Neuausgabe (1947) herausgelassen hatte. Es handelt sich dabei um das vollständige Kapitel, das die Vergangenheit mit jenem beschreibt, den ich in den vorigen Auflagen Bruno Tellegra nannte. Außerdem das kurze Bekenntnis einer meiner vorübergehenden physischen Verwirrungen (das unschuldige Eingeständnis, das bei den Lesern der ersten Auflage von 1927! so viel Ekel erregte). Ich verstehe nicht, warum ich zwanzig Jahre später dem verschämten Rat Francos nachgegeben habe. Wenn das Buch heute neu gedruckt würde, hätte ich es gerne vollständig.

So las ich den ganzen Band (den ich in einem Zug im Sommer 1926 schrieb: das einzige meiner Werke in einem Zug).

Beim Lesen dachte ich an den Abend neulich, vor einer Woche, als der Protagonist des Buches mich zwei Stunden lang besuchte, den ich nun nicht mehr Luciano nenne, den ich seit zwei Jahren nicht mehr gesehen habe, und der jetzt dreiundfünfzig Jahre alt ist, er scheint aber zehn Jahre jünger, noch genauso schön mit dem gleichen klaren Lächeln. . . .

Das Buch ist jung geblieben, meine ich wenigstens. Und es enthält zahlreiche meiner besten lyrischen Stellen, die mein tiefstes weibliches Wesen verraten.

Ich machte das Manuskript damals der Hauptperson zum Geschenk, nachdem das Buch veröffentlicht worden war. Er sagte mir neulich abends, daß er es aufbewahre.

8. Januar, nachmittags

Absolut unerwarteter Brief aus Mailand, von einem, den ich im Tagebuch flüchtig erwähnte und Virgilio nannte. Nach zwanzig Jahren, in denen wir uns nicht geschrieben haben, abgesehen von wenigen zufälligen Zusammentreffen in der Zwischenzeit (zuletzt in Florenz, beim Kongreß der Italien-UdSSR-Gesellschaft, wo er ein zartfühlendes Gespräch anzuknüpfen versuchte, das ich aber abbrach). Der Brief ist genauso überraschend zärtlich. Ich will die Neujahrswünsche erwidern!
Das Tagebuch! Es ist vielleicht das lebensbejahendste unter meinen Büchern! Wie kann ich denn verlangen, daß es von oberflächlichen, zerstreuten, anmaßenden Kritikern von heute beurteilt wird? Hoffentlich gehen sie nach meinem Tod schonender damit um, ab und zu mache ich mir doch noch diese Illusion, trotz allem.

21. Februar

Warte immer noch darauf, daß Marcella Ferrara die beiden Jahrgänge meines Tagebuches durchgesehen hat, die ich ihr vor nun schon einem Monat anvertraut hatte.
Bei der Durchsicht eines Bündels alter Briefe von mir zog ich diesen heraus, den ich hier anhefte, an die Schriftstellerin Aurel.

Mailand, 11. Juni 1914

Aurel, meine liebe, es schmerzt mich, wenn ich Sie sagen höre, daß „das Gerede" der Pariser den Einfluß Ihrer Seele auf mich schmälern. . . . Oh! Sie sind es, die, „weil Sie mich zu oft sahen", in einer Zeit ähnlicher Trostlosigkeit, den Grund meines Geistes nicht erkannte, die Klarheit und die absolute Freiheit meines Geistes, abgesehen von jeglichem Zufall, die stoische Aufrichtigkeit meiner Überzeugungen. . . .

Als ich Ihnen begegnete, *wußte ich, wer Sie sind*, und die Vorstellung, die ich von Ihnen hatte, hat sich seit dem nicht einen Augenblick verändert, trotz der großen Unterschiede unserer beider Wesen, die von so gegensätzlichen Lebenswegen bereichert wurden.

Wenn ich Sie auch oft mit dem besessenen Ausdruck meiner Leidenschaften beunruhigt habe, glauben Sie denn, daß Ihre Strenge, diese ewige Herrschaft über sich selbst, mich immer fasziniert hätte? Aber darauf kam es nicht an. Ich akzeptierte Sie so, wie Sie sind, Ihre Fähigkeit liegt nicht in Ihrem Leben, sondern in Ihren Worten. Also, „das Gerede der anderen"! Aurel, wie konnten gerade *Sie* meinen, daß Sibilla sich von den Gesprächen der Leute über Themen, die sie selbst in ihrem Gewissen erforscht hat, beeinflussen läßt? Mit dieser Meinung haben Sie etwas in mir getroffen. Und damit geben Sie mir die Berechtigung, Ihnen mit gleicher Herzlichkeit, mit der Sie mir geschrieben haben, zu sagen: *seien Sie nicht so hochmütig, Aurel.* Es ist Hochmut, zu glauben, nur böse und noch dazu unbewiesene Gerüchte würden ihre Worte, das was Sie ihre *Absicht, mich zu verändern*, nennen, nicht an mein Herz dringen lassen. . . .

Aurel, seien Sie doch vor allem *Dichterin*, im Leben, in Ihren Beziehungen mit den Lebenden. Der Dichter ist bescheiden, er weiß auch, daß sein Wort kein Allheilmittel ist. . . ." Eine halbe Stunde meines Blutes", sagen Sie. Mir gaben Sie viele und sind bestürzt, daß ich weiter leide! Meine arme Schwester! Natürlich, mein Schmerz hält an, mein Schmerz, der durch die Entdeckung einer viel schlimmeren Ohnmacht entsteht, als diejenige, über die Sie klagen. . . . Habe ich denn nicht Jahre lang mein Blut meinen Brüdern gegeben, den Männern, die das Schicksal mir auf den Weg gab? Ohne zu knausern habe ich alles gegeben: meine Treue, meine Gedanken, meine Zärtlichkeiten und meine Tränen. Habe ich etwa jemanden geändert? Nein, für mich, für mein Glück, niemals. Doch, in zwei oder drei Seelen habe ich sicher etwas geschaffen, das habe ich *später* festgestellt. . . . In ein paar Jahren vielleicht, wenn ich dann noch lebe, wird mir der Mann, der mich

heute verlassen hat, nur mit einem Blick bestätigen, wie sehr mein Martyrium sein Leben bereichert hat. . . .
Lassen Sie mich doch lieben, lassen Sie mich doch weinen! Anstatt ändern zu wollen, wähle ich den Tod. Nicht mehr wachsen zu können, bedeutet, meiner Wahrheit zufolge, daß ich schon vollkommen bin, und also sterbe ich. Verhärten, sagen Sie? Das ist nach einer Woche ohne meine Tränen richtig, nachdem ich es *aufgegeben* habe, demjenigen zu folgen, den ich, wie Sie es ausdrücken, *langweile*. Nun, meine Liebe, das ist der Tod. Ich betrachte das Leben, als sei ich schon im Jenseits. . . . Für Sie ist das normal, das weiß ich, Sie arme verschlossene Seele! Sie ziehen sich in Ihre Arbeit zurück. Ich, ich werde meine beenden, aber danach ist *Schluß*! Mein Tod wird noch wärmer sein als viele Leben! (Im Original französisch, Ü.d.Ü.)
Und hier ist noch einer, auch an Aurel, auch aus Mailand, vier Tage später geschrieben. Ich will ihn abschreiben*, weil das Original fast ganz unverständlich ist:

15. Juni 1914

Meine Liebe, das Tragische im Leben ist das Mißverständnis, sowohl in der Freundschaft als auch in der Liebe, immer und überall. In den fünf Monaten, die ich in Paris verbrachte, habe ich Sie unzählige Male *befragen, bitten* wollen, wie Sie sagen. . . . Es herrschte ein Mangel an Gleichgewicht zwischen uns, das fühlte ich, trotz meiner Leiden, sehr wohl: ich hatte Ihnen sofort mein Herz bloßgelegt, mit meiner ganzen Natürlichkeit, und erwartete von Ihnen die gleiche spontane Geste. Ich hielt Sie für sanft, und ich dachte, daß Sie, abgesehen von meinen Tränen, fühlten, daß ich bereit war, Ihre Wunden zu beweinen und zu besingen, wie Sie die meinigen. . . . Ich traute mich nicht einmal, Ihre Hände einige Sekunden länger in den meinen zu halten, als es üblich ist! *Ich litt darunter*, das habe ich auch Plan gesagt. Aurel, Sie haben es nicht einmal versucht, obgleich Sie es beteuern. An einem einzigen Morgen sah ich Sie

---

* Mit all seinen komischen, nicht nur französischen Fehlern! (Anm.d.A.)

über sich selbst weinen, und im Spiegel erschien mir mein Gesicht noch erschütterter als Ihres, obgleich ich einen Brief von Boccioni in den Händen hielt, der gerade angekommen war, nach drei Monaten Schweigen, ich hatte nicht vor, ihn Ihnen zu zeigen. Oh, Aurel, auch ich weiß von dem vielgestaltigen Reichtum des Lebens, auch ich weiß, daß nicht nur *unsere* Liebe auf der Welt existiert, und daß wir auf dem Weg zum Tod in reiner Leidenschaft verweilen und die Leidenschaft der anderen umschließen, andere Feuer lodern sehen können. . . . Aurel, Aurel! Fragen Sie Plan, wie sich die *Einmaligkeit* meiner Seele in *verschiedene* Richtungen strahlenförmig ausbreiten kann. Auch ich weiß um das Verbrechen einer Liebe zu dritt, o ja, schon seit langer Zeit! Ich kenne alles, sogar Almosen geben und um sie *bitten*. . . . Ich kenne die Freundschaft und sogar die *Bosheit*, die doch meiner Seele so fremd ist. Meine Liebe, warum sich damit rühmen? Es ist so traurig! Jenseits von meiner Intelligenz bleibe ich meinem Temperament treu, ich trage mein Talent nicht ins Leben, nein, *ich kann nicht*, ich ziehe den grandiosen Genuß vor, mich *ganz und gar* brennen zu sehen: verstehen Sie das, Aurel? *Ich liebe meine Seele wie eine Dichtung, die man nicht verbessern kann*. . . . Aber schließlich sind dies nichts als Worte! Liebe, süße Schwester! Es gibt nichts als Unglück, nichts als Elend. Wir sind zwei Kräfte, zwei Seelenstärken, zwei Feuer. Warum trifft man sich, erkennt sich wieder und trotzdem läuft jeder in seinem eigenen Gleis weiter? Man nähert sich, das Schicksal jedoch ändert sich nie. Das ist es, was schmerzt, Aurel. Und deshalb *hoffe ich nicht mehr auf meinen Sohn*. . . . *Ich habe Freunde*, die ihn mir sicher eines Tages bringen werden, und doch *weiß ich, daß all das für ihn vergeblich sein wird*. . . . Aurel, der Schauder der Frauen ist größer als derjenige der Männer; denn die Schöpfungen der Sinnlichkeit liegen ihr am Herzen, derjenige, der ihr lieb ist, liegt ihr am Herzen, und der uns lieb ist, auf den wirken wir nicht ein. Man kann nicht auf die eigene Zeit einwirken. Und man muß sich ständig aufopfern, wenn man zu einer größeren Glückseligkeit fähig ist als der unserer Zeit. . . . Die *Gleichartigen* arbeiten in verschiedene Richtungen, auf verschiedenen Ebenen. Sehen Sie, Aurel: wir waren eines Tages zu viert in Paris: Sie, D'Annunzio, ich und Boccioni. *Ich sage Ihnen, daß wir, wir beide, alle vier wert sind*. Wir können nichts füreinander, nichts weiter als *leben*, jeder in seinem Kreis. Man liebt sich und man umarmt sich im Jenseits. (Im Original französisch. Ü.d.Ü.)

2. März, nachmittags

Endlich kam Marcella Ferrara mittags und brachte mir die beiden Jahrgänge des Tagebuchs (46 und 51) zurück, die ich ihr zu lesen gegeben hatte. Scheinbar kann ich von Feltrinelli für das gesamte unveröffentlichte Tagebuch höchstens eine Million in Raten bekommen. Ich finde das erbärmlich. Ich will morgen mit Cecchi darüber sprechen, der mir fünf bis sechs (Millionen) eingeredet hatte, und auch mit Debenedetti.

Marcella überbrachte mir aber dafür eine andere Nachricht, die mich gerührt hat: auf Veranlassung von Togliatti wurde bei der Partei (bzw. beim Hauptgeschäftsführer, dem Senator Cappellini, und einem anderen leitenden Mann, dem Senator Scoccimarro) angefragt, ob man mir eine Wohnung überlassen kann, in der ich bequemer leben könnte als hier in der Dachstube. Cappelini hat sofort seine Zustimmung gegeben und Scoccimarro hat heute morgen begeistert erklärt, er selbst wolle versuchen, das zu finden, was mir am besten gefallen kann, und so schnell wie möglich. Marcella war beeindruckt von Scoccimarros herzlichem Versprechen – und ich, wie gesagt, ich war zutiefst gerührt. Aber es wird mir trotzdem unsäglich schwer sein, meine Dachstube verlassen zu müssen.

Morgen früh will ich telefonisch eine Verabredung mit Scoccimarro treffen.

5. April, abends

Morgen vormittag holen sie mich im Auto ab, um eine kleine Wohnung (mit Aufzug, Zentralheizung, Balkon und schönem Ausblick) hinter der Piazza Bologna anzusehen. Wer weiß. . . .

12. April, nachmittags

Die Würfel sind gefallen. Nach einer entsetzlichen Auseinandersetzung mit mir selbst habe ich mich entschieden. Ich habe den Genossen angerufen, mit dem ich heute morgen eine kleine Wohnung in der Nähe der „Gartenstadt" besichtigt hatte und ihm gesagt, er möchte sie für mich mieten, so wie er es mir geraten hatte. Jetzt darf ich es nicht bereuen.
Drei Zimmer im fünften Stock, mit Balkon und einem Stückchen Ausblick auf den Aniene. Aufzug, Zentralheizung. Im gleichen Block wohnt der Chauffeur von Togliatti, und Togliatti selbst wohnt in einem Häuschen vier- oder fünfhundert Meter von hier entfernt.
Das Zentrum ist weit weg. Nur Mut!

15. April, abends

Der erste Annäherungsversuch an die Menge Sachen, vor allen Dingen Papier, die ich im Laufe der nächsten Tage für den Umzug bewältigen muß, hat mich wirklich mit Schrecken erfüllt!
Habe das letzte Bündel meiner „Liebesbriefe" zuende gelesen, die eigentlich die ersten waren, die an das „knabenhafte Mädchen" aus dem *Passaggio*. Ich füge einige Seiten daraus bei (das Bündel hat viele hundert!).

Frühjahr 1909

Ich habe in meinem ganzen Leben nur eine einzige Frauenseele ergründen können, nämlich die meiner Mutter. Für ihre tragische Schwäche hatte ich erst spät Rührung empfunden, eine trostlose und vergebliche Leidenschaft. Schwestern, Freundinnen, Gefährtinnen waren dann später an mir vorübergegangen, doch ihr inneres Licht hatte niemals die Kraft gehabt, mich gänzlich einzunehmen, auch nicht einen einzigen Augenblick. Keine hatte in mir, keinen einzigen Augenblick lang den dringenden, schrecklichen Wunsch ausgelöst, das Geheimnis ihrer Seele zu ergründen.
Ich hatte niemals geglaubt, daß ein solcher Wunsch in einer Frau für eine andere Frau entstehen könnte, oder in einem

Mann für einen anderen Mann. Inzwischen war ich dreiunddreißig Jahre alt geworden.
Und siehe da, eines Tages begegne ich einer einmaligen menschlichen Gestalt. Eine noch nicht vollendete jugendliche Gestalt, erleuchtet von unbekanntem Willen. Mir scheint, daß auch ich einige von ihren Seiten in meiner Jugend hatte, als das Schicksal über mich den Kopf schüttelte und nicht wußte, ob es mich sofort und ganz und gar aufhetzen sollte, oder ob es mich erst einmal unter einem gemeinen Joch schmachten lassen sollte. Liegt es an der ungestillten Sehnsucht nach etwas, das ich nie hatte, daß ich mich jetzt so sehr von diesem Mädchen mit seiner männlichen Art angezogen fühle? Sie schaut mich an und sagt mir, daß sie mich gesucht, auf mich gewartet habe, daß sie mir ihr Leben anbietet. Das ist so einfach und so unvergleichlich, so wahr und so verhängnisvoll. Ich beneide sie. Weshalb ist dieses kleine noch unausgeglichene Geschöpf so begünstigt? Was verbirgt sich hinter ihrem Äußeren? Sie erzittert nicht, sie scheint sich bewußt zu sein, was das Leben ihr darbringt. Sie lächelt über mein bestürztes Staunen. Ihre Seele erscheint reich im frühlingshaften Wirbel zwischen Liebe und Haß, im leidenschaftlichen Wechsel zwischen Hoffnung und Leiden, zwischen Treue und Verneinung. Ihr innerer Seelenschmerz und das Erschauern ihres Blutes machen sie zu einer geistigen und körperlichen Dichterin. Mit jeder weiteren Stunde entdecke ich alle schönen menschlichen Kräfte in ihr. Daß sie mich groß und licht findet, daß sie ihre Freude, mich gefunden zu haben ausdrückt, erweckt in mir wiederum Freude, wachsende Freude, unsagbare Freude. Ich nenne sie Jugend, Jugend mit dem kleinen Antlitz einer Rose, mit der schlanken, aufrechten Gestalt, der warmen Stimme, den reinen Händen voller Blumen. . . . Und ich küsse sie auf den Mund, an einem klaren Morgen voller Sonne. Ihr Mund hatte schon Liebe ausgedrückt, und auch meiner drückt zarte Liebe in diesem Kuß aus, Liebe mit noch verträumten Schwingen.
Doch ich fühle ihre Lippen zittern. Und auch in mir kommt ein Schaudern auf. Ich schließe die Augen: schaudert mich denn die Erinnerung an andere Küsse? Und in ihr die Ahnung von

Küssen, die sie noch nicht gegeben hat? Dunkle Traurigkeit, weil zwei Seelen den Gruß nicht trennen können! Und alles das, was in uns zerbrechlich und undurchdringlich ist, wird verurteilt!

Ich weiß, daß ich in ihr eine in mir brennende Idee liebe: ich weiß, daß sie mir lieb wie eine Tochter ist, geheiligt wie das Leben, und ich weiß, daß sie mich verehrt und anbetet.

Wir küssen uns weiter, wobei Gewalt und Leidenschaft und Angst sich in unseren Herzen vermischen und uns erblassen lassen. In ihren Augen liegt etwas Unklares. Meine ganze Seele ist von einem wahnsinnigen, unbestimmten und grenzenlosen Schrecken befallen.

Wir lösen uns dumpf voneinander. Mein Blick bittet flehentlich. Und sie, die ich Kind zu nennen beliebte, lehnt ihren blonden Kopf wie ein Kind an meine Schulter und gesteht mir mit leiser Stimme ihre Vergangenheit. . . .

Oh, ihre schönen Hände, die sie meinem Kuß entzog und die mir Blumen brachten!

In diese Hände weine ich, nie waren meine Tränen so trostlos.

Und auf den Knien läßt diese junge Frau ihre Leidenschaft aufsteigen, ihren Rausch, daß sie sich zum ersten Mal auf diese Weise beugen kann, endlich, weil sie diejenige vor sich hat, die nicht beim ersten Windhauch des Sturmes zerbricht, sondern standhaft die hohen Schaumkronen der Wellen betrachtet, die niedriger als sie sind, und göttliche Liebe in ihrer Seele trägt. Ja, Liebe und Schmerz.

8. September 1909

Ich habe meine Hand in den kleinen Haufen Muscheln gesteckt, den meine Liebe an einem Tag angstvoller Einsamkeit an ihrem wilden Strand für mich sammelte. Ich habe die unbestimmteste und die leichteste zwischen meine Finger genommen und nun bewundere ich ihre Durchsichtigkeit in einem Sonnenstrahl: sie ist rosig, zwei kleine Schmetterlingsflügel und die Regenbogenhaut sind wie Wellen gezeichnet. Ich schließe und verstecke sie in meiner Hand: an den Rändern klebt noch etwas Sand. Meeresgeschöpf, ist das deine Hülle oder deine Seele? Du bist weit, du entschwindest, du lebst nur jetzt, hier, für mich, in diesem rosigen kurzen Augenblick in Schönheit. Wenn man ebenso das Licht und den Rhythmus dessen anhalten könnte, was nicht mehr ist, wenn man die Verzückung verflogener Freude in einem kleinen zarten und süßen Bild ausdehnen könnte, solange der Tod zögert und das Leben schon nicht mehr Leben ist. . . .

Singen können! Höchster Wunsch zur Glückseligkeit, höchster Wunsch im hoffnungslosen Unglück.

Singen und sich im Ganzen auflösen.

Eines Nachts hatte ich diesen fürchterlichen Krampf, so wie jetzt, schlimmer noch, weil meine Adern nun leer sind, während sie in jener Nacht voller Ruhm pulsierten. Die Gestirne über unseren Häuptern erzitterten gleich uns. Wir gingen auf einem heckenumsäumten Weg, und von dem schmalen, braunen Erdstreifen, den wir einsam entlangliefen, konnten die Augen sich nur zu der leuchtend braunen Wiese erheben, als wäre das wirklich unser Ziel und das all derjenigen, die unsichtbar genauso dorthin strebten, von den schneebedeckten Höhen, von den wüsten Wassern und aus dem lebendigen Dickicht der Städte. Sie war nicht weit und schien uns sogar an sich ziehen zu wollen. Waren es die Arme der Erde, die uns zart aufhoben und uns sanft hin und her wiegten? Das geliebte Geschöpf schwieg. Ich weiß nicht, ob sie auch fühlte, daß unsere Liebe von dem Geheimnis einer viel größeren Liebe überwältigt wurde, die in längst vergangener Zeit mit ihrem Hauch das Universum geschaffen hat. Ein Aufruhr stieg in meinem Innersten empor, undeutlich, unerklärlich, und drängte heftig hin, hin zur Mitte meines Herzens, zu meinen Lippen. Kuß, den ich meiner süßen Liebe gab, himmlischer Kuß, in den ich meine ganze Leidenschaft legte, oh, auch du gabst mir keine Ruhe, und ich wußte in dem Augenblick, daß die menschliche Seele von etwas träumt, das ihre Kraft übersteigt, und daß nur der Gesang sie trösten kann.

18. April, nachmittags

Mit meinem Neffen Elio und den beiden Freunden Adriano und Alfio die neue Wohnung besichtigt. Gegenüber bauen sie gerade ein Haus, das mir fast ganz die Aussicht auf den Fluß (Aniene) und die Umgebung nimmt. Ich weiß überhaupt nicht, wie ich auf diese drei Zimmer das, was sich hier in der Dachstube in den letzten dreißig Jahren so angesammelt hat, verteilen soll. Maria Bandinelli will mir noch ein Regal schenken. Mariella Sapegno hat mir ein paar Stühle angeboten. Wenn ich an die nächsten Tage denke, fühle ich meine Kräfte schwinden. Dabei macht sich meine alte Arthritis wieder heftig bemerkbar, vor allem in den Füßen. Der Genosse Barbier aus der nahen via del Babbuino sagte gestern, als er hörte, daß die Parteiführung mir aus gesundheitlichen Gründen den Umzug nahegelegt hat, zu mir: „Wir brauchen die Genossin Sibilla noch weitere hundert Jahre. Geh und vergiß uns nicht.“ Allen im Stadtviertel tut mein Weggang leid. O weh, meine Einsamkeit wird unendlich viel größer sein!

27. April, abends

Gerade fällt mir ein, daß das der erste Umzug meines Lebens ist.

Als ich die eheliche Wohnung verließ (ohne irgendetwas mitzunehmen!) zog ich in die meines Vaters in der Pineta Sacchetti, dann in ein möbliertes Zimmer in Rom, und schließlich mit Möbeln meines Vaters in die kleine Wohnung in der via Flaminia, wo ich bis 1910 mit Cena lebte. Ich verließ Cena (und überließ ihm die ganze Einrichtung) und zog dann sechzehn Jahre lang durch ganz Italien, von Pension zu Hotel zu Pension, bis ich schließlich im Herbst 1926 (vor genau achtundzwanzigeinhalb Jahren) diese Dachstube mietete. Ich übernahm damals die wenigen Einrichtungsgegenstände und kaufte nach und nach andere dazu. Und jetzt erlebe ich zum ersten Mal, wie lästig so ein Umzug ist!

Die neue Wohnung liegt in einem neuen Sträßchen mit dem wunderschönen Namen: via Valcristallina.

13. Juni, 19.30 Uhr, via di Val Cristallina, Nr. 15

Ich würde gerne meiner Einsamkeit und dem weiten Himmel dort vor dem Fenster zulächeln, während der Sonnenuntergang die Wolken rötet. Aber die Müdigkeit ist einfach zu groß. Um sechs Uhr aufgestanden, das Verladen des letzten Hausrats, einschließlich des Bettes, überwacht, im Lastwagen, der alles transportiert hat, hierher gefahren, einen Tischler mit seinem jungen Gehilfen vorgefunden, die bis vor zwei Stunden hier gearbeitet haben, um einige Möbel herzurichten und anzubringen. Zwei Stunden Pause, in denen ich zu den Zavattinis in die ziemlich nahe via Nomentana zum Essen gegangen bin: hier bei mir gab es noch kein Gas, jetzt ist es angeschlossen, aber ich esse wie jeden Abend ein Stückchen Käse und etwas Obst, ohne den Herd zu benutzen. Dann will ich mich hinlegen, meine Glieder sind wirklich wie zerschlagen, und voller Schrecken denke ich an morgen und die nächsten Tage, wenn ich aus den zwölf oder mehr Kisten die Bücher und Schriften auspacken und in die Regale einordnen muß. Am ersten Abend in der neuen Wohnung bin ich nun allein. *Fiat voluntas rerum*, noch einmal. Und ohne eine einzige Blume.

Cortina, 22. Juli, abends

Um 19 Uhr von einem Empfang bei dem venezianischen Musiker Giorgio Levi zurück (er war der einzige Mann unter vierzehn Frauen und spielte sehr schön Mozart und Chopin), fand ich folgendes Telegramm vor: „Feltrinelli einverstanden Rentenbasis, etwa dreißig pro Monat, Vertrag in Vorbereitung, hoffentlich alles gut Marcella.“ Da wir heute in mein Sternzeichen, das des Löwen, eingetreten sind, ist das hoffentlich ein gutes Omen!

Rom, 20. September, Dienstag, 18 Uhr

Seit gestern abend zurück, nach neun Stunden ermüdender Zugfahrt. Niemand, der mich erwartet. Ein paar Telefongespräche, dann zu Bett und eingeschlafen. Heute morgen zu Fuß zum Piazzale Sempione einkaufen und mit schwerer Einkaufstasche zurückgegangen. Ich blätterte gerade im Tagebuch dieses Jahres und finde beim Lesen der Seiten vom Februar 1929, die ich angefügt hatte, diese Zeilen, die ich abschreibe: „Ich denke an Campana, an seinen wunderbaren athletischen Körper*, und seinen Geist, den der Wind des Lebens auslöschte. Den ganzen Abend lang überflutete mich die Erinnerung an sein Bild, an seinen Wahnsinn und an jene verlassene Hochebene in den ersten wenigen Sommernächten unserer Liebe, die von Unendlichkeit durchdrungendsten, dich ich jemals erlebt habe, . . ." Vielleicht lese ich diesen Satz Niccolò Gallo vor, den ich an einem der nächsten Abende sehe, um über den Plan, Dinos und meinen Briefwechsel zu veröffentlichen, zu sprechen. . . .

8. Oktober, morgens

Die letzten beiden Tage das Tagebuch weitergelesen: das Jahr 1951 schien mir das interessanteste zu sein. Noch interessanter wegen der verzeichneten Ereignisse ist vielleicht 1952, wo mich jedoch der Bericht über die vierzig Tage in Rußland etwas enttäuscht hat; er ist so allgemein gehalten, so arm an psychologischen und dichterischen Beobachtungen. Es stimmt, ich war überwältigt von den Eindrücken, von der Absicht, sie stillschweigend im Gedächtnis zu bewahren, um sie dann nach der Rückkehr in die Heimat angemessen ausdrücken zu können (was mir leider nur zum kleinsten Teil gelungen ist!) und auch von meinem Körperbefinden wegen der Kälte, die gleich in den ersten Tagen eingesetzt hatte. Wie gut, daß ich wenigstens noch vor Jahresende, sogar schon zum 7. November, dem Jahrestag der Revolution, das Gedicht *Alto paese* schreiben konnte, das am gleichen Tag in der „Unità" erschien und Genossen und Genossinnen tief beeindruckt hat.
Genug, lesen wir weiter, die Jahre 1953-54, die letzten. Danach werde ich versuchen, sie alle so gut wie möglich zu verpacken und endlich an Giangiacomo Feltrinelli, den Verleger in Mailand, zu schicken.

---

* Im Gegensatz zu dem grazilen Körper eines Besuchers an jenem Abend. (A.d.A.)

8. November, morgens

Der Koffer mit dem Tagebuch-Manuskript ist weg, ich habe ihn soeben dem Boten der römischen Niederlassung von Feltrinelli übergeben. Von dort werden sie ihn nach Mailand weiterleiten. Hoffen wir das Beste! Es sind fünfzehn Jahre und 4244 handgeschriebene Seiten (die ich nie wiedersehen werde, sie werden in zweifacher Kopie abgetippt, eine für mich, und das Original bleibt in der Bibliothek Feltrinelli). Ich war ein wenig gerührt über diese Trennung, merkwürdig.

24. Dezember, Weihnachtsabend

Regnerisch und kalt. Den ganzen Tag allein zu Haus. Ich bin dabei, das Testament abzuschreiben. Morgen gehe ich zu meiner Schwester Cora zum Mittagessen und dann wollen wir *Zio Vania* anschauen, von Visconti inszeniert, der uns zwei Plätze reservieren läßt.

Gestern kam Niccolò Gallo, der gerade die Briefe von Dino Campana abschreibt und einige Erklärungen wollte. Trotzdem bin ich noch immer unsicher, ob ich der Veröffentlichung des Briefwechsels zustimmen soll. Das Wiederlesen (auch meiner Briefe, von denen ich nicht weiß, wie sie wieder in meinen Besitze gekommen sind) hat mich sehr betroffen. Ja, vielleicht war diese Liebe, die ein Jahr gedauert hat, die intensivste und schrecklichste meines Lebens, und das erklärt auch, warum ich es nie fertig gebracht habe, sie ausführlich zu erzählen. Nur drei kurze Gedichte schrieb ich und sie zeugen noch immer von dem gewaltigen Feuer meines Herzens. Wie ich danach andere habe lieben können, und vor allem Endimione, ist mir immer unerklärlich geblieben.

1956

12. Januar, 22 Uhr

Seit gestern Anlaß zu ernster Besorgnis. Von meiner Untersuchung beim Augenarzt, Mitte Dezember, habe ich im Tagebuch gar nichts vermerkt. Gestern war ich wieder bei ihm, er hat eine Trübung in meinen Augen, irgend etwas mit den „Linsen“, festgestellt, was mit der Zeit zum Grauen Star führen könnte. Er legte mir nahe, meine Augen so viel wie möglich zu schonen, aber wie soll ich ohne Lesen auskommen, hier in meiner Einsamkeit, vor allem an den langen Winterabenden?

18. Januar, abends

Grauer Star!

28. Januar, abends

Von einem dritten Augenarzt untersucht worden, Prof. Ciotola, den mir die Ravera empfohlen hatte: *achttausend Lire*. Gründlichst. Er hat mir versichert, daß die Staroperation in diesem Jahr nicht nötig sein wird, sondern erst viel später. Das hat mich etwas beruhigt.

2. Februar, 8 Uhr

Es schneit! Die Dächer sind ganz weiß, es muß schon heute nacht zu schneien begonnen haben. Meine weit zurückliegende Kindheit, in Mailand! Papa ließ uns für einige Minuten in den Garten hinaus, zur Schnellballschlacht. Mamma, stumm und ängstlich, mißbilligte das. Wir Kinder waren glücklich. Etwas von diesem Glücksgefühl kommt in mir jedes Mal – selten – wieder hoch, wenn ich Schnee fallen sehe, so wie jetzt.

25. Februar

Ich habe den Briefwechsel *Campana – Sibilla* fertig abgeschrieben, den ich dem florentinischen Dichter und Kritiker Mario Luzzi zu lesen geben will, in der Hoffnung, daß er eine Einleitung dazu schreibt und ihn dem Verleger Vallecchi zur Veröffentlichung vorschlägt. Niccolò sagt, daß meine Briefe an Dino sehr schön sind (die von Dino sind das herzzerreißende Zeugnis seines Wahnsinns, weshalb er kaum ein Jahr später in die Irrenanstalt kam). Trotzdem bin ich noch unentschlossen, ob ich der Veröffentlichung zustimmen soll.

10. April, morgens

In meine Einsamkeit zurückgekehrt, habe ich gestern die Durchsicht meiner alten Manuskripte wieder aufgenommen, und wurde dabei plötzlich von unsäglichem Mitleid mit mir selbst ergriffen. *Mitleid*. Alle glauben von mir, ich sei stolz auf meinen Geist, oder zumindest auf meine außerordentliche Stärke, und doch hätte ich gestern weinen mögen, wenn mir noch Tränen gegeben wären. Nicht wegen der Einsamkeit, an die ich längst gewöhnt bin, auch wenn sie immer größer wird, sondern weil soviel Leben auf mir *lastet*: die Unmenge von Leben, die auf mir lastet, die in mir selbst nur von Zeit zu Zeit hochkommt, wenn mich, wie zum Beispiel gestern, irgendeine zufällige Berührung mit der Vergangenheit die ganze Unermeßlichkeit und auch das Grauen spüren läßt. Wie konnte ich dies alles nur ertragen, all die Menschen, all die Leidenschaft, all die Folgen, all die Gedanken und all die Arbeit, rast- und ruhelos? Vielen Menschen bin ich begegnet, doch niemand, niemand hat so viel Erfahrung angehäuft, nicht einmal die größten, während ich, trotz aller Schwierigkeiten und Hindernisse, immer gestärkt hervorging, unermüdlicher und kreativer, dennoch Frau, meinem eigenen weiblichen Mythos treu blieb. . . . Nicht einmal die Duse, nein (deren *Leben* ich vor einigen Tagen wieder gelesen habe), und noch viel weniger D'Annunzio, und auch die große Ravizza nicht. Und wem von den jungen Leuten von heute, den heute zwanzig-, vierzig-, sogar sechzigjährigen, die jung sind, verglichen mit meinen achtzig Jahren, ist so ein hartes Schicksal beschieden wie das meine, und wer kann es bis zu Ende ertragen? Niemand von ihnen weiß auch nur im entferntesten, was ich war und was ich noch heute darstelle. Gestern hatte ich auch deswegen Mitleid mit mir selbst, weil ich das dunkle Gefühl hatte, sterben zu müssen, ohne daß irgendjemand wirklich mein innerstes Wesen überliefern könnte, trotz der vielen Worte, die ich geschrieben und gesagt habe, trotz all der grenzenlosen Liebe, die ich für einzelne und für die Menschheit empfunden habe. . . .

16. Mai, morgens

Garderobe ausgetauscht: Winterkleider zwischen Zeitungen und DDT im Koffer verstaut, nachdem ich die wenigen Sommerkleider daraus hervorgeholt hatte, die in sehr schlechtem Zustand sind.

18. Mai, 18 Uhr

Den großen Schrank geöffnet und endlich ein klein wenig Ordnung in die Berge von Manuskripten und Briefen gebracht. . . . Das Bündel mit hunderten von Seiten aus den Jahren 1909-10 überflogen, die von der wahnsinnigen Leidenschaft für Lina P. inspiriert waren, über die ich in dem Kapitel *La favola* im *Passaggio* schrieb: „ich war so alt wie derjenige, der im Garten von Gethsemane weinte. . . ." Ob sie noch lebt? Ich sah sie nur einmal wieder, 1916 oder 1917, ich weiß es nicht mehr, lang vor dem Erscheinen des *Passaggio*. Wer wird nach meinem Tod all diese Seiten von mir lesen? Wird er sich dazu entschließen, sie alle zu vernichten? Oder können ihm daraus doch Momente klarer Intuition erwachsen?

Rom, 7. Juli, abends

Mein Sohn hat mir geschrieben, daß er wieder heiraten will. Es ist seine vierte Frau. Er kann nicht allein leben. Vor einigen

Wochen hat er ein zweiundvierzig-jähriges Fräulein kennengelernt (er ist einundsechzig – in zwanzig Jahren sind dann beide gleich alt, würde Bernard Shaw sagen). Spaß beiseite, ich freue mich über seinen Entschluß, hoffe, daß er glücklich wird, es scheint sich um eine recht gebildete, feine, wohlhabende Frau zu handeln. Sie heiraten Ende des Monats, wollen dann ihre Hochzeitsreise in die Schweiz machen und hoffen, daß ich sie im September besuche. . . .

Es ist heiß geworden, aber bisher stört es mich noch nicht.

Nach Rückkehr vom Arzt heute morgen, Besuch von niemand geringerem als Franco (telefonisch angekündigt), dem Franco aus dem *Tagebuch*. Wir hatten uns seit fünf oder sechs Jahren nicht gesehen. Kaum verändert. Er ist vierzig Jahre alt. Er hatte mir vor Tagen ein Briefchen geschickt, zusammen mit seinem neuesten Gedichtbändchen, *I mesi*. Niccolò Gallo schaute vorgestern hinein und fand es *gut*. Ich finde es – aber ich habe versprochen, es aufmerksamer zu lesen – im Stil zu klassizistisch. Doch dem Autor liegt es sehr am Herzen, weil es, wie er sagt, das Präludium zu einer viel umfassenderen Arbeit ist, einem Poem, das die *Göttliche Komödie* von heute sein sollte. Ich habe ihm alles Gute gewünscht.

Er hat mir die Hand geküßt und gemeint, es gehe mir „sehr gut". . . . Ich dachte daran, wieviel ich um ihn gelitten habe, *zehn Jahre lang*. Doch das haben wir selbstverständlich mit keinem Wort erwähnt. Mein letzter großer Schmerz, verbüßt und begraben. Ihm ist das nie bewußt geworden.

8. Juli, 13.30 Uhr

Im Radio von Giovanni Papinis Tod gehört. Es war seit einigen Tagen bekannt, daß er im Koma lag. Er war seit vielen Jahren blind und gelähmt, auch an der Zunge, doch geistig immer noch frisch.

Unsere Liebe. Frühling 1912. Vor vierundvierzig Jahren. Er ist die Hauptfigur meiner Novelle *Trasfigurazione* und meiner kurzen Dichtung *La mia prima poesia*. Ich hatte ihn nicht mehr gesehen, außer wenn wir uns gelegentlich in Gesellschaft kurz begegnet waren. Sein Übertritt zum Katholizismus ist mir im-

mer unbegreiflich geblieben. Wie ihm vielleicht, daß ich Kommunistin geworden bin. Vielleicht auch nicht, vielleicht schien es ihm logisch. Er fragte manchmal in den letzten Jahren unsere gemeinsame Freundin Toschi nach mir. Süß und heftig war unsere Leidenschaft, wie wenige andere. Für mich eine jener *beschämenden*, auf die ich in meinem letzten Gedicht (Amalfi, April dieses Jahres) anspiele.
Beschämende Leidenschaften, unbarmherzige Wunden, trostlose Einsamkeit.

10. Juli

Nachmittags ist es glühend heiß in meinem Arbeitszimmer, die Sonne brennt bis Sonnenuntergang (im Winter scheint sie, wenn überhaupt, nur eine viertel Stunde herein).
Gestern gedachte ich in meinem Herzen dem, den ich Arno* nannte. Ich habe die Abschriften der Briefe wieder gelesen, die er mir damals im Sommer nach Korsika schickte (nach unserer nur zweiwöchigen Liebe in Florenz): Zwei oder drei Jahre später bat er mich, ich glaube durch Signorelli, ihm die Originale zurückzugeben. Ich schickte sie ihm, nachdem ich sie abgeschrieben hatte. Die ersten sind rührend. Ich glaube, ich war seine einzige Geliebte. Er zog sich sofort zurück, verzichtete. Vielleicht hatte er nicht die Fähigkeit, zu leiden, zu kämpfen. In einem der Briefe gibt er zu, daß ich stärker sei als er, und daß er vor allem meinen Charakter, meine Intelligenz und meine Genialität bewundere. . . . Ich erholte mich einige Monate später, liebte andere, und vielleicht, vielleicht sind mir diese beiden Wochen in einzigartiger Erinnerung geblieben, zauberhaft in ihrer Freude, so groß war mein Glaube an ihn, arme Sibilla!
Gestern ist er in San Miniato beerdigt worden.

18. Juli

Kurze Ablenkung: Stoffrest für ein neues Kleid gekauft (helle Baumwolle): ein neues Korsett bestellt (das alte fällt langsam

* Giovanni Papini (A.d.R.)

auseinander). Aber wo, wo soll ich nur den 14. August verbringen? Hier, allein?

Mailand, 14. August, 10 Uhr früh

Heute morgen um acht kam unerwartet ein junger Genosse aus Rom, der mir einen Brief mit Glückwünschen zu meinem achtzigsten Geburtstag und dazu einen Umschlag mit zweihunderttausend Lire als Geschenk von Seiten der Parteileitung überbrachte. Gänzlich unerwartet! Tiefe stille Rührung. . . .

Ich bin allein zu Haus und genieße die Ruhe, nachdem ich die „Unità“ gelesen habe, deren dritte Seite fast ganz mir gewidmet ist, mit Glückwünschen der Parteileitung, zwei schönen Fotos von mir, und dem bisher unveröffentlichten Gedicht *Date di mia vita*. Eine ähnliche Seite wird in der römischen Ausgabe erschienen sein, und vielleicht auch in Turin und Genua. So denken vielleicht heute morgen eine Million Genossen liebevoll an mich. Ich möchte sicher sein, daß ich das verdiene. Die Zuneigung der Genossen ist ein Preis, der mich immer wieder in Erstaunen versetzt. . . .

Rom, 25. September, morgens

Nach zwei Tagen mit blauem Himmel ist es heute wieder bedeckt. Wird es auch am Sonntag in Venedig so sein, wo ich hinfahren will, obgleich ich dann auf das Pressefest der „Unità“ verzichten muß? Jetzt muß ich erst einmal gehen und zwei vergessene Sachen abholen. . . . Diese Vergeßlichkeit beschämt mich zutiefst, mehr noch als die zunehmende Taubheit und die drohende Blindheit. Arme Sibilla, der alle noch weitere achtzig Jahre wünschen! . . .

24. Oktober, nachmittags

Gestern abend Besuch von Enrico Roda, der mir einen Fragebogen für die Rubrik *Vierzig Fragen* in der Zeitschrift „Tempo“ dagelassen hat. Er will mir noch eine andere Liste mit weiteren vierzig äußerst heiklen und recht uninteressanten Fragen zur Auswahl zukommen lassen. Ich bin darüber sehr verstimmt und weiß noch nicht, wie ich damit fertig werden soll. Um auf

die tendenziöseste Frage: „Was halten Sie von sich selbst?" zu antworten, habe ich meinen armen (und, jawohl, immer großartigeren) *Passaggio* wieder aufgeschlagen und darin einen Satz gefunden, den ich vor vierzig Jahren schrieb, aber der vielleicht noch immer seine Gültigkeit hat:
„Keiner Schwester hätte ich ein Schicksal wünschen wollen, das dem meinen gleicht, und trotzdem hätte ich mit keiner tauschen wollen."

13. November, 8 Uhr

Vor ein paar Minuten habe ich Togliatti angerufen: es gibt mir immer ein Gefühl von Zärtlichkeit und Stärke, seine Stimme so durch die Leitung zu hören, einen viel stärkeren Eindruck von Nähe und von Vertrauen, als wenn ich allein oder unter Menschen vor ihm stehe. Er sagte, es ginge ihm gut, er schien zufrieden, trotz der großen Schwierigkeiten, die die Partei wegen der Vorfälle in Ungarn durchmachen muß. . . , Nur Mut! . . .

6. Dezember, abends

Der mir zu Ehren gestern in dem Räumen des Eliseo gegebene Empfang ist gut gelungen, es kamen fast hundert Gäste, viele Nicht-Genossen, aber fast alle aufrichtig, so schien es mir wenigstens. Viele Komplimente wegen meines guten Aussehens, es war sehr heiß, mein Gesicht war sicher gerötet und ich lächelte allen zu. Ein wunderschönes Goldarmband geschenkt bekommen und einen herrlichen Strauß Rosen, die jedoch schon ihre Blätter verlieren. Außerdem eine schöne kleine Olivetti Reise-Schreibmaschine, die mir Olivetti persönlich geschickt hat. Ich habe noch nie eine Schreibmaschine besessen, und im übrigen nie gelernt, sie zu benutzen, aber ich kann sie ja brauchen, wenn ich mal etwas diktieren will. Seit Jahren schon nahm ich mir um die Weihnachtszeit immer vor, Olivetti um ein solches Geschenk zu bitten, und dann hatte ich nie den Mut dazu (für ihn ist es genauso, als wenn ich eine Zigarette verschenken würde). . . .

31. Dezember, 21 Uhr, letzter Abend des Jahres 1956

„Wieder einmal / zur Jahreswende / bin ich allein."

Ich habe *Rosa dell'anno*, mein stets jung gebliebenes Gedicht, der kleinen Hausgehilfin vorgelesen, als sie vor zwei Stunden hier war, mir drei schöne Rosen schenkte, um mir ihre Dankbarkeit über das heute morgen erhaltene großzügige Weihnachtsgeld auszudrücken.

Um Mitternacht wollen mir die Freunde Adriano und Alfio telefonisch ein Frohes Neues Jahr wünschen, vielleicht auch meine Schwester Jolanda und ihre Töchter.

Die Rosen duften.

Ich versuche einen leichten Depressionsanfall zu überwinden. Auch heute abend geht im Radio die Haß-Kampagne gegen meine Partei weiter. In einer Literatursendung über das vergangene Jahr fehlten sowohl mein Name, als auch die Ankündigung meines neuen Buches, was ich außerdem schon geahnt hatte.

Vorwärts, trotz allem. Mein Vertrauen in die Zukunft der Welt, in den Kommunismus, und auch in mein Werk, ist ungebrochen. Mut, nur Mut, meine Seele. . . .

1957

11. Januar, 22 Uhr

. . . Ich schreibe eine Seite ab, von der ich absolut nicht erinnerte, sie je geschrieben zu haben, den Anfang eines Artikels, der im Entwurf steckengeblieben ist, wohl aus dem Jahr 1927, einige Monate, nachdem ich in die Dachstube eingezogen war:

O brauner Schrank aus dem 16. Jahrhundert, verwandele dich in Worte, in eine Zeitungsspalte, und gib mir den Tausender zurück, den ich für dich bezahlt habe!
Heute abend steigt aus dem hohen Glaskelch ein Strauß Weißdorn neben dir empor und mildert ein wenig deine ungute Ausstrahlung. Aber gleichzeitig wird mir der Fehler noch bewußter, den ich gemacht habe, als ich dich in die Dachstube stellen ließ. . . .
Er war so beharrlich, der Freund, der mir den Kauf vorschlug. Er brauchte das Geld an jenem Tag. Auf der Durchreise in Rom wußte er nicht, an wen er sich wenden sollte. Ein Antiquitätenhändler, der ihm Geld schuldete, konnte es nicht zurückzahlen, es sei denn in Form eines Möbelstückes. . . . „Sie sollten etwas an diese große Wand stellen, sehen Sie nicht, wie leer die ist? Da muß etwas Dunkles hin, das zu den Deckenbalken paßt (der Freund war ein Maler aus Süditalien). . . . Kommen Sie, Frau Sibilla, Sie haben doch im Moment etwas Geld, Ihr letzter Roman hat Ihnen etwas eingebracht, ich gehe zum Antiquitätenhändler und wähle etwas aus, Sie werden sehen, Sie machen dabei ein Geschäft."

Er lachte mit den schönen Zähnen eines jungen und gesunden Mannes. Wir waren nie Geliebte, werden es nie sein, da bin ich sicher, aber trotzdem gibt es zwischen uns seit Jahren eine körperliche Sympathie, die uns bei den seltenen Begegnungen solidarisch und fröhlich miteinander umgehen läßt, trotz der großen Unterschiede in unserer Geisteshaltung und in unserem Schicksal.

Ich erinnere überhaupt nicht, daß ich glaubte, der alte Schrank könne schädliche Einflüße haben. Er thronte weiter in der Dachstube und nun steht er hier in der via Valcristallina im Arbeitszimmer: er füllte sich in den dreißig Jahren nach und nach mit Manuskripten, Briefen und Gedrucktem, das ja, auf recht beängstigende Weise. . . .

13. Mai, 17 Uhr

Besuch des freundlichen und guten Doktor Curi, der mir das Hörgerät brachte, es mich ausprobieren ließ und mir zeigte, wie man es benutzt. Er verordnete mir, es mindestens eine Woche lang, jeden Tag sieben bis acht Stunden hier zu Hause zu tragen, um mich daran zu gewöhnen, was äußerst lästig ist. Anscheinend bin ich erst in vier Wochen in der Lage, es auch im Theater und bei Vorträgen zu benutzen. Hundertfünftausend Lire habe ich dafür bezahlt!
Niedergeschlagenheit!

27. Mai, nachmittags

Habe ein Exemplar meines *Tagebuchs* durchgeblättert, das ich vor einigen Monaten an einem Bücherstand fand (ich weiß nicht, ob ich hier schon davon erzählt habe). Der Unbekannte, der es wieder verkauft hat (oder vielleicht ist er gestorben und die Erben haben es mit wer weiß wie vielen anderen Büchern verkauft), hatte überall unterstrichen. Unsägliche Rührung, als ich feststellte, daß er besonders die wichtigen Seiten unterstrichen hatte, so viele und so intelligent. Man schreibt also nicht umsonst, du bist also gelesen worden, Sibilla, mit tiefer

Anteilnahme, von Leuten, die du nie gekannt hast und denen du nie begegnet bist?

19. Juni

Die Druckfahnen der Sammlung von Briefen Campanas an mich und meine an ihn gelesen, die bei Vallecchi erscheinen sollen (die Einleitung von Mario Luzzi steht noch aus, Niccolò Gallo ist Herausgeber des Buches). Aber was mich betrifft, bin ich recht bestürzt. Meine Briefe sind viel zahlreicher und länger als die von Dino. Sieht das nicht womöglich nach Exhibitionismus aus, trotz der genau vierzig Jahre, die dazwischen liegen?

15. Juli, abends

In meinem *Tagebuch* die Seiten vom Juli 1941 wieder aufgeschlagen, in Erinnerung an den Beginn des Krieges, den Hitler gegen Rußland entfesselt hatte. . . .
Als ich dann das Buch weiter durchblätterte, wo so viele, zu viele Seiten von meiner Liebe zu Franco inspiriert sind, habe ich mich gefragt, wie ich so lange einer derartigen Täuschung erliegen konnte, daß dieser Junge mich lieben könnte. . . .
Nun, ein Junge ist er nicht mehr, er ist vierzig Jahre alt. Er ist vor drei Jahren aus der Kommunistischen Partei ausgetreten, der er, meinem Beispiel folgend, beigetreten war. Letzte Woche war ein Gedicht von ihm in diesem Schandblättchen, das Eugenio Reale gegründet hat und leitet, ehemaliger Genosse, Chef der Opposition gegen Togliatti und gegen uns Getreue. Schändlich, schändlich!

6. Oktober, Sonntagabend

Den ganzen Tag allein zu Haus. Aus einem Koffer die Liebesbriefe von Enrico Emanuelli (1933) hervorgezogen. Wieder gelesen. Stille Trauer. Sie wieder gebündelt, mit einer Notiz, sie nach meinem Tod zurückzugeben. Ob ich noch die Kraft aufbringe, die Briefe anderer, die mich liebten oder zu lieben glaubten, deretwegen ich so litt, daß ich zuweilen den Tod herbeisehnte, wieder in die Hand zu nehmen?

Ich habe noch ein viel kleineres Briefbündel aus dem Koffer genommen, mit Briefen von jemandem, der vor vierzig Jahren jung gestorben ist: Umberto Boccioni. Ich habe meine Liebe zu ihm in dem Buch *D'Annunzio fraterno* beschrieben. Er erwiderte meine Liebe nicht und ich mußte ihr schmerzlich entsagen. Doch wie lebendig sind diese Briefe von ihm, erst voller bewundernder Freundschaft und dann bewußt verletzend, um mich zum Verzicht zu bewegen. Ich möchte hier einen der ersten wiedergeben, und dann einen der letzten: der Poststempel ist vom August 1913, aus Mailand, nach Valsolda geschickt, wo ich einige Tage zur Erholung verbrachte:

Meine Freundin, Sie sind zu gütig zu mir! Sie werden mich noch verderben, noch zähmen. . . . Ich habe alles erhalten, Artikel, Postkarten, Briefe, Buch. Frau Prini schreibt, daß Sie nur Gutes über mich geäußert haben. Wie soll ich mich je so vieler Sympathie würdig erweisen können? Ich schreibe Ihnen das, weil mir das Vertrauen in einige Seelen in dem Kampf, den ich führe, Kraft gibt, mich hoffen läßt. Ich habe die Artikel sofort gelesen. Äußerst interessant!* Sie zeugen von einer *ganz neuen* weiblichen Demut, die ich fast noch nie, nein, überhaupt niemals in einer *femme à écrire* angetroffen habe. Grund ist vielleicht jene männliche Verkleidung, die Sie aufgedeckt haben, und die meiner Meinung nach eine Theorie wäre, die den Weg zur Befreiung der Weiblichkeit sehr erhellen könnte, wenn Sie sie mit mehr Nachdruck und mehr Kontinuität vertreten. Ich erlaube mir, diese Bemerkung zu machen, bevor ich Ihr Buch gelesen habe, und obgleich ich Sie kaum kenne. Ich glaube da nicht zu irren. Ich bleibe bei dem, was ich Ihnen an jenem Nachmittag sagte. Es ist schade, daß Sie nicht Italien die ganz ursprüngliche, reine Kraft geben, die aus Ihrem großartigen Talent entspringt, aus Ihrer außerordentlichen Sensibilität, aus dem Feuer, das Sie belebt, wenn Sie schauen, wenn Sie

---

* Es handelt sich wohl um jene, die ich damals in dem florentiner „Marzocco", und später in *Andando e stando* gesammelt publizierte. (A.d.A.)

sprechen, wenn Sie lächeln. Entschuldigen Sie, liebe Freundin, wenn ich mich schlecht ausdrücke: nehmen Sie meine Empfindungen oder, was dasselbe ist, meine Gedanken genauso an, wie sie mir kommen, aufrichtig und ohne Umschweife. Ich beurteile Sie in Bausch und Bogen, insgesamt, auch wenn einige Einzelheiten dabei zu kurz kommen. Viel zu viel Zeit haben Sie damit verbracht, haltlosen, innerlich zerfressenen und äußerlich unentschlossenen Menschen Kraft und Mut zuzusprechen. Sie bauen auf Rauch, der von armseligen Feuern oder von den nur noch schwelenden Bränden der anderen aufsteigt. Sie wiegten sich in einer Introspektion, in einer zersetzenden Analyse, wobei Sie versuchten, das zu vermitteln, was nicht mitteilbar ist, und das zu teilen, was ganz persönlich und individuell bis zum Exzeß bleiben muß. Sie glaubten, wenn Sie Ihre Persönlichkeit mit der eines anderen zusammentäten, entstünde eine Einheit. Schwerer Irrtum! Wenn ein Geist wie der Ihre dieses Bedürfnis fühlt, so ist das ein Zeichen dafür, daß es der anderen Komponente an Persönlichkeit mangelt. . . . Stellen Sie sich die Zeit vor, die man damit verliert, auf dem *Fließband des Bücherwissens* aufbauen zu wollen. . . . Man braucht eine große Idee, für die *allein* man arbeitet. Während ich Ihnen schreibe, fallen mir tausend, das Innenleben betreffende Probleme ein, Ängste, Ähnlichkeiten, Leidenschaft, Opfer und andere schöne Dinge . . . und alles werfe ich angeekelt aus dem Fenster. Es gibt nur die Handlung, das Leben, die Freiheit. Fühlen – tun – hassen – töten – lieben – nehmen, ohne sich dabei aufzuhalten, alles andere ist Dummheit. . . . Während ich Ihnen schreibe, regnet es. Donnergrollen. Alle laufen davon. Die Bäume erregen sich in grünen Massen, vom Regen gepeitscht. Wie idiotisch sind sie in ihrer verwurzelten Unbeweglichkeit. Und wenn man bedenkt, daß es auf dem Land überall so ist. Wie können Sie da nur leben? . . . Seit zehn Tagen komme ich meistens um sieben Uhr früh nach Hause. Ich ruhe mich aus. Ich habe viel gearbeitet. Ich habe meine Mutter zu ihrer Schwester geschickt. Bin allein zu Haus. Wenn Sie hier wären, könnten wir zusammen essen wie an jenem Abend. Die Futuristen erinnern sich mit großer Begeisterung an Sie. Marinetti ist in Livorno. Ich habe das Schreiben satt. Ich bin Maler, entschuldigen Sie. Adieu, amüsieren Sie sich, schreiben Sie mir, und denken Sie an mich als Ihren anhänglichsten Freund. Ich küsse Ihnen die Hände.

Boccioni

7. Oktober, morgens

Ich war damals siebenunddreißig Jahre alt, sah aber zehn Jahre jünger aus, obgleich ich mich nicht schminkte. Ein wenig, ganz diskret lernte ich es im darauffolgenden Winter in Paris, auf Drängen von Madame Aurel. . . .

Hier ein kurzes Briefchen vom gleichen Herbst:

Meine Freundin, Dein Brief war reizend. Es war mir unmöglich, Dich zu besuchen. Wie sollte ich Dich verständigen? Deine lieben und schönen Worte haben mir gut getan, aber ich arbeite wenig und bin schlechtester Stimmung. Ich möchte Dich morgen Dienstag sehen . . . ich sehne mich nach Deiner Stimme und Deinen Augen. . . . Aber ich will mit der Arbeit beginnen und dann werde ich unausstehlich. . . . Komm wann Du willst. Ich will, daß Du mir die in Rom geschriebenen Worte erklärst. . . . Meine Liebe! Wie rein Du bist!

Dein Umberto

Die Stimme, der Blick, die Reinheit. . . . Alles das drohte ihn gefangen zu nehmen, er bekam Angst, und floh. . . .

Um ihn zu vergessen, nahm ich die Einladung Aurels an und verbrachte den Winter in Paris, doch mit Aurel und mit meinem unvergleichlichen Übersetzer Plan, sogar mit D'Annunzio, sprach ich immer nur weinend von ihm. Im Frühling kehrte ich nach Mailand zurück, und dort konnte noch nicht einmal die große mütterliche Allessandrina Ravizza Umberto dazu bewegen, mich wiederzusehen. Ein Jahr später brach der Krieg aus, er meldete sich freiwillig. Hier die Postkarte, die er mir am 11. September 1915 aus Assisi schickte, mit dem Stempel der 1. Heerleitung:

Verehrte Freundin, unendlichen Dank für die gute konstante Erinnerung, die Sie an mich hegen. Der Krieg geht großartig voran. Sie machen Alpinisten aus uns und die Truppenübungen beginnen. So kommen wir früher an die Front, endlich! Ich lebe im Zelt, den Deutschen vor der Nase und warte von Tag zu Tag. Meine Gesundheit ist ausgezeichnet, trotz schrecklicher Anstrengungen. Meine Begeisterung ist sehr gewachsen, ich bin glücklich. Arbeiten Sie? Ich arbeite nicht, ich denke nicht, ich lebe ein rauhes körperliches Leben, das mich berauscht. Grüße und alles Gute bei der Arbeit.

Ihr Boccioni

Er starb im Sommer 1916, *mit vierundreißig Jahren.*

25. November

Besuch von Niccolò Gallo und seiner Frau Dinda, um die Druckfahnen der *Briefe Campana-Aleramo* abzuholen. Ich habe Niccolò die Briefe Campanas geschenkt, er war sehr gerührt. Für die liebevolle und aufmerksame Arbeit, mit der er den Band zusammengestellt hat, verdient er sie.

5. Dezember, morgens

In „Tempo illustrato" ist ein langer Artikel von Giancarlo Vigorelli als Vorankündigung der *Briefe Campana-Aleramo* erschienen, die demnächst bei Vallecchi in Florenz herauskommen. Der Artikel ist voller Ehrerbietung und Bewunderung mir gegenüber, er bringt lange Auszüge aus meinen und auch aus Campanas Briefen und verschiedene Bilder von uns aus jener Zeit (vor genau vierzig Jahren!). Unter den Bildern ist das, was mich als *Vierjährige* zeigt, mir noch immer in seinen Zügen, seinem Ausdruck und seinem Blick am ähnlichsten. Ich hänge zärtlich an diesem Bild, mehr als an jedem anderen. Um auf den Artikel von Vigorelli zurückzukommen, es hat mir folgendes mißfallen: erstens, daß er den Vorspann des Herausgebers nicht gebracht hat, der besagt, daß ich auf jede Beteiligung an eventuellen Gewinnen aus dieser Veröffentlichung verzichte; und zweitens, daß er in einer Aufzählung meiner vergangenen Lieben Papini erwähnt hat, von dem ich zwar mehr als einmal im Tagebuch gesprochen habe, doch ohne je seinen Namen zu nennen. Nun gut! Im Grunde hat das alles keine große Bedeutung. . . .

1958

9. März, Sonntag

Um ein Uhr Kurzbesuch von Dinda und Niccolò Gallo mit dem ersten Exemplar der *Briefe Campana-Aleramo* (ich habe meines noch nicht erhalten).

Den ganzen Nachmittag darin geblättert. Die Briefe von Dino sind aus dem letzten Jahr, bevor er ins Irrenhaus kam (und wo er etwa fünfzehn Jahre später starb).

Dino war sicher der Mann, den ich am verzweifeltsten geliebt habe. Vielleicht erweckte nur Endimione – der so anders war – in mir eine ebenso große schmerzliche Leidenschaft (sechs Jahre später). Die Briefe an Endimione bekam ich von seinem Bruder zurück, ich hatte nie den Mut, sie wieder zu lesen.

Diese an Dino sind von herzzerreißender Schönheit, und alle von wunderbarer Reinheit.

Ich war vierzig Jahre alt.

Was mich darin erstaunt hat, ist, daß ich hier und da Gott angerufen habe. Ist es möglich, daß die Leidenschaft in jenem Jahr in mir den Glauben erweckt hat, den ich nie vorher und nie danach besaß? In mir, die ich niemals (auch nicht in jenem Jahr) die Kirche um Hilfe angerufen habe? „Gott möge dich erretten, Dino!“ schreibe ich ihm in mehr als einem dieser Briefe. Oder sagte ich unbewußt *Gott*, und meinte *Apollo*, und meinte *Dichtung*? . . . Im Geheimnis der Dichtung war ich nie vorher einem so lebendigen, auf tragische Weise lebendigen Geschöpf begegnet (das mich so blendete). . . . Und meine Liebe, meine so große absolute Liebe mußte erkennen, daß sie nichts vermochte. . . . Ich betete nicht, nein, ich wiederholte: „Gott möge dich erretten!" nicht meinetwegen, seinetwegen, nur seinetwegen! Gäbe es Gott, er hätte ihn errettet. . . .

27. März, abends

Gestern ins Parteigebäude gegangen, um Togliatti zu seinem 65. Geburtstag zu gratulieren. Ich sagte zu ihm: „Ich bin siebzehn Jahre älter als du, und wenn du die zwanzig dazunimmst, die mir alle voraussagen, hast du noch mindestens siebenunddreißig vor dir." Er lachte, es geht ihm gut, er freute sich über mein Geschenk, den *Briefwechsel Campana-Aleramo*, dann sagte er scherzhaft zu einem Nebenstehenden: „Die hier schreibt immer noch Liebesbriefe." Obgleich er genau wußte, daß es Briefe von vor zweiundvierzig Jahren sind. Lieber Genosse. Er hat zwei anstrengende Monate vor sich, wegen der Vorbereitung für die Wahlen. Hoffentlich geht alles gut.

1. Mai, nachmittags, Sonne, warm

Bei meinem Neffen zu Mittag gegessen, danach im Auto wieder hierher begleitet worden. Heute ruht die Arbeit. Und ich habe heute morgen die Nachricht bekommen, daß ich *fast ganz sicher* noch diesen Monat die Wohnung am Lungotevere Flaminio haben kann. In der via Flaminia wohnte ich sieben Jahre lang mit Giovanni Cena, von 1903 bis 1910. . . .

15. Juni, Sonntagnachmittag

Von den beiden großen Fenstern hier in meinem Arbeitszimmer (bzw. Wohnzimmer) sieht man den Sonnenuntergang nicht direkt, sondern man sieht seinen zauberhaften Widerschein über den Bäumen des weit sich ausdehnenden Parks. Ich bin seit gestern abend hier und bin immer froher über meine neue Zuflucht, trotz meiner maßlosen Erschöpfung und dem Riesendurcheinander, das wohl noch einige Tage anhalten

wird. Als ich heute morgen um fünf aufwachte, war das Zimmerchen, in dem ich schlafe, von Sonne durchflutet, die jedoch schon um acht in Richtung auf die fernen Berge verschwunden war. Ich hörte, daß sie im Winter nicht einmal bei Sonnenaufgang hereinscheint. Die Wohnung soll aber trotzdem warm sein, die Heizung scheint großzügig zu funktionieren, denn im oberen und letzten Stock, über meiner Wohnung, die im vierten ist, wohnt der Besitzer, ein Milliardär, der fünf Hausangestellte hat (ich habe noch keine Frau gefunden, die morgens eine Stunde kommen soll).
Gestern abend halfen mir hier Adriano, Alfio und die liebe kleine Gabriella Ravera, bei der ich heute zum Mittagessen war, zusammen mit ihren beiden Tanten, alle sehr lieb!
Jetzt bin ich allein bis morgen früh, dann kommen der Elektriker und der Maurer, um einiges instand zu setzen. Mit dem Einräumen der Bücher, Papiere und sonst allem werde ich sicher erst am Wochenende fertig. Dann fahre ich einige Tage nach Ancona, wo ich im Garten meines Sohnes versuchen will, mich auszuruhen und wieder zu Kräften zu kommen. Ich weiß nicht, wo ich dann den Juli und August verbringen werde. Ich sagte zu Camilla Ravera: „Ich bewundere mich dafür, wieviel Kraft ich immer wieder aufbringe, doch wie traurig ist es, sich selbst zu bewundern!" Sie, Camilla, muß es ja wissen, sie hat es selbst erfahren, die Heldenhafte, in den langen Jahren ihrer Gefangenschaft!

Pré St. Didier, 20. August, Mittwoch

In *Gioie d'occasione* das Kapitel *Vallate dell'Alpe* wieder gelesen, das aus Val Veni, aus dem Jahre 1911 stammt! Schön ist es, o ja! Aber dieser gräßliche Cardarelli, der dort mein Gast war (ich hatte auch den vorherigen Sommer mit ihm verbracht, im Purtud, wo leider unsere unglückliche Liebe begann – wenn man es so nennen will), war mir niemals dankbar dafür.
Merkwürdig, wie sich alles wiederholt. In meinem Gedicht *Antica Aosta* (1948) spiele ich auf meine letzte große Verirrung in der Liebe an, mit Franco Matacotta, der einige

Tage in Courmayeur (Entrèves) mein Gast war, sich dort in eine junge Frau verliebte, und dadurch tödlich mein Vertrauen in ihn verletzte.

Rom, 14. September

Gestern den ganzen Tag zu Haus. Im Koffer mit den wichtigsten Briefen die von Boine wiedergefunden, die ich verloren glaubte. Habe sie gerührt wieder gelesen, ebenso *Il frustino*, wo Boine den Namen Mino Vergili trägt. . . . Wer wird meine entsetzliche Vergangenheit aufarbeiten, wer wird so viel Kraft aufbringen, wenn ich endlich tot bin? *Endlich* ! . . . Und doch habe ich sie heute morgen vergessen, diese Vergangenheit, dort vor den dreitausend Genossen, die mich liebevoll ansahen, und habe mich lebendig und jung gefühlt. . . .

12. Oktober, morgens

Ich habe hier im Tagebuch nicht vermerkt, daß ich vor einigen Tagen, aus Imperia, vom Leiter der dortigen Stadt-Bibliothek, die handgeschriebene Kopie einiger Briefe von mir erhielt, die dort aufbewahrt werden. Heute morgen habe ich sie wiedergelesen (es sind nicht alle, einige fehlen wohl: doch der Briefwechsel mit Giovanni Boine war nur kurz, die ersten Briefe sind vielleicht verloren gegangen oder von Boine vernichtet worden, wer weiß!) Boine. Vielleicht war es der Mann, den ich am heftigsten und am verzweifeltsten geliebt habe, mehr als alle, um die ich gelitten habe. In meinem *Frustino* (das ich fast zwanzig Jahre später schrieb, und wo die Begebenheit in dritter Person geschildert wird), scheinen diese Heftigkeit und Verzweiflung schon durch, aber nicht in diesem entsetzlichen Ausmaß, das sie in Wirklichkeit hatten. März 1915: ein Jahr vor der Begegnung mit Campana. Bione starb 1917.
Ich lege die Kopien in den Umschlag mit den Original-Briefen von Boine. Piero Nardi, der große Biograph, sagte mir in Venedig, daß er, sobald er kann, nach Rom kommen wollte, extra um diese zweifache Briefsammlung zu lesen. . . .

20. November, nachmittags

Um zwölf Uhr von Erledigungen aus der Stadt nach Hause zurückgekommen. Ich befand mich in einem ähnlichen Erschöpfungszustand, wie meine *Francesca Diamante* (mit der zusätzlichen Belastung, daß ich als Kommunistin nicht an Selbstmord denken darf) – und siehe da, kurz darauf bekam ich eine Nachricht, auf die ich nicht mehr zu hoffen gewagt hatte. Der gute Angioletti übermittelte sie mir telefonisch und war glücklich, daß er es zustande gebracht hatte: ich bin endlich als Mitglied in den Schriftsteller-Verband (SIAE) aufgenommen worden, mir wird ab sofort eine monatliche Rente von sechzigtausend Lire bewilligt, die mir Angioletti seit über einem Jahr in Aussicht gestellt hatte.

Die Erschöpfung ist nicht verflogen, doch ich habe wieder etwas Mut (bzw. den Willen dazu) gefaßt, um trotz allem weiter zu machen. . . .

5. Dezember, nachmittags

Heute morgen zum Schriftsteller-Verband gegangen, wo mir bestätigt wurde, daß ich ab Ende Januar nächsten Jahres eine monatliche Rente von sechzigtausend Lire bekommen werde!

29. Dezember, nachmittags

Habe die Briefe von Umberto Boccioni (1913-14) eingepackt, um die mich Piero Nardi gebeten hat, der (wenn ich seinen Brief richtig verstanden habe) ganz intensiv damit beschäftigt ist, mit der liebevollen Sorgfalt und der feinfühligen Intelligenz, die ihn auszeichnen, meine Biographie zusammenzustellen. Das versiegelte Päckchen gebe ich einem Freund von ihm aus Venedig, der hier die Feiertage verbringt und an einem der nächsten Vormittage vorbeikommt. Ich habe das einzige in meinem Besitz befindliche Exemplar des Büchleins *Il mio primo amore* (1924) beigefügt, das ein paar (damals unveröffentlichte) Seiten, die später in *Andando e stando* publiziert wurden, und ein entzückendes Vorwort von Alfredo Panzini

enthält, das Nardi mit Begeisterung lesen wird. Aber wie sehr wächst meine Müdigkeit, wenn ich diese Dinge wiederlese!
Morgen bringt die „Unità“ meinen unveröffentlichten Aufsatz über das Erdbeben in Kalabrien und Sizilien vor fünzig Jahren!
Ich weiß noch nicht, mit wem ich die Jahreswende verbringen, und mit wem ich am ersten Tag des Jahres 1959 zu Mittag essen soll.

1959

Rom, 2. Januar, abends

Den ganzen Tag noch unter den Auswirkungen des gestrigen gelitten, einem der traurigsten Neujahrstage, an den ich mich erinnern kann. Bei meiner Schwester Jolanda hatte ihre nervenkranke Tochter Licia einen heftigen Anfall, Jolanda weinte, mein Schwager und die anderen beiden Töchter waren stumm und traurig.

Einzige Unterbrechung der liebe, wenn auch kurze Besuch von Djalma und seiner reizenden kleinen Frau, die gegen Abend kamen.

Ich bin zwar nicht abergläubisch, aber ein so schmerzlicher Jahresanfang belastet mich und erschreckt mich auch ein wenig. Ich hatte nicht die Kraft, aus dem Haus zu gehen, hier allein habe ich nur die Zeitungen durchgesehen und einige Telefongespräche geführt.

10. Januar

Ich war unbeschreiblich deprimiert, weil mir hundertfünfzehntausend Lire gestohlen wurden, die ich gerade auf der Bank abgehoben hatte: es war nicht so sehr der Geldverlust, als vielmehr die Beschämung, daß ich es nicht gemerkt hatte, als man mich bestahl. Ich kehrte nach Hause zurück und dachte, ich sei vollkommen verblödet. Zum Glück kam mich später der gute Nino Sansone besuchen, der mir versicherte, so etwas dürfe ich nicht von mir denken und mir wieder etwas Mut machte.

12. Januar, nachmittags

Aus einem der vielen Stöße unveröffentlichter Aufzeichnungen nehme ich diese heraus und füge sie hier bei, ich schrieb sie vor fünfundfünfzig Jahren, o weh!

In bestimmten Stunden überkommt euch unerwartet vollkommene psychische Erschöpfung. . . . Als würde eine Feder plötzlich ihre Spannung verlieren. Ihr werft euch aufs Bett, und die Glieder scheinen länger, dünner zu werden, ihre Konturen zu verlieren. . . . Ihr könnt nicht schlafen. Die ganze Welt scheint euch so fern, die Geräusche, die von der Straße zu euch dringen, scheinen euch weit weg, die Dinge, die euch noch vor einer Stunde interessierten, locken euch nicht mehr. . . . Das heißt, doch: ihr möchtet, es scheint euch, als möchtet ihr wohl von dem Leben um euch mitgerissen werden, aber ihr fühlt, daß es in diesem Moment nicht möglich ist. Warum? Ihr laßt eure ganze Vergangenheit an euch vorbeiziehen und denkt an die unermeßliche Energie, die ihr Tag für Tag, Stunde um Stunde, aufgebracht habt. . . . Sollte der Vorrat erschöpft sein? . . . Und ihr bedenkt, vielleicht zum ersten Mal, einen Augenblick lang diese schreckliche Wahrheit: leben muß man *wollen*, jede Sekunde. . . . Würde diese Willenlosigkeit, die euch gerade befallen hat, andauern, dann wäre das der Tod. . . . Wann? . . .

16. Februar, nachmittags

Der heutige Tag hat nicht gerade zu meiner Stärkung beigetragen! Als ich heute morgen um neun meiner Hausgehilfin die üblichen zweihundert Lire für die tägliche Arbeitsstunde geben wollte, bemerkte ich, daß mein Portemonnaie nicht mehr in meiner Handtasche war. Ich ging sofort trotz der morgendlichen Kälte, mit meiner Hausangestellten, in das Gemeindekino an der Piazza Ungheria, wo ich gestern (zum ersten und einzigen Mal!) mit meiner allerliebsten Nicht Luciana nachmittags einen Film angeschaut hatte. Doch im Gemeindehaus wußten sie nichts und hatten auch nichts gefunden. Offensichtlich hatte ich das Portemonnaie im Gedränge vor der

Kasse im Dunkeln fallen lassen und jemand hat es gefunden und eingesteckt. Es war, glaube ich, ein zehntausend Lireschein drin und ein paar kleinere Scheine. Was mir am meisten leid tut, ist der Verlust des Parteibuches mit den Beitragsmarken des ganzen Jahres. Na ja! Ich gebe zu, ich bin sehr traurig. Was werden wohl die lieben Adriano und Alfio dazu sagen, wenn sie heute abend kommen? Sie werden nichts sagen, doch mich in ihrem Herzen bestimmt wegen meinem jämmerlichen psychischen Zustand sehr bemitleiden. Dabei ist mein körperlicher Zustand, von dem ich hoffte, er würde sich bessern, unverändert. Morgen will ich mit Doktor Djalma telefonieren. Ich fühle mich am Ende!
Heute nachmittag habe ich versucht, mich mit der Lektüre des abgetippten Jahrgangs 1953 aus meinem Tagebuch abzulenken, der gerade heute morgen angekommen war. Wieviele Vorträge und Dichterlesungen habe ich in dem Jahr gehalten. Unglaublich!

18. Februar, nachmittags

Trotz der Ischias-Schmerzen, die nicht weggehen wollen, zu Fuß bis zur Ecke via Asmara gegangen (zwanzig Minuten hin und zurück), um einen großen Strauß Mandelblüten zu kaufen, der mir in meiner Einsamkeit Gesellschaft leisten soll. Frühling! Aber morgen soll ich eine Spritzen-Kur anfangen, obgleich ich mich heftig dagegen wehre. Die liebe gute Laura Sansone wird vorbeikommen und mir die Spritzen geben. Wir werden sehen, was dabei herauskommt. Die Kur mit Tabletten zum Einnehmen hat eine äußerst lästige Entzündung im Mund hervorgerufen!

8. März, internationaler Frauentag, nachmittags

Mein Zustand verschlimmert sich. Doktor Djalma sagt mir am Telefon, ich soll darauf vertrauen, daß die Infektion im Mund sicher besser wird, wenn ich die restlichen drei *starken* Spritzen bekommen habe. Ich muß weiterhin das Haus hüten (nun habe ich auch noch Schüttelfrost, ob ich Fieber habe?) . . .

Amalfi, 8. April, 8.30 Uhr morgens

Ich schreibe im Bett, wo ich gerade ein königliches Frühstück zu mir genommen habe und auf die Zeitungen warte. Wenn ich nach Rom zurückkehre, kann niemand sagen, daß ich nicht alles getan habe, um mich zu erholen und zu kräftigen!

Gestern war es den ganzen Tag grau und auch recht kalt, heute morgen scheint es sich aufzuklaren, vielleicht kann ich einen kleinen Spaziergang bis ins Zentrum von Amalfi machen.

Das Zimmer ist groß und ruhig.

Gestern die ersten Karten verschickt. Ich will versuchen, nach und nach wenigstens einen Teil der Korrespondenz zu erledigen, die ich seit Monaten beantwortet müßte.

Hier erinnern sich alle – Portier, Barmann und Kellner – an meinen ersten Aufenthalt in diesem Hotel, als an Neujahr 1950 Adriano und Alfio aus Rom zu Besuch kamen. Ich war damals drei Monate hier und schrieb sogar wieder ein paar Gedichte. . . .

Ich bilde mir nicht ein, daß ich das dieses Mal kann. Leider! (Aber weshalb soll ich dann versuchen, wieder zu Kräften zu kommen?). . . .

14. April, morgens

Im Badezimmer nebenan ein heißes Bad genommen. Vom Fenster aus sehe ich, daß noch strahlenderes Wetter ist als gestern. Hingegen ist mein Mund wieder entzündet; jeder Bissen ist eine Tortur, ich bin immer mehr überzeugt, daß die Entzündung von meinem schlechten Gebiß herrührt, wer weiß!

18. April

Habe entschieden, morgen nach Rom zurückzufahren. Die Zahnfleischentzündung ist unerträglich geworden, ich muß mich sofort um ein neues Gebiß kümmern, wer weiß, wieviele Tage ich noch leidend zu Hause verbringen muß. Dabei war ich weggefahren, um mich ein wenig zu stärken. Adieu, Amalfi! . . .

Rom, 28. April, 12 Uhr mittags

Um zehn Uhr mit Hilfe meines Enkels in der Klinik Spallone angekommen, ein ganz passables Zimmer mit zwei Fenstern bezogen, den Koffer ausgepackt, und schließlich mittags Visite von Prof. Spallone, der fünf Minuten hier war, flüssige Speisen anordnete und sich dann mit dem verführerischsten Lächeln eiligst empfahl. Er hat nichts darüber gesagt, wie lang die Behandlung dauern soll. Wie lang muß ich mich noch in Geduld fassen.

4. Mai, nachmittags

Prof. Spallone fand heute morgen, daß es mir besser gehe, sagte aber, daß ich noch einige Tage hier bleiben müsse. Leider! Trotzdem fühle ich mich immer schwächer. Morgen kommt die liebenswürdige Frau Doktor Massenti und nimmt den Abdruck für mein neues Gebiß ab. Heute ist strahlendes Wetter, ich warte auf meine Nichte Licia, um mit ihr in der ruhigen viale Metronio ein paar Schritte zu gehen, danach werde ich mein scheußliches Abendessen hier einnehmen, und dann erwarte ich die beiden Freunde, Adriano und Alfio, die ich seit einer Woche nicht gesehen habe.
Gestern kurzer lieber Besuch von Niccolò und Dinda Gallo.
Mein Sohn hat mir geschrieben, daß er mich erwartet, aber wer weiß, wann ich die Anstrengung einer solchen Reise auf mich nehmen kann.

7. Mai, Himmelfahrt, Donnerstag

Mein zehnter Tag im Krankenhaus. Alles scheint darauf hinzudeuten, daß ich noch länger hier bleiben muß.
Ich könnte ein paar Eindrücke über die Atmosphäre hier, über die Krankenschwestern und die Kranken, denen ich auf dem Korridor begegne, beschreiben, – aber ich habe einfach nicht die Kraft dazu.
Im Stockwerk über uns ist heute morgen nach langer Agonie eine Krebskranke gestorben.

8. Mai, morgens

Schlaflose Nacht. Habe erfolglos versucht, hier von meinem Zimmer aus mit Togliatti zu sprechen, habe mir ein Telefon bringen lassen, aber man hörte nichts. Ich wollte Togliatti sagen, daß mir die Schriftsteller-Gewerkschaft angeboten hat, ich solle ihnen die Krankenhausrechnung schicken, wenn ich aus diesem Gefängnis wieder herauskomme. Ich wollte wissen, was er dazu meint (üblicherweise übernimmt die Partei die Kosten). Das allgemeine Telefon ist auf dem Korridor, und alle Kranken aus den umliegenden Zimmern hören die Gespräche mit!

12. Mai, Dienstag, spät nachmittags

Heute morgen etwas Neues in der Behandlung. Prof. Spallone, der Chefarzt, hat mir eine *Plasma*-Behandlung (mit Kräftigungsmittel) verordnet, *zehn Minuten*, hat er mir gesagt, die Krankenschwestern hingegen haben mich eine dreiviertel Stunde lang behandelt, und ich bin richtig ärgerlich geworden, was mir selten passiert. Bis Sonntag muß ich ruhen, diese Sache wirkt angeblich Wunder, Spallone hat damit Negarville geheilt, der sich schon verloren glaubte (er hat allerdings fünfzig Behandlungen bekommen!).
Montagmorgen werde ich aus der Klinik entlassen. Und Dienstag oder Mittwoch fahre ich dann nach Ancona, wenn mein Sohn mir nichts Gegenteiliges telegrafiert.
Heute ist die Zahnärztin gekommen, um einen Abdruck für das Gebiß zu machen.
Heute abend erwarte ich Adriano und Alfio.
Ich muß mich weiter flüßig ernähren!

Ancona, 29. Mai, morgens

Kam gestern abend um sieben an, am Bahnhof erwarteten mich mein Sohn mit seinem sanften Lächeln und seine liebevolle Frau.
Sehr ermüdende Reise – allein im Abteil, die reizenden Gallo (Niccolò und Dinda) hatten mich hingebracht. Gleich nach dem Abendessen hingelegt. Geschlafen, aber die Rückenschmerzen wollen heute morgen nicht nachlassen. Graues Wetter – doch im Garten blühen bezaubernde Rosen.

31. Mai, Sonntagmorgen

Meine Leiden haben sich alle verschlimmert. Ich nehme mehr

Arzneien, als je in meinem Leben. Das Wetter bleibt kalt und regnerisch. Dabei fängt morgen der Juni an! . . .

5. Juni, morgens

Besuch meines Enkels (Sohn meines Sohnes), der Arzt ist und mir den Mund untersuchte. Er verordnete mir die Anwendung von Rosenhonig und riet mir, in Rom einen Hals-Nasen-Ohren-Spezialisten zu konsultieren. Er meinte aber, es handele sich um eine Alterskrankheit, die mich wahrscheinlich in mehr oder weniger langen Abständen immer wieder belästigen wird. O weh!

Rom, 9. Juni, nachmittags

Soweit ich mich erinnere, ist es heute das erste Mal in meinem dreiundachtzigjährigen Leben, daß zwei Ärzte über meinen Gesundheitszustand beraten. Doktor Curi kommt her und mit ihm Djalma Vitali. Was wohl dabei herauskommt?

abends

Die beiden jungen Ärzte waren sich darin einig, daß die Entzündung im Mund, die mich seit vielen Monaten quält, eine Folge der fortschreitenden Schwächung meines Organismus, meiner Unterernährung usw. usw. ist.
Morgen gehe ich in die via Po und lasse mir den Darm und ich weiß nicht was noch alles röntgen. Auf Grund der Röntgenaufnahmen wollen die beiden jungen Ärzte dann entscheiden, ob sie mich in eine andere Klinik schicken sollen. Kopf hoch, Sibilla, arme Sibilla!

22. Juni, morgens

Zwei anstrengende Tage, gestern und vorgestern: pausenlos Besuche und Versammlungen. Wenn nichts dazwischen kommt, gehe ich heute mittag endlich in eine odontologische (schreibt man das so?) Klinik, um mich von einem Spezialisten untersuchen zu lassen. Hoffentlich kann er mir sagen, ob und wie diese Entzündung, die mich seit Monaten quält, geheilt werden kann.

23. Juni, abends

Curi hat mich untersucht: anscheinend muß an meiner Zunge ein kleiner Eingriff vorgenommen werden, um eine Art Pilz zu entfernen. Curi will mit Spallone telefonieren, ob er mich nochmal, zwei bis drei Tage höchstens, in seiner Klinik aufnehmen kann.

24. Juni, nachmittags

Ich warte auf Curis Anruf, ob er mit Spallone meinen Klinikaufenthalt vereinbart hat. Heute morgen war ich in der Apotheke, um mir Vitamintabletten zu besorgen und habe mich gewogen: *fünfzig Kilo*! Vor einem Monat wog ich noch sechsundfünfzig! Wie ist das möglich? Nur ein einziges Mal während des Krieges, hier in Rom, hatte ich so abgenommen!

abends

Spallone hat mich angenrufen, daß er mir für morgen früh ein schönes Zimmerchen bereiten läßt, im zweiten Stock, mit Telefon. . . . Die Operation wird erst übermorgen vorgenommen. . . .

26. Juni, morgens, 7 Uhr

Seit sechs Uhr wach. . . . Die Operation wird mittags vom Genossen und Freund Doktor Curi im Operationssaal durchgeführt. Und dann?

Gestern brachte mir die liebe Berenice, die hier im Stadtteil wohnt, die ersten Blumen. Sie kam mit ihren beiden Kindern. Rote Nelken. Gestern abend dann ein großer Strauß rosa Gladiolen von Alfio gebracht, Adriano kam später dazu.

Herrliches Wetter.

Die Plasma-Behandlung gestern abend war ziemlich schwierig, weil der Apparat kaputt war. Mal sehen, ob es heute klappt.

28. Juni, Sonnabend morgen,
im Bett im Zimmer Nr. 8 in der Klinik Latina

Fest geschlafen, nicht einmal den Donner heute nacht gehört. Ich war völlig erschöpft von der Operation, die der ausgezeich-

nete Chirurg Curi um vierzehn Uhr vorgenommen hatte: meine arme Zunge (daß ich diese bedeutende Zunge so quälen muß, sagte Curi zu den Krankenschwestern). Rechts und links wurde je ein schmaler Streifen entfernt. In vier Tagen zieht Curi mir die Fäden und dann wird man den Erfolg sehen. Vorläufig kann ich nur Flüßigkeiten zu mir nehmen, kalte Milch und den Kaffee auch kalt. Mein Gebiß darf ich auch nicht einsetzen, du liebe Zeit! Unterdessen hat mir Prof. Mario, der Besitzer und Chefarzt der Klinik, wieder Plasma-Transfusionen verordnet, die einzige Behandlung, die sich ausgezeichnet bewährt hat.
Viele Blumen, vorgestern abend von Adriano und Alfio, gestern abend von Laura Sansone. . . .

3. Juli, nachmittags

Der Genosse und Freund Curi fürchtete doch tatsächlich, es würde sich um Krebs in meinem Mund handeln! Zum Glück hat er sich geirrt! Jetzt taucht die Frage des Gebisses auf, das der Ursprung allen Übels sein soll! Und ich bin hier immer noch eingeschlossen, bei dieser unerträglich gewordenen Hitze. Morgen bekomme ich die letzte Plasma-Transfusion.

7. Juli, nachmittags

Mittags aus der Klinik entlassen. Ich bin völlig erschöpft. Meine Wange ist innen zur Hälfte eine einzige Wunde. Flüssige Diät, wie traurig! Warte auf den Besuch der lieben Laura Sansone und abends dann auf Adriano und Alfio. Ich habe nicht die Kraft, für die nächsten beiden Monate Pläne zu machen, solange sich der Mund auf das neue Gebiß vorbereiten soll.

Pré St. Didier, 20. Juli, Montagnachmittag

Die Reise gestern von Venedig nach Aosta war lang, drückend heiß und langweilig. Um neunzehn Uhr angekommen, fand ich zwei Verwandte des Bürgermeisters zu meinem Empfang vor (der Bürgermeister selbst ist in Dänemark in Urlaub und kommt Ende des Monats zurück). Heute morgen holten mich zwei andere Rathausangestellte in Aosta im Hotel auf dem

Platz mit dem Auto ab und brachten mich hierher. Hier empfingen mich die Besitzer des Hotel Crammont mit großer Freude; es tat ihnen leid, daß sie mir kein großes Zimmer mit Bad geben konnten, wie im letzten Jahr. Ich mußte mit einem kleinen vorlieb nehmen, mit schöner Aussicht auf den Mont Blanc. Ich bin gerade damit fertig, es mir so gemütlich wie möglich zu machen. Habe an Adriano Vitali und an Nino Sansone telegrafiert: „Macht mir Mut." Wer weiß, wie sie das aufnehmen. Habe auch dem Hausmeister in der via Panama telegrafiert, daß er mir die Post nachschicken soll. Hier muß ich viertausend Lire pro Tag bezahlen, dazu Trinkgelder usw.! Eine Schande!

4. August, nachmittags

Auch das Tagebuch leidet unter meiner unendlichen Müdigkeit und ich komme nur mühsam voran.
Doktor Formento hat mir Spritzen verordnet, heute abend kommt ein Krankenpfleger vorbei und gibt mir die erste. Außerdem große Vitamin-Tabletten.
Das Wetter ist unbeständig, einmal strahlend wie gestern, dann wieder stürmisch wie heute.
Ich schreibe viele Postkarten und viele kurze Briefe und teile so meine Adresse mit, in der Hoffnung, daß ich zu meinem Geburtstag in zehn Tagen Glückwünsche geschickt bekomme.
Auch an Togliatti geschrieben, der in Ceresole Reale, Provinz Turin, ist.

13. August

Ein Telegramm: „Glück und Gesundheit wünschen herzlichst Palmiro Nilde Marisa Togliatti," heute morgen in Ceresole Reale aufgegeben. Lieber großer Freund. Ich überlege, ob ich am 31. nach Alessandria, meiner Geburtsstadt, fahren soll, wo er auf dem Pressefest der „Unità" sprechen wird. Ob ich das schaffe? . . .

16. August, Sonntagmorgen, im Bett

Ich stehe gleich auf, es ist erst acht, aber ich habe lange

geschlafen, weil ich gestern abend schon vor zehn ins Bett gegangen bin. Vom Fenster aus sehe ich, daß die Bergkette des Mont Blanc ganz wolkenfrei und strahlend ist. Heute habe ich nichts vor. Gestern kurzer Besuch von Doktor Formento, der morgen früh wiederkommt, um mir den Blutdruck zu messen, danach erfahre ich dann, ob ich die Behandlung fortsetzen oder abbrechen soll. Danach richten sich auch meine Pläne für die zweite Augusthälfte. Der gute Antonicelli kam gestern auf dem Weg nach Cogne in seinem schönen Auto, das er aus Rußland mitgebracht hat, hier vorbei, und blieb ein paar Minuten, um eine Karte an Repaci zu schreiben, worin er ihm vorschlägt, mich nach Viareggio einzuladen, wo vom 27.-30. des Monats der dreißigste Jahrestag des Literatur-Preises gefeiert wird. Danach könnte ich Antonellis freundliche Einladung annehmen, ihn in Turin zu besuchen, bis ich dann am 6.-7. September zur Verleihung des anderen Preises nach Prato fahre. Aber das ist ein anstrengendes Hin und Her und ich weiß nicht, ob ich die Kraft habe, diese Pläne zu verwirklichen. Bis jetzt ist nur eines sicher, daß ich erst nach den drei Tagen in Prato nach Rom zurückkehre, und dort muß ich mich dann endlich dem Zahnarzt Ciccolini anvertrauen, wer weiß, wie viele Wochen das dauern kann! Reizende Aussichten.
Mein Zimmer hier im Crammont ist voller Blumen: ein wunderschöner Strauß bunter Gladiolen, die die liebe Bruna am 14. brachte; ein Riesenstrauß Zinnien, die mir Giovanni und Marinella Pirellini am selben Tag schickten. Sie sind von ihrer Reise zurück und wollen mich morgen Abend ins Royal in Courmayeur zum Essen einladen. Ich würde eigentlich lieber bei ihnen zu Hause essen, zusammen mit ihren reizenden Kindern. . . .

Viareggio, 30. August, morgens

Aus dem Hotel Royal, wo ich seit dem 28. abends bin, und wo gestern abend bis nach eins die endlose Zeremonie zur Verleihung des Literatur-Preises von Viareggio stattfand, womit gleichzeitig dessen dreißigster Jahrestag gefeiert wurde. Nur ein paar Stunden geschlafen. Ich bin schon aufgestanden, habe gefrühstückt, und warte jetzt, daß mir telefonisch angekündigt wird, daß die Gallos auf sind (die noch heute morgen abreisen und mit denen ich in diesen beiden Tagen nur wenige Augenblicke zusammen sein konnte) und auch der andere Freund, Antonicelli, der versprochen hat, mir Gesellschaft zu leisten, bevor ich am Wochenende nach Prato weiterfahre. Wie ich die Anstrengungen der weiten Reise von Pré St. Didier hierher, die den ganzen vorgestrigen Tag lang dauerte, überwinden konnte, ist mir ein Rätsel. Genauso die Anstrengungen von gestern, die vielen Begegnungen mit alten und weniger alten Freunden und Unbekannten. „Fabelhaft" sagen mir alle und ich lächle, und keiner bemerkt meine unendliche Traurigkeit. . . .

Prato, 5. September, morgens

Gestern morgen hatte sich das Wetter aufgeklart, aber nachmittags zog es sich wieder zu und heute morgen regnet und regnet es, meine armen Knochen! Ich hatte mich bei einem Friseur in der Nähe zum Haare waschen und legen angemeldet, verzichte aber darauf. Morgen ist Sonntag. Montag früh kommen die Kollegen von der Jury, wir werden den ganzen Tag diskutieren, und übermorgen ist dann im Rathaus die große Zeremonie der Preis-Verleihung. Bis dahin lese ich Illustrierte oder schlafe. Ich nehme aber nicht zu, weil ich den ausgezeichneten Gerichten in der Trattoria nicht die gebührende Ehre angedeihen lassen kann!

6. September, morgens

Etwas wärmer als gestern. Die „Unità" brachte heute morgen auf der Seite *Chronik aus Prato* in großen Lettern die Nachricht: *Sibilla Aleramo zu Gast in Prato*, mit einem sehr schönen Foto, das aber leider schon mehrere Jahre alt ist: offensichtlich fanden sie die Fotos, die vorgestern hier vor dem Hotel aufgenommen worden sind, nicht anziehend genug!

Gestern abend mit dem stets sehr liebenswürdigen Bürgermeister, dem Vorsitzenden des Literatur-Preises, Vanzini, und einem Jury-Mitglied aus Prato in einer großen Trattoria zu Abend gegessen. Sehr herzliche Atmosphäre. Für morgen werden die anderen Preisrichter erwartet, und wahrscheinlich wird es recht hitzige Diskussionen geben. Übermorgen, wie jedes Jahr, abends die große Zeremonie im Rathaus. Ich werde wohl am darauffolgenden Tag abfahren und damit meine Rundreise abschließen.

Rom, 10. September, abends

Gestern nachmittag nach fast zweimonatiger Abwesenheit zurückgekommen. Große Blumensträuße, die ich aus Prato mitbrachte, helfen mir, die Müdigkeit zu ertragen. Heute morgen beim Zahnarzt Ciccolini gewesen. Er hat mir die Wurzel des kleinen Zahns gezogen, der mir am Abend meines Geburtstages beim Essen, zu dem ich in Aosta eingeladen war, herausgefallen ist. Jetzt muß ich warten, bis die Wunde gut verheilt ist, dann kann endlich das neue Gebiß angepaßt werden. Mit welchem Erfolg? Solange bin ich ans Haus gebunden, trinke Milch, ordne die Post, die erledigte und die unerledigte, und tue vor mir selbst so, als würde ich keine Müdigkeit empfinden. Gestern abend besuchten mich die beiden A., nämlich Adriano Vitali und Alfio Lambertini, die mir immer mehr ans Herz wachsen. Wenn es mir nicht zu schlecht geht, will ich morgen meine arme Schwester Jolanda besuchen, die krank im Bett liegt und den Verlust ihres Mannes, den lieben und guten Niccolino, nicht verschmerzen kann.
Eine Karte von meinem Sohn erhalten, worauf er mir versichert, daß sie bei dem Unwetter, das Ancona vor einigen Tagen verwüstet hat, keinerlei Schaden erlitten haben. . . .

16. September, nachmittags

Aus dem großen Koffer voller, von mir geschriebener oder an mich gerichteter Liebesbriefe, angefangen mit dem ersten an meinen Vater – ich war damals fünf Jahre alt – bis zu den großen Bündeln, die mir die Verwandten von verstorbenen Geliebten zurückgegeben hatten, (Endimione und viele andere . . .), habe ich die Briefe von Umberto Boccioni (Herbst 1913 – Frühjahr 1914) herausgesucht. Aus Mailand, aus Paris, und dann wieder die letzten aus Mailand. Offensichtlich hatte

Umberto sie alle aufgehoben (er fiel 1916 im Krieg). Ich glaube, ich ließ sie mir von Marinetti zurückgeben. Einige sind ganz unleserlich, weil die Tinte auf dem Papier verlaufen ist. Und jetzt nach fünfundvierzig Jahren sage ich mir, daß ich Umberto vielleicht doch am leidenschaftlichsten von allen geliebt habe. Ich war damals auf dem Höhepunkt meines Lebens, schrieb gerade die ersten Seiten von *Passaggio*, und war mir meiner Individualität so bewußt geworden, wie es mir weder mit Cena, noch mit Cardarelli, noch mit Papini je gelungen war. . . .

Ich bin versucht, dem Tagebuch einige Briefe anzufügen, aber ich zögere noch. Vielleicht spreche ich mit Niccolò Gallo darüber, wenn er in einigen Tagen wieder in Rom ist.

Es gibt nur wenige Briefe von Boccioni, alle kurz und immer gleich abweisend.

18. September, nachmittags

Unter den hunderten, vielleicht sogar tausenden von Seiten, die ich an Boccioni geschrieben habe, entdeckte ich ein Gedicht vom 23. September 1913, *Noch heute*. Ich habe in *Momenti*, meiner ersten Gedichtsammlung, danach gesucht. Nur der erste Teil ist da, nur achtzehn kurze Zeilen:

Noch heute
in der Menge
unter der Sonne
begehrte ich jählings
zu sterben.
Tränenlos
weinte ich um mich
wie um eine Tote.
Unter der Sonne
ging ich
heute wie gestern
durch die lärmende Stadt
das Leben verweigernd.
Tot,

war ich dennoch
nur ein menschlich Ding
auf dunklen gestaltlosen Wellen.
Ich ging. . . .

Ich weiß nicht mehr, warum ich den Rest nicht drucken ließ, den ich hier jetzt anfüge:

jenem Einzigen entgegen
den ich noch am Leben glaubte unter dem Himmel
dem Einzigen
der mich sehen und aufhalten
und mich tot erkennend
mir hätte sagen können, daß ich gelebt habe.
Ich habe ihn nicht gefunden.
Als glaubte auch er
sich in jener Stunde tot
– eine traurige Aufgabe –
heute wie vielleicht gestern,
im Hinblick auf mich, die Erträumte,
die einzig übriggebliebene unter der Sonne.
Und morgen?

19. September, nachmittags

Zwei Genossinnen der Sektion Parioli waren hier, um meinen Beitrag für die „Unità“, zehntausend Lire, abzuholen. Sie mögen mich.
Unter den Briefen von Boccioni fand ich dieses Zettelchen, das ich hier einklebe, das ich aber, wer weiß wann und wo, schon einmal mit hineingenommen haben muß:

Ein Lachen: vielleicht wird es eines Tages aus meiner Kehle hervorbrechen: an einem Tag voller Sonne, ein Lachen über der Welt, und dann zwei Arme, die mich sehnsüchtig dem ersten Abendstern engegen heben.

Dieses Telegramm ist vom Oktober 1913, als meine Liebe zu Boccioni begann:

Umberto Boccioni
Bastioni Romana 35
Mailand
Per Telegramm erreicht auch die lästigste Frau, daß ihre Worte gelesen werden. Ich antworte auf eine Frage: ich harre aus, weil ich nicht anders kann: ich habe nur das Ziel, aus diesem häßlichen Kreislauf von Widersprüchen herauszukommen, der des Vertrauens, das ich unbesiegbar in uns und in das Leben habe, nicht würdig ist. Ich glaube, daß sich früher oder später ein Einverständnis zwischen uns herstellt, auch wenn sich unsere Wege unmittelbar danach wieder trennen müssen. Und außerdem liebe ich dich. Und trotz unserer ganzen Intelligenz und unserer ganzen Kraft geht es uns beiden wirklich schlecht. Auf Wiedersehn, alles Gute für Deine Arbeit, Sibilla. . . .

25. September, nachmittags

Mein schlechter Allgemeinzustand hält an! Und das neue Gebiß kann ich erst in drei oder vier Tagen ausprobieren! . . .

14. Oktober, morgens

Nicht einmal die wenige Energie bringe ich auf, das Tagebuch weiterzuführen!
Nachdem was der Arzt mir vorgestern versichert hatte, war mir das Ergebnis der Blutuntersuchung, die er vorgenommen hatte, gut erschienen. Djalma hingegen sagte mir gestern, das stimme nicht, mein ganzes Unwohlsein seit so vielen Monaten hinge nämlich vom Zustand meiner Leber ab, und ich müsse mich gerade deswegen behandeln lassen, oder sogar den berühmten Professor Frugoni, der eine Straße weiter wohnt, konsultieren. Ich bin *außer mir*! Und heute muß ich wieder zum Zahnarzt, damit er mir die Zahnprothese etwas reguliert.

23. Oktober, nachmittags

Prof. Frugoni hat das Leberleiden bestätigt, Spritzen verordnet, vielleicht für Monate, und viele Medikamente. Alles kommentarlos.

Ein Krankenpfleger der Partei wird vorbeikommen und mir jeden Morgen eine Spritze geben. Ob ich die Medikamente nehmen soll? Was für ein Winter mir wohl bevorsteht?

31. Oktober, abends

Der sehr liebe Niccolò Gallo war hier. Ich hatte ihn telefonisch gebeten, zu mir zu kommen, weil ich seine Meinung und seinen Rat über einen Artikel hören wollte, der unter dem Titel *Verbrennt meine Briefe* in der Zeitschrift „Successo" erschienen war und von niemand geringerem als Franco (dem Franco aus dem Tagebuch!) stammte. Ausgehend von dem Bändchen Briefe *Campana-Aleramo*, das vor zwei Jahren bei Vallecchi erschienen war, publiziert er darin einen unveröffentlichten Brief von Campana (den er, Franco, mit wer weiß wievielen anderen Sachen, aus meinem Schrank entwendet haben muß, bevor er meine Dachstube, vor etwa zwölf Jahren, endgültig verließ. Der Brief von Dino Campana endet folgendermaßen: „Kannst Du mich noch lieben? Immer noch? Ich werde Dir nicht schreiben. Meine Briefe taugen nur dazu, verbrannt zu werden." Diese letzten Worte sind nichts anderes als der Aufschrei eines Dichters. Franco hingegen wollte glauben machen, sie seien eine testamentarische Verfügung, die ich übertreten habe. O weh! Gallo, der vor zwei Jahren das bei Vallecchi erschienene Bändchen herausgegeben hatte, war mit meinem Entschluß einverstanden, dem Direktor von „Successo" zu schreiben, um die Sache klarzustellen. Aber wie abscheulich ist auch diese Tat Francos, die seinem Geltungsdrang und auch seiner Geldgier entspringt! („Successo" ist eine neue, sehr wichtige Zeitschrift!)

1. November, abends

Gallo war, obgleich er auch heute am Sonntag sehr beschäftigt ist, eine halbe Stunde bei mir, um den Brief für „Succes-

so“ abzutippen, den er morgen per Einschreiben abschicken will. Einen weiteren kurzen traurigen Brief habe ich mit der Hand an Franco geschrieben, ich werde ihn abschicken, sowie ich seine neue Adresse weiß.
Es ist sehr kalt. Mein Mund ist wieder in einem beklagenswerten Zustand. Resigniert nehme ich weiter die vielen vom Arzt verschriebenen Medikamente ein.
Morgen wird anscheinend die Heizung angestellt. Heute abend gehe ich früh schlafen. Im Fernsehen gibt es nichts Sehenswertes.
Gallo erzählte mir, daß Emilio Cecchi ihm vor einigen Tagen gesagt habe, ich hätte den Nobel-Preis viel eher verdient als Quasimodo – das hat mich sehr gerührt, weil es von Cecchi kam.

15. November, abends

Wieder eine Woche vergangen, ohne daß ich diesem armen Tagebuch eine Zeile hinzugefügt hätte. Das Telefon war drei Tage kaputt! Medikamente abgesetzt, schlimmere Schmerzen und wachsende Abneigung gegen jegliche Nahrung. Was geschieht dir, arme Sibilla?

18. November, morgens

Gestern Besuch des Freundes Doktor Djalma Vitali. Eine Woche lang die Spritzen abgesetzt. Der Zustand meiner Leber hat sich leicht gebessert. Aber ich fühle mich immer schwächer, deprimierter, am Ende. . . .

28. November, abends

Nach einem guten Essen und heiteren Stunden bei Nino und Laura Sansone, zusammen mit ihren Kindern und einigen Freunden, war ich heute mit Laura bei Spagnoli (aus Perugia), um nach einem neuen wollenen Strickkleid für mich zu schauen, das mir passen könnte. Als ich mich in den großen beleuchteten Spiegeln betrachtete, bin ich so erschrocken, daß ich nur durch ein Wunder nicht in Tränen ausgebrochen bin.

Das war ich? In meinem kleinen Spiegel hier hatte ich mich nie so verfallen gesehen: es war ein schrecklicher Eindruck.

8. Dezember, morgens

Gestern um achtzehn Uhr kam Togliatti, sehr herzlich, zusammen mit Nilde Jotti und Marisa, die inzwischen ein junges Mädchen geworden ist (Schülerin der ersten Oberstufe). Nachdem er meine neue Behausung gelobt hatte (schade, daß es schon Nacht war und man die große Grünflache vor meinen Fenstern nicht mehr sehen konnte) las Togliatti die neue Fassung meines Testaments. Er war mit meinem Vorschlag einverstanden, in den Räumen der Partei einen Saal zu meinem Andenken einzurichten, eine Sammlung veröffentlicher und unveröffentlichter Handschriften, Briefe usw. usw. Das hat mich sehr getröstet. Jetzt kann ich mir nur noch wünschen, bald zu sterben, mein körperlicher Zustand quält mich ohnehin und zeigt keine Anzeichen einer Besserung.

nachmittags

Doktor Djalma war da und hat gelbe Flecken in den Augen festgestellt (Anzeichen der Lebererkrankung!). Er meint, ich sollte wieder ins Krankenhaus gehen, um so die Heilung zu beschleunigen, (die auf jeden Fall noch mindestens zwei Monate dauern wird). Die Klinik von Spallone kommt nicht in Frage, er will sich nach einer anderen erkundigen. Morgen fange ich wieder mit den Spritzen an. . . .

12. Dezember, abends

Lieber Besuch heute morgen von Fausta Cialente, die aber morgen früh wieder nach Mailand fährt.

Den Nachmittag damit verbracht, mein Testament in dreifacher Ausführung abzuschreiben (mit der Hand), was mich unermeßliche Mühe gekostet hat. Morgen früh muß ich noch drei schreiben! Am Montag kommt der Notar und nimmt sie in Empfang. Inzwischen besuchte mich der gute Sordi, Parteifunktionär, der von Togliatti ermächtigt worden ist, eine Privatklinik für mich auszusuchen. Er möchte doch tatsächlich, daß ich in die bei der Pineta Sacchetti gehe (wo ich die ersten Kapitel von *Una Donna* schrieb, damals 1902!!). Die Gegend reizt mich wohl, aber wer würde mich denn da draußen besuchen kommen? . . .

19. Dezember, morgens

Heute nachmittag gehe ich in die Klinik Speranza bei der Pineta Sacchetti. Mal sehen, ob ich wieder ein bißchen zu Kräften komme!

19. Dezember, Villa Speranza, Pineta Sacchetti, 19 Uhr

Das kleine Zimmer so gut wie möglich hergerichtet, die Koffer ausgepackt, erste Visite eines jungen, ernsthaften Arztes, morgen soll dann der Chefarzt der Klinik kommen. Heute abend werde ich ein einfaches, warmes Abendessen zu mir nehmen, Brühe, gekochtes Gemüse, Käse. Dann gehe ich schlafen, ich bin totmüde. Morgen früh hoffe ich, daß. . . .

20. Dezember, nachmittags

Ich weiß nicht, warum ich gestern den Satz nicht zuende schrieb. Ich war wirklich in einem Zustand unglaublicher Erschöpfung. Sehr schlecht geschlafen, um sechs war ich längst wach, und schon vor sieben klingelte die Nachtschwester und kam doch tatsächlich um diese Zeit zum Fiebermessen (36 Grad). Dadurch bekam ich schon schlechte Laune, und als ich dann später noch erfuhr, daß der Chefarzt der Klinik heute nicht zu mir kommen würde, obgleich er es mir versprochen hatte, bekam ich einen solchen Wutausbruch, wie es mir schon seit wer weiß wie vielen Jahren nicht mehr passiert war. Alle Krankenschwestern waren erschrocken, aber ich schrie weiter, und dachte dabei, daß ich mich aus Willensschwäche zu diesem Aufenthalt hatte überreden lassen, und daß ich gerade den ersten Beweis für meinen Irrtum erlebt hatte. Nun gut, der Vormittag ging vorüber, nur versüßt von der Sonne, die durch's Fenster schien. Ich blieb liegen, und es war schon zwölf Uhr vorbei, als die lieben, guten Niccolò und Dinda kamen, auf die ich schon seit elf Uhr gewartet hatte, die aber die richtige

Straße nicht gleich gefunden hatten (wer wird mich in den nächsten Tagen besuchen, so weit weg vom Zentrum?). Die beiden guten Freunde konnte mich ein wenig beruhigen. Aber sie mußten bald wieder gehen, sie waren zum Essen eingeladen. Ich aß fast nichts, dann kam irgendein junger Arzt, untersuchte mich und stellte Leberinsuffiziens fest. Der Chefarzt hatte sich entschuldigen lassen, er kommt morgen früh. Und dann, und dann?
Im Augenblick betrachte ich einen wunderschönen Strauß Anemonen, eine wahre Farbenpracht.
Ich bleibe im Bett, morgen werden wir weitersehen. Aber ich habe größte Angst, daß ich wie eine Gefangene hier noch wer weiß wie lange bleiben muß?

22. Dezember, 10.30 Uhr

Der jüngere Arzt war schon da und hat mir eine Spritze gegen das Leberleiden gegeben. Diese Leber spüre ich erst seit ich hier bin. Stechende Schmerzen! Endlich ist der Chefarzt der Klinik gekommen, sympathisch. Mittags kam dann, keuchend und verzweifelt, der liebe Adriano, der, da er kein Auto besitzt, mit vier Straßenbahnen über zwei Stunden gebraucht hatte, um hierherzukommen. Er hat mir prophezeit, daß mich hier draußen niemand besuchen würde. Er hat mich für den Weihnachtstag zu sich zum Essen eingeladen. Ich werde mir ein Taxi nehmen. Inzwischen ist mein Zimmer hier voller Blumen, wunderschöne Rosen und Azaleentöpfe, die mir gestern abend Terenzi schicken ließ, mit herzlichen Weihnachtsgrüßen und dem Versprechen, mich in den nächsten Tagen zu besuchen. Noch etwas Neues: ich habe jetzt einen Fernseh-Apparat im Zimmer. Aber ich bin trotzdem verzweifelt. . . .

24. Dezember, 9 Uhr

Gewitter. Mein Unwohlsein wird schlimmer, keinerlei Anzeichen der Besserung. Trauriger Weihnachtsabend!
Gestern mehrere Besuche: die Frau von Terracini und Maria Michi (die ich seit über einem Jahr nicht mehr gesehen hatte).

Dann das liebe Ehepaar Laura und Nino Sansone. Das kleine Zimmer quillt über von Blumen. . . .

26. Dezember, abends

Gestern mit bewundernswerter Liebe zubereitetes Mittagessen bei Adriano Vitali und seiner Mutter, der sanften und tapferen Esperia. Leider konnte ich die Speisen gar nicht würdigen, wegen meiner wachsenden und wirklich beängstigenden Aversion gegen jeden Bissen! Vor dem Dunkelwerden im Auto der lieben Rumenia in die Klinik zurückgekehrt. Heute morgen bin ich noch geschwächter aufgewacht, unfähig, den kleinsten Bissen hinunter zu schlucken. Den ganzen Tag verbrachte ich im Morgenrock im Zimmer. Aber ich *habe Angst*, ich Sibilla *habe Angst*, vielleicht zum ersten Mal in dreiundachtzig Jahren. Die Ärzte geben mir Spritzen, aber die nützen nichts, ich halte mich kaum auf den Beinen! Wie soll das alles enden?
Heute morgen vier Besucher, alle brachten Blumen. . . .

27. Dezember, Sonntagmorgen

Ja, ich habe Angst. Gestern abend Brechreiz, sogar dem jungen fähigen Doktor Ferrari habe ich seine Besorgnis angesehen. Mit nüchternem Magen schlafen gegangen. Ich bleibe im Bett, trinke nur eine Tasse Tee. Wir werden sehen. Ich bin sogar zu schwach um die Zeitungen durchzusehen. Jenseits der Scheiben sehe ich den bewölkten Himmel.

28. Dezember, morgens

Einsamer Sonntag gestern. Nicht einmal Adriano hat es für nötig empfunden, wenigstens einen Augenblick zu kommen, um mir Mut zu machen!
Der Arzt hat eine Verschlimmerung meines Gesamtzustands festgestellt.
Draußen scheint die Sonne.

abends

Heute abend regnet und donnert es. Heute nachmittag hat Doktor Ballanchi beschlossen, mir in einem Bein eine subku-

tane Infusion zu machen. Ich bleibe im Bett liegen, kann nichts essen, morgen sehen wir weiter. Langer Besuch des liebenswürdigen Alfio. Ich werde mich sehr früh schlafen legen.
Heute morgen besonders lieber Besuch von Camilla Ravera und ihrer Nichte, die in einem Auto der Partei gekommen waren, das ihnen Sordi besorgt hatte. Sie blieben nur kurz, aber das Zusammensein mit ihnen tat mir sehr gut. Sie wollen die Nachricht von meinem Krankenhausaufenthalt in der „Unità" veröffentlichen, so können die vielen Freunde, die seit Wochen umsonst eine Antwort auf ihre Weihnachtswünsche erwarten, verstehen, warum ich noch nicht geschrieben habe. Heute abend bin ich so erschöpft, daß ich nicht einmal die Nachrichten im Fernsehen anstellen werde, sondern bald, noch vor acht, das Licht ausmache!
Die subkutanen Infusionen ins Bein zeigen gar keinen Erfolg!
Heute morgen unerwarteter Besuch von Mecozzi aus Fermo. Seit Jahren hatten wir uns nicht gesehen. Nachricht von jenem Franco aus seinem Ort, den er auch sehr negativ beurteilt. Er hat jetzt Frau und zwei Kinder verlassen und ist nach Mailand gezogen. Mecozzi meint, er habe damals wohl einiges aus meinem Schrank voller Handschriften mitgehen lassen! Wer weiß! Mein letzter riesiger Irrtum.

29. Dezember

Letzter Schlaf, so könnte ich diese Nächte überschreiben, in denen ich zwölf, vierzehn Stunden durchschlafe. Im übrigen hielte ich auch tagsüber die Augen am liebsten immer geschlossen. Das kommt von meiner maßlosen Schwäche, ich habe nicht einmal die Kraft, den Arm zu heben. Wäre es doch das Ende!

1960

Rom, 2. Januar, morgens

Weder an Sylvester noch gestern brachte ich die Kraft auf, ein einziges Wort zu schreiben! Ich hatte einen herrlichen Rosenstrauß von Togliatti geschickt bekommen, mit einem lieben handgeschriebenen Kärtchen dazu. Doch jetzt ist er verwelkt. Ich kann mich gar nicht erinnern, wer mich gestern besuchte, nur an die letzten, als es schon dunkel war: Carlo Bernari und seine Frau, sie wohnen in der Nähe und haben ein Auto. Um neun Uhr den Fernseher ausgeschaltet, gleich danach habe ich geschlafen bis heute morgen um acht! Klares Wetter. Doch ich kann kaum die Augen aufhalten.

Chronologie des Lebens von Sibilla Aleramo

1876/1877 Rina Faccio (wirklicher Name von Sibilla Aleramo) wird am 14. August in Alessandria geboren, erste von 4 Kindern, den Schwestern Cora und Jolanda und dem Bruder Aldo. Der Vater Ambrogio, Professor für Naturwissenschaften, wird von Sibilla innig geliebt. Ein laizistischer und unruhiger Geist, wechselt er öfter den Beruf. Nach einem Jahr in Alessandria verbringt Sibilla ihre frühe Kindheit in Vercelli.

1879 zieht der Vater nach Mailand, wo er es mit einem Geschäftsbetrieb versucht. In Mailand besucht Sibilla die Grundschule. Mit ihrer Lehrerin Giuseppina Tavola hat sie eine besondere affektive Beziehung, die sie jahrelang durch einen regelmäßigen Briefwechsel pflegt.

1881 Im Juli dieses Jahres zieht der Vater mit der Familie nach Porto Civitanova Marcho, wo er die Mailänder Filiale einer Glasfabrik leitet. Vom 12. bis zum 15. Lebensjahr arbeitet Sibilla als Buchhalterin in der vom Vater geleiteten Fabrik.

1889 Sibillas Mutter Ernesta, eine gütige Frau, die immer mehr in Depression verfällt, macht einen Suizidversuch, indem sie sich aus dem Fenster stürzt. Sibilla übernimmt die Stelle der Mutter im Haushalt und macht abwechselnd Fabrik- und Hausarbeit.

1892 Zwischen 1892 und 1894 schreibt Sibilla unveröffentlicht gebliebene Erzählungen und unter dem Pseudonym Nira oder Reseda schreibt sie Gesellschaftsnachrichten und Phantasiestücke für einige regionale Zeitungen wie L'Ordine (Ancona) oder La Sentinella (Osimo).

In diesem Jahr wird Sibilla von einem Angestellten der von ihrem Vater geleiteten Fabrik vergewaltigt (Ulderico Pierangeli).

1893 Am 21. Januar heiratet Sibilla diesen Mann. Die Mutter wird mit schweren seelischen Gleichgewichtsstörungen ins Irrenhaus von Macerata gesperrt.

1895 Nach einem Abgang wird am 3. April Sibillas Sohn Walter geboren.

1896 Verstört von den in *Una donna* erzählten Begebenheiten (ihr Mann bezichtigt sie, ihn betrogen zu haben und quält sie unausgesetzt) macht Sibilla einen Suizidversuch.

1897/1898 Durch Briefkontakte beginnt Sibilla in journalistischen Kreisen bekannt zu werden und für die Triestiner *Gazzetta Litteraria* und *L'Indipendente* zu schreiben. Sie arbeitet mit bei *Vita Moderna* (einer feministischen Zeitung) und bei *Vita Internazionale*, einer 14-tägig erscheinenden politisch-kulturellen Zeitschrift, in der viele Protagonisten des italienischen Positivismus jener Jahre (Morselli, Lombroso, Guglielmo Ferrero) und Schriftsteller wie De Marchi, die Negri und Neera schreiben. Im allgemeinen schreibt sie soziologische, auf die Sitten bezogene Texte, die die Frauenfrage betreffen. Insbesondere erinnern wir an den Artikel gegen den Ausschluß der Frauen aus dem Philologischen Zirkel in Mailand, wo am 27. April Anna Kuliscioff eine Konferenz *über das Monopol des Mannes* abgehalten hatte. Direktor und Eigentümer von *Vita internazionale* ist Ernesto Teodore Moneta Präsident der *Lombardischen Gesellschaft für den Frieden* und Förderer vieler humanitärer Vereinigungen. Paolina Schiff, aktive Exponentin der Frauenbefreiungsbewegung, betraut Sibilla Aleramo im März damit, eine Frauenliga in den Marche zu gründen. Sibilla A. nimmt Kontakt auf mit Alessandrina Ravizza, Direktorin der Berufsschulen für Frauen und Promotorin diverser philanthropischer Aktivitäten, und mit Arrigo Levi Morenos, der sie bittet, in Porto Civitanova eine Sektion der Unione Morale einzurichten. (Dieser Plan schlägt fehl).

1899 Sibillas Mann wird vom Vater entlassen. Er zieht mit der Familie nach Mailand und versucht, einen Obstexporthandel zu betreiben. Von Oktober 1899 bis Januar 1900 redigiert Sibilla in Mailand *L'Italia femminile*, wobei sie vorwiegend zu Hause arbeitet. Diese Zeitschrift war im selben Jahr von Emilia Mariani gegründet worden, einer sozialistischen Lehrerin, die die Frauenliga von Turin und den ersten Lehrerverband ins Leben gerufen hatte, Ex-Redakteurin von *La Donna*, bei der Anna Maria Mozzoni, eine der wichtigsten Exponentinnen der italienischen Frauenbewegung, mitgearbeitet hatte.

Während sie Direktorin von *Italia femminile* ist, wo den Frauenbewegungen in Italien und im Ausland viel Platz eingeräumt wird, schreibt Sibilla – unter dem Pseudonym Favilla – die Rubrik *In Salotto*, in der politische und kulturelle Probleme diskutiert werden.

Es sind die goldenen Jahre der italienischen Frauenbewegung, es entstehen die ersten Organisationen etc.

In Mailand lernt Sibilla Giovanni Cena und unter anderen die Kuliscioff kennen; sie nimmt an kulturellen Initiativen teil.

1900 Im Lauf der Jahres zwingt ihr Mann sie, die Leitung der Zeitschrift aufzugeben und nach Porto Civitanova zurückzukehren, wo er dann an Stelle von Sibillas Vater die Leitung der Glasfabrik übernimmt.

Am Vorabend der Abfahrt nach Porto Civitanova verwandelt sich Sibillas Freundschaft mit Felice

Damiani in eine Liebesbeziehung, die bis zum Anfang ihres nächsten Romaufenthaltes dauert. Durch A. Ravizza lernt sie Umano, eine Art asketischen Philosophen kennen, der in *Una donna* der Prophet genannt wird.

1901 Zurück in P.C. intensiviert Sibilla ihre journalistische Arbeit für *Vita Internazionale*. Für *Novocomun*, Comoer Kulturzeitschrift, macht sie die Literaturseite und rezensiert vor allem von Frauen geschriebene Bücher.

Im Juni schreibt sie den Kerngedanken für *Una donna* auf.

1902 Ende Februar zieht Sibilla, nachdem sie das Haus ihres Mannes und ihr Kind verlassen hat, nach Rom zu einer Schwester. Später lebt sie mit Giovanni Cena in einer Wohnung in der Via Flaminia. Sie hatte ihn 1899 bei einer Reise nach Turin kennengelernt. Bekannter Dichter, auch durch seinen Roman *Gli ammonitori* (1903), hatte bei *Italia femminile* mitgearbeitet, war ab Jan. 1902 Chefredakteur der *Nuova Antologia* in Rom. Die Wohnung von Cena und Sibilla wird bald Treffpunkt, wo Leute wie Pirandello, die Montessori, auch Gorkij, die schwedische Schriftstellerin Ellen Key, durch die sie Stefan Zweig kennenlernt, hinkommen. Die Beziehung von Sibilla und Cena dauert 7 Jahre. Cena gibt der Schriftstellerin den Künstlernamen *Sibilla*. Sie selbst gibt sich den Nachnamen, im Andenken an das Piemonteser Geschlecht der Aleramici.

Umsonst versucht sie während dieser Jahre, die rechtliche Trennung von ihrem Mann und das Sorgerecht für ihren Sohn zu erhalten. Sie wird Mitglied bei der Unione Femminile Nazionale (Verband der hauptsächlich in ganz Italien Sozialarbeit macht). Sie arbeitet als freiwillige Helferin in einer Ambulanz für arme Kinder in dem römischen Armenviertel Testaccio.

1904 Von 1904 bis 1909 erforscht Sibilla mit dem Ehepaar Celli (sie Vorsitzende der römischen Sektion der Unione Femminile, er Malariaforscher, der im Agro Romano erste sanitäre Hilfsdienste eingerichtet hat) die Campania und das Sumpfland, wo Emigranten aus dem Latium, den Abruzzen und der Campania zusammenströmen, Analphabeten, malariakrank und unglaublich ausgebeutet durch die großen Landbesitzer. Zusammen mit anderen Freiwilligen gründen sie die ersten Festtagsschulen, die sich rasch ausbreiten. Sibilla arbeitet mit bei der Initiative gegen den Mädchenhandel und für das allgemeine Wahlrecht.

1906 Am 3. November kommt bei dem Verleger Sten in Turin *Una donna* heraus. Zwei weitere Verleger hatten es abgelehnt. Das Buch hat sofort großen Erfolg. Es ruft stürmische Polemiken hervor, wird als feministisches Hauptwerk gepriesen und einige Jahre später ins Deutsche und in mehrere andere Sprachen übersetzt.

1907/1909 In diesen Jahren großes Engagement im sozialen Bereich. Sie schreibt in der *Tribuna* über die Schulen des Agro romano und über die Tätigkeit der Unione femminile. Mit Cena fährt sie nach der Erdbebenkatastrophe nach Kalabrien und Sizilien, wird Mitglied der 1909 gegründeten Gesellschaft zur Förderung der Bildung in Süditalien. Sie liest Ibsen, Nietzsche, Wilde, Emerson, France, Whitman, d'Annunzio, Serao, Grazia Deledda, Colette und Mme. de Noailles und schreibt darüber Rezensionen für die Nuova Antologia.

1909 verliebt sie sich in das „knabenhafte Mädchen“ Lina P., die sie zu der *Favola* in ihrem Buch *Il Passagio* inspiriert und sie von Cena entfernt.

1910 Sibilla verbringt eine Zeit in Florenz bei den Luchaire, dann bei den Pastore in Aosta und Courmayeur und schließlich bei der Schwester in Riccione. Im

September trennt sie sich endgültig von Cena. Etwa im August beginnt ihre Beziehung mit dem Dichter Vincenzo Cardarelli, der Cena und Sibilla Jahre früher bei einer Umfrage über den Agro Romano für die Zeitung *Avanti* kennengelernt hatte.

1911 Im Herbst zieht Sibilla nach Florenz, arbeitet bei der Gruppe um *Il Marzocco* mit und nimmt Kontakt auf mit der Gruppe, die *La Voce* macht.

1912 Nach der schwierigen Beziehung mit Cardarelli beginnt Sibilla eine sehr kurze Beziehung mit Giovanni Papini, der in dieser Zeit *La Voce* redigiert. In den Ferien in Korsika erreicht sie ein Abschiedsbrief von Papini, und umsonst versucht sie sich gegen diesen Abschied aufzulehnen. In Korsika beginnt Sibilla Gedichte zu schreiben und hat eine kurze Beziehung mit dem „Jungen Joe".

Sie zieht nach Sorrent und geht eine Verbindung mit dem wenig bekannten Schriftsteller und Dichter Vincenzo Gerace ein. Während dieses Aufenthalts begegnet sie Gorkij und Croce.

1913 Im Frühling ist sie in Mailand, wendet sich der futuristischen Bewegung zu und verliebt sich in einen der wichtigsten Vertreter dieser Bewegung, den Maler Umberto Boccioni. Anfänglich erwidert er ihre Liebe, dann zieht er sich zurück und drängt sie, die Gastfreundschaft anzunehmen, die ihr die Schriftstellerin Aurel in Paris bietet. In deren literarischem Salon begegnet Sibilla dann Apollinaire, Rodin, Mauclair und dem ganzen Kreis um den *Mercure de France*. Der Pariser Aufenthalt geht von November bis zum März des folgenden Jahres und Sibilla trifft währenddessen auch d'Annunzio.

1914 In italienischen Kulturkreisen bildet sich am Vorabend des ersten Weltkrieges eine starke Gruppe heraus, die eine Intervention befürwortet. Sibilla gibt ihrem grundsätzlichen Dissens Ausdruck.

Sie erhält die Redaktion des literarischen Teils von

Grande Illustrazione, wo sie Gedichte und Schriften von Rebora u.a. veröffentlicht.

In Florenz und dann in Casamicciola auf Ischia lebt Sibilla ihre neue Liebesbeziehung mit dem jungen Maler Michele Cascella, der ihr von dem Dichter Rebora vorgestellt wurde, der ebenfalls in sie verliebt ist, sich aber diskret zurückgezogen hat.

1915 Da sie zu ihrem Vater nach San Remo muß, schreibt Sibilla dem Schriftsteller Giovanni Boine, der in Porto Maurizio lebt, daß sie ihn gerne kennenlernen möchte. Anfang Februar findet die Begegnung statt. Daraus entsteht eine fieberhafte Beziehung, die schon im März zuende ist. Darauf folgt dann im Herbst bis zum Frühling des folgenden Jahres eine Verbindung mit dem sehr jungen Raffaello Franchi.

Am 15. Juli stirbt Alessandrina Ravizza; im November, im Krieg, Scipio Slataper.

1916 Sibilla ist in Mailand, dann in Florenz, wo sie für die *Rivista delle Nazioni Latine* (Monatszeitschrift, die von Jean Luchaire und Guglielmo Ferrero gegründet wurde) übersetzt. Aus Florenz schreibt sie dem Dichter Dino Campana und drückt ihm ihre Bewunderung für seine Gedichte *Canti orfici* aus.

Nach einigen Tagen trifft sie Campana in Barco in den Apeninnen. So beginnt die kurze qualvolle Liebesbeziehung zwischen Sibilla und dem mit schweren psychischen Störungen belasteten Dichter.

Im Sommer stirbt Umberto Boccioni.

1917 Im März beginnt Sibilla eine Beziehung mit Giovanni M., die etwa 2 Jahre dauert. Im Herbst sieht sie im Gefängnis von Novara zum letzten Mal Campana, der dann in das Irrenhaus von Castel Pulci eingeliefert wird.

Am 16. Dezember stirbt Giovanni Cena. Im Agro Romano sind inzwischen über 100 Schulen und über 10 Kindergärten entstanden. Giovanni Boine stirbt.

1919 Bei dem Verleger Treves erscheint *Il Passagio*, eine

Art lyrischer Autobiographie der Schriftstellerin, die ein vollkommener Mißerfolg wird.

„Ein bißchen falsch verstandener Ibsen und ein bißchen falsch verstandener Nietzsche", schreibt Emilio Cecchi darüber, und sie selbst meint: „Die größte Enttäuschung in meinem Leben als Dichterin".

1920 Von 1920 bis 22 lebt Sibilla in Neapel, Sorrent und Capri und bewegt sich in mondänen Künstlerkreisen. Sie lernt die Duse kennen, mit der sie einen Briefwechsel unterhält. Sie verliebt sich in „Endimione". Die Beziehung geht 2 Jahre lang, bis zu seinem Tod. Diese Liebe inspiriert sie zu dem dramatischen Poem „Endimione".

Bei Bemporad veröffentlicht sie gesammelte Gedichte, die in diversen Zeitschriften erschienen waren: *Momenti*.

1921 Wieder bei Bemporad veröffentlicht sie *Andando e stando* ("Die schönste Prosa, die Sibilla geschrieben hat", schreibt Emilio Cecchi darüber). Das Buch enthält Reisenotizen, ideologische Schriften, Rezensionen über von Frauen geschriebene Bücher, Lebensabrisse (von Slataper, A. Ravizza, G. Pezzana).

1922 Der schon 1914 in der Zeitschrift *Illustrazione Italiana* publizierte Text *Trasfigurazione* erscheint als Buch bei Bemporad. Es handelt sich um „nicht abgeschickte Lektüre" an die Frau Papinis, Giacinta, damit sie sich ihrer Liebe nicht entgegenstellt.

Sibilla verbringt den Winter in Paris, wo *Una Donna* in der Übersetzung von P. P. Plan erscheint und Interesse hervorruft.

1923 Im März wird im Théâtre de l'Oeuvre das dramatische Poem *Endimione* inszeniert und findet ein schwaches Echo.

1924 Bei Stock wird der Text von *Endimione* publiziert, das im Juni im Theater Carignano aufgeführt und ausgepfiffen wird. Im nächsten Jahr findet eine Aufführung in Rom statt. Sibilla lernt Piero Gobetti ken-

nen, mit dem sie einige Briefe wechselt. Von Sommer bis Herbst schreibt sie *Francesca Diamante* „eine Art Totenlied für eine Dichterin, die Selbstmord beging", das unveröffentlicht blieb.
Sibilla ist zunächst Antifaschistin (sie gehört zu den Unterzeichnern des Manifests von Croce). Sie engagiert sich jedoch nicht stärker, auch weil ihre intimistische Kunst sich kaum für eine politische Instrumentalisierung eignet.

1925 Nach dem langen Umherirren von Hotel zu Pension, zu Untermietzimmer, bezieht Sibilla endlich ihre Dachwohnung in der Via Margutta in Rom.

1926 Beziehung mit Giulio Parise, der sie zu dem Roman in Briefform *Amo, dunque sono* inspiriert, der im darauffolgenden Jahr bei Mondadori erscheint.

1927 Der Philosoph Umano stirbt, der zusammen mit A. Ravizza entscheidenden Einfluß auf die moralische und geistige Bildung der jungen Sibilla gehabt hatte.

1928 Aufenthalt in Gardone, während dem Sibilla 6 Wochen umsonst darauf wartet, von d'Annunzio empfangen zu werden.
Sommer in Paris.

1929 Bei Mondadori erscheint der Sammelband *Poesie* (1912 - 1928), der auch die 1921 publizierten *Momenti* enthält.

1930 Mondadori veröffentlicht *Gioie d'occasione*, die unterschiedlichste Schriften enthalten: Eindrücke, Anmerkungen über Sitten und Gebräuche, Portraits, autobiographische Episoden, lyrische Stücke.

1932 erscheint der Roman *Il frustino* (Mondadori), in dem Sibilla ihre Liebesgeschichte mit Boine erzählt.
Dino Campana stirbt.

1933 Da Arturo Farinelli, der der Akademie Italiens angehört, und die Königin Elena sich für sie einsetzen, erhält Sibilla eine monatliche Rente von 1000 Lire. Sie wird Mitglied bei der nationalen faschistischen Frauenvereinigung für Künstlerinnen und Akademikerinnen und bei der Autoren- und Schriftstellergewerkschaft. Um den Jahreswechsel herum beginnt und endet ihre Beziehung mit dem Journalisten und Schriftsteller Enrico Emanuelli.

Nach 30 Jahren sieht Sibilla ihren Sohn Walter wieder. In Frankreich erscheint *Gioie d'occasione* mit einem Vorwort von Valéry Larbaud.

1935 Mondadori publiziert den Gedichtband *Si alla terra* (1928-1934). In diesem Jahr hat Sibilla eine Beziehung mit dem Dichter und späteren Nobelpreisträger Quasimodo, den Sibilla Virgilio nennt. Diese Beziehung dauert 8 Monate.

1936 Sibilla lernt den sehr jungen Dichter Franco Matacotta kennen, mit dem sie eine Beziehung eingeht, die 10 Jahre andauert: die letzte große Liebe der Dichterin.

1938 Bei Mondadori veröffentlicht sie *Orsa minore. Note di taccuino*.

1945 In der Reihe Nuova biblioteca italiana erscheint bei Tuminelli *Aus meinem Tagebuch* (1940-1944).

1946 Im Januar dieses Jahres wird Sibilla Mitglied der KPI. Sie schreibt für die *Unità, Rinascita, Noi Donne*, und entfaltet eine intensive politisch-kulturelle Aktivität, indem sie in ganz Italien herumreist und ihre Gedichte vorträgt. Sie bewegt sich in den politisch-kulturellen Kreisen jener Jahre, ist befreundet mit Togliatti u.a..

1947 Mondadori veröffentlicht *Selva d'Amore*, Gedichte von 1922-42, das im Jahr darauf mit dem Premio Viareggio ausgezeichnet wird.

Sibillas Mann stirbt.

Franco Matacotta heiratet.

1949 Der Verlag Milano-sera veröffentlicht eine Sammlung von Prosatexten mit dem Titel *Il mondo è adolescente*.

1950 In der Reihe Universale Economica der Cooperativa del libro popolare wird die 7. Auflage von *Una donna* mit einem Vorwort von Emilio Cecchi herausgebracht.

1951 Bei den Edizioni di Cultura sociale erscheint die Gedichtsammlung *Aiutatemi a dire* mit Vorwort von Concetto Marchesi.

1952 Sibillas erste Reise nach Rußland. Bei den Publikationen der Associazione Italia Urss erscheint der Sammelband mit Gedichten und Prosa *Russia alto paese*.

1954 Mondadori veröffentlicht unter dem Titel *Gioie d'occasione e altre ancora* in einem einzigen Band *Gioie d'occasione*, die Notizen *Orsa minore*, die Prosastücke aus *Andando e stando* und einige unveröffentlichte Stücke.

1955 Sibilla gibt ihre Wohnung in der Via Margutta auf und zieht in die Via Valcristallina.

1956 Bei den Editori Riuniti erscheint *Luci della mia sera*, Gedichte von 1941-56, unter anderem *Aiutatemi a dire, Russia alto paese*, mit einem Vorwort von Sergio Solmi.
Giovanni Papini stirbt.

1957 2. Reise nach Rußland.
Es sterben Clemente Rebora, Concetto Marchesi, Curzio Malaparte.

1958 Sibilla zieht um in die Via Panama. Der Verleger Vallecchi veröffentlicht den Briefwechsel Aleramo-Campana, hrsg. von Niccolò Gallo, Vorwort von Mario luzi.

1960 Am 13. Januar stirbt Sibilla Aleramo.

Sibilla Aleramo

Una donna

Geschichte einer Frau

Dieser autobiographische Roman, der 1906 zum ersten Mal in Italien erschien, schildert die Lebensumstände einer Frau, die im Süden Italiens aufwächst, mit sechzehn Jahren einen Angestellten ihres Vaters heiratet, und diesen und ihr Kind zehn Jahre später verläßt.

In einem mühevollen und schmerzhaften Prozeß zeichnen sich in ihrem Kopf schrittweise Vorstellungen über die Bedingungen der Unterdrückung der Frau und deren möglicher Aufhebung ab. Ihre Situation ist – wie die fast aller Frauen – durch die materielle Abhängigkeit vom Vater und Ehemann und das Fehlen einer sozialen Identität der Frau außerhalb der Familie bestimmt. Sie muß erkennen, daß die Unterwerfung unter den Egoismus des Mannes und die Aufopferung für die Kinder die totale Selbstverleugnung der Frau verlangen. Die Frauen ihrer Umgebung sind traurige Beispiele dafür.

Gegen einen tyrannischen, brutalen und schwachen Mann zugleich und gegen ein provinzielles, abergläubisches und enges Milieu erkämpft sie sich ihre geistige und gefühlsmässige Unabhängigkeit. Zum Preis des Verzichtes auf ihr Kind, der das Buch voller Trauer durchzieht.

Una donna ist sowohl eine immer noch aktuelle Analyse der Frau, wie auch der Bericht eines individuellen Kampfes.

Verlag Neue Kritik